Teresa Arcelloni
Hugo Ricardo Rosas

PSICOTERAPIA SISTÊMICA DE CASAL

Mesmo enfoque,
diferentes perspectivas clínicas

Artesã

PSICOTERAPIA SISTÊMICA DE CASAL

Mesmo enfoque,
diferentes perspectivas clínicas

DIRETOR
Alcebino Santana

COORDENAÇÃO EDITORIAL
Tiago Rabello

REVISÃO
Débora Andreza Zacharias

CAPA
Artesã / Walkiria P. Campos

PROJETO GRÁFICO E DIAGRAMAÇÃO
Rodrigo Fagundes

Catalogação na publicação
Elaborada por Bibliotecária Janaina Ramos – CRB-8/9166

A668p

Arcelloni, Teresa

Psicoterapia sistêmica de casal: mesmo enfoque, diferentes perspectivas clínicas / Teresa Arcelloni, Hugo Ricardo Rosas; Prólogo de Jacqueline Pereira Boscolo. – Belo Horizonte: Artesã, 2024.

Título original: Psicoterapia sistémica de pareja: mismo enfoque, miradas clínicas diferentes

240 p.; 16 X 23 cm

ISBN 978-85-7074-121-9

1. Psicoterapia sistêmica. 2. Terapia de casal. 3. Sexualidade. I. Arcelloni, Teresa. II. Rosas, Hugo Ricardo. III. Boscolo, Jacqueline Pereira (Prólogo). IV. Título.

CDD 616.8914

Índice para catálogo sistemático
I. Psicoterapia sistêmica

IMPRESSO NO BRASIL
Printed in Brazil

(31)2511-2040 (31)99403-2227
www.artesaeditora.com.br
Rua Rio Pomba 455, Carlos Prates – Cep: 30720-290 | Belo Horizonte – MG
/artesaeditora

Sumário

Prólogo

Me pediram para escrever o prólogo de um livro sobre casais no contexto atual. Como parte de um casal "misto", os autores depositaram confiança em mim, e espero não os decepcionar. A confiança e a amizade que nos unem me convenceram a aceitar este convite.

Esta oportunidade me permitiu refletir sobre as uniões biculturais, como a que vivi durante cinquenta anos com meu marido, Luigi Boscolo. Nascida no Haiti, deixei minha cidade muito jovem para iniciar meus estudos universitários de Nutrição em Nova York. Meu marido, por outro lado, era italiano, natural do Vêneto, uma região do norte da Itália.

"Moglie e buoi dei paesi tuoi", "esposas e bois da sua terra", era uma regra que resistiu por muito tempo, e ainda resiste, embora de forma menos rígida. No entanto, pelo menos no mundo ocidental, este ditado perdeu valor: a realidade avança mais rápido que as ideias e as regras precisam se ajustar. Os meios de comunicação modernos, a possibilidade de mudar de um país para outro e o uso da Internet abriram um leque de diferentes formas de estar no mundo.

Em 1962, conheci Boscolo em Nova York, onde também nos casamos. Eu trabalhava em um hospital e ele em outro; um amigo em comum nos apresentou. Minha mãe era contra esse relacionamento, não porque ele fosse de nacionalidade diferente, mas porque temia que ele me levasse para longe de Nova York. Eu também queria permanecer nos Estados Unidos, pois me parecia difícil deixar minha família, meus amigos e meu trabalho do outro lado do oceano. Mas ele já tinha um projeto em Milão que precisava realizar.

Embora eu tivesse estudado sobre os países europeus no ensino médio francês, após as férias na Itália em 1965, ainda não estava convencida de morar neste belo país, pois tudo me parecia muito complicado. Luigi foi muito habilidoso em me convencer a confiar nele. Ele conseguiu acalmar minha mãe, que chorava sem parar no dia da minha partida. Também tive um momento de tristeza, mas nosso amor foi mais forte que tudo (mais forte do que nós mesmos).

Eu me preocupava com o impacto que o trabalho dele como psicanalista e psicoterapeuta poderia ter em nossa vida conjugal e familiar. Desde o primeiro dia, confiamos um no outro e expressamos profundo respeito pela liberdade de cada um. No início, algumas reuniões de sua equipe de trabalho eram realizadas em nossa casa, e ele insistia para que eu participasse como observadora. Gradualmente, fui me apaixonando por esses assuntos.

Por que nosso casamento durou tanto tempo? Nunca me perguntei isso enquanto estávamos juntos. Funcionava e pronto! A vida nos golpeou duramente, mas em vez de nos separar, as dificuldades fortaleceram nosso relacionamento. Tínhamos muita cumplicidade!

Nossas famílias, ambas latinas, se conheceram, aprovaram e desfrutaram de nossa união, o que também as manteve felizes. Eles, assim como nós, consideravam nossas diferenças como algo que enriquecia a todos. Conciliamos com equilíbrio nossa vida privada e profissional.

Devo dizer que para nós foi uma aventura, com sofrimentos, mas também com muita alegria, até que a morte nos separou. Nossas almas estão juntas até hoje.

Gostaria de destacar alguns temas que considero pontos significativos na vida a dois e que podem ser úteis aos terapeutas de casais. Acredito que esses fatores podem colocar em risco um relacionamento conjugal:

- Casamentos que enfrentam imediatamente uma perda significativa;
- Casamentos formados para fugir de casa, grandes diferenças sociais, étnicas, religiosas, educacionais, etárias e culturais;
- Namoro muito longo (ou muito curto);
- Casamento precoce ou tardio;
- Famílias de origens muito próximas ou muito distantes;
- Dependência econômica das famílias de origem;
- Gravidez imediata após o casamento ou espera por uma gravidez que nunca chega;
- Infância ou adolescência infeliz;
- Família de origem (às vezes ambas) que não aceita ou se opõe à união.

Existem também fatores de proteção que favorecem o relacionamento, tais como:

- Casamento após passar por um processo de diferenciação e individuação pessoal;
- Compartilhamento de eventos estressantes da vida;

- Consideração do outro como um recurso;
- Comunicação aberta e saudável.

Esses fatores atuam de maneira variada e subjetiva em cada casal e, ocasionalmente, o que inicialmente parece ser um obstáculo pode se transformar em um recurso.

Não é sempre que a psicoterapia é necessária quando um casal enfrenta dificuldades; isso depende do grau de sofrimento e das motivações por trás da busca por ajuda. Às vezes, uma boa psicoterapia pode mobilizar os recursos do casal para superar suas dificuldades. Outras vezes, o casal busca terapia apenas para que funcione como um tribunal que culpará o outro. A proposta terapêutica também pode surgir de um consultor ou mediador de casais.

Agradeço calorosamente a Teresa Arcelloni e Ricardo Rosas, autores desta publicação que lançam luz sobre muitos aspectos da vida de casal. Sua vasta experiência como psicoterapeutas sistêmicos e sua integridade profissional nos proporcionam novas perspectivas sobre a vida a dois, um tema tão complexo nas últimas décadas.

Jacqueline Pereira Boscolo

Agradecimentos

Um agradecimento aos nossos mestres, Luigi Boscolo e Gianfranco Cecchin, que tivemos o prazer de conhecer, amar e de, algumas vezes, contradizer. Obrigado a Jacqueline Pereira Boscolo e ao Centro Milanês de Terapia Familiar, que, em nossas vidas, representa uma identidade da qual somos orgulhosos. Obrigada a todos aqueles colegas que nos geraram mal-estar profissionalmente e que, assim, nos estimularam a ser melhores, mas que, por razões obvias, não podemos mencionar.

Um agradecimento especial a Pedro Escamilla Ramírez: sem a sua generosa colaboração para a revisão e edição do texto em espanhol, este livro não teria visto a luz.

Obrigada a Ricardo Ramírez Ramírez por contribuir em tantos detalhes importantes com a sua capacidade profissional.

Um abraço de gratidão a Leticia Martínez Bohórquez por ler o nosso livro com tanto entusiasmo e por sempre nos apoiar e encorajar.

Agradecimentos pessoais

Quero agradecer ao meu esposo Filippo. Com ele, vivo uma relação de casal que me fez ser a terapeuta que eu sou. Nunca o havia agradecido por sempre ter apoiado o meu trabalho, me fazendo sentir a melhor terapeuta do mundo.

Agradeço à minha colega Gloria Ferrero que compartilhou comigo sessões de terapia reveladoras e conversas intensas, sempre fora da curva e das ideias baseadas na conformidade. Juntas, construímos o Duograma que abarca a nossa ideia relacional da terapia de casal e do sentido do ser terapêutico: o criamos e teorizamos juntas, mas devo dizer que o input inicial foi dela. Um agradecimento especial a Pablo Hernández pela sua gentil e cuidadosa tradução do meu escrito do italiano ao espanhol. Obrigada aos meus colegas e alunos mexicanos, terapeutas apaixonados e atentos que me ensinaram a entender e a amar o seu país, e a me sentir em casa no México. Um reconhecimento e afeto especial à família de Ricardo Rosas: Beatriz, Antea, Patricio e a Sra. Beatriz, que me levou para conhecer pela primeira vez as belezas da Cidade do México.

Teresa Arcelloni

Obrigado aos meus pais, Beatriz e Hernán, que sempre me incentivaram a ser uma pessoa melhor, a me esforçar para alcançar meus objetivos e a compreender desde cedo que nem todas as minhas necessidades seriam imediatamente atendidas. Eles me ensinaram que há um vasto mundo de ideias e lugares para explorar e conhecer. Sou imensamente grato por seu constante apoio e orientação ao longo da minha vida.

Agradeço aos meus irmãos: Hernán, Daniela e Beatriz; aos meus avós: Bertha, Maria e José Guillermo; aos meus tios: Santiago, Elena, Carmela e Bertha. Obrigado a todos por fazerem parte de uma família nuclear e extensa que valoriza o respeito, o bem comum e a importância do conhecimento, evitando agir com ignorância.

Agradeço ao meu professor Sergio González de la Garza pela sua influência na minha vida, ensinando-me a diferenciar o que é importante do supérfluo. Repito meu agradecimento ao meu mestre e amigo Luigi Boscolo, que me transmitiu, com sua paixão e ética, o amor por esta profissão.

Aos meus amigos que me acompanharam ao longo da vida, que me motivaram com seus sorrisos, carinho, companhia e conselhos. Com sua hospitalidade, fizeram-me sentir que são parte da minha família: Arely, Iris, Lety, Mauro, Fabrizio, Gustavo, Iván, Male, Vidal, Patrizia, Ernesto e muitos outros.

Ricardo Rosas

Agradecimentos pela edição brasileira

Escrevemos este livro refletindo sobre nossa prática clínica. Estávamos interessados em descobrir semelhanças e diferenças na forma de compreender e realizar o trabalho terapêutico entre um terapeuta mexicano e uma terapeuta italiana, ambos compartilhando uma grande paixão pelo pensamento sistêmico e pertencendo à Escola de Milão.

O livro "Psicoterapia Sistêmica de Casal", publicado no México e no Chile, onde foi acolhido com interesse e curiosidade, agora traz muita emoção e alegria ao estar nas mãos dos terapeutas brasileiros. Parece-nos que esta oportunidade se insere na trajetória de uma conexão e intercâmbio construtivos entre os mundos sistêmicos latino-americano e europeu, considerando variáveis individuais e culturais.

Escrever este livro foi uma aventura emocionante: uma jornada de exploração de nossa experiência profissional e pessoal, permitindo a difusão de nosso trabalho no mundo latino de língua espanhola, o que nos trouxe grande satisfação. Esperamos que esta edição brasileira desperte o interesse em um país que nos parece heterogêneo, complexo e aberto a novas experimentações.

Quando se escreve, fixa-se conceitos e emoções no papel, o que pode dar a impressão de que se está condenando pensamentos à rigidez. No entanto, percebe-se depois que o que foi escrito continua vivo através do julgamento e da reflexão dos leitores: ser autor de um livro é como deixar um pedaço de si nas mesas de muitos escritórios profissionais e na reformulação pessoal de muitos colegas.

Gianfranco Cecchin argumentou que "nos relacionamos, logo existimos", sublinhando que não há nada fora da relação. Por isso, gostamos de pensar que a Psicoterapia Sistêmica de Casal pode ser a ferramenta que nos permite manter uma conexão com os leitores, ou seja, com as pessoas que nos leem.

Por isso, queremos, em primeiro lugar, agradecer àqueles que tiveram paciência para nos ler.

Um grande obrigado à Jaqueline Cássia de Oliveira, que foi a primeira colega brasileira a ler nosso livro em espanhol; seu entusiasmo e incentivo nos levou a acreditar no projeto de publicação no Brasil. Jaqueline é uma terapeuta apaixonada e ativa na formação e na prática clínica há muitos anos, sendo incansável no apoio ao pensamento sistêmico e à leitura relacional dos problemas pessoais. Paralelamente à sua experiência como terapeuta, Jaqueline, sempre teve um grande interesse em promover experiências formativas de alto nível através da Rede (Interação) Sistêmica, da qual é Diretora Didática. Além disso, a sua experiência e a sua ligação profissional e pessoal com o mundo sistêmico italiano fazem dela uma presença excepcional como organizadora do nosso volume.

Gratidão e admiração à tradutora deste volume, a psicóloga Isabela Aquino, pelo trabalho atento, preciso e paciente às nossas solicitações. Além de um excelente conhecimento da língua espanhola, seu profissionalismo e formação como psicóloga sistêmica garantiram a utilização de terminologia técnica adequada.

Teresa e Ricardo

Agradecimentos pessoais de Teresa Arcelloni

Quem me conhece sabe que tenho uma relação pessoal de grande interesse e envolvimento com a cultura, o povo e a terra brasileira.

Em 2014, Ruth Lass e Daniela Bertoncello me convidaram para ir a Curitiba realizar um Curso de Terapia Sexual Sistêmica, e agradeço a ambas pela confiança que depositaram em mim.

Desde então, realizei diversos treinamentos temáticos sobre Terapia de Casal e Sexual em Belo Horizonte, eventos organizados por Jaqueline (Interação Sistêmica), incluindo um curso que realizei com minha colega e coterapeuta Gloria Ferrero. Foi uma forma de conhecer muitos terapeutas brasileiros que me deixaram um grande enriquecimento pessoal e profissional e com quem mantive contato ao longo dos anos, ainda que à distância. Entre eles, agradeço à Cynthia Ladvocat que sempre me demonstrou sentimentos de estima e amizade, Danielle Doss Damo e Lucia Vinagre, com quem colaborei recentemente com uma contribuição para o volume: O self do terapeuta.

Muitos outros terapeutas mantiveram contato comigo e fazem parte do meu entusiasmo por ter conseguido publicar este volume em português, que nos permitirá dar continuidade a um fio que nunca foi interrompido. Me lembro da Vera, do Edimar, da Leda, da Vera Lícia, da Ligya e de todas as outras pessoas que peço desculpas por não citar aqui, mas todos fazem parte de uma mente coletiva brasileira que não esqueci e à qual sou grata.

Um agradecimento especial e totalmente pessoal à minha amiga Luciana Faragone Torres, de São Paulo; graças a ela, há trinta anos pude conhecer alguns lugares fascinantes do Brasil, além de me fazer parte da sua família: seu marido Luís Carlos, e seus filhos Enzo e Arthur. Seus pais, Antônio e Nilva Faragone, foram o primeiro casal brasileiro que conheci, unidos por um vínculo inquebrável de alegria e generosidade.

Apresentação da edição brasileira

É com grande satisfação que apresento aos leitores brasileiros esta obra singular e enriquecedora, *Psicoterapia sistêmica de casal*, escrita pelos renomados psicoterapeutas Dra. Teresa Arcelloni, da Itália, e Dr. Ricardo Rosas, do México.

Quando recebi a edição mexicana deste livro, como um presente da querida Teresa, pensei: os terapeutas de casais, os profissionais da abordagem sistêmica e, em suma, o público brasileiro, merecem ter acesso a esta obra traduzida para o português.

A tradução e edição deste livro no Brasil representam não apenas uma conquista editorial, mas também uma valiosa contribuição para a comunidade de terapeutas de casais em nosso país. Enriquece significativamente o campo da psicoterapia sistêmica brasileira, facilitando o acesso ao conhecimento especializado nesta área.

"Psicoterapia Sistêmica de Casal" transcende fronteiras geográficas e culturais ao unir a rica tradição da terapia sistêmica italiana com a perspectiva dinâmica e calorosa do México. Nesta edição brasileira, é uma excelente oportunidade de fortalecer ainda mais a conexão e o intercâmbio entre as abordagens sistêmicas da América Latina e da Europa.

Mais do que um simples tratado sobre psicoterapia, esta obra é uma narrativa que celebra a colaboração profissional e a afinidade de dois pensadores sistêmicos. Os autores, Dra. Arcelloni e Dr. Rosas, ambos formadores do *Centro Milanese di Terapia della Famiglia*, compartilham neste livro um revigorante entusiasmo pela terapia sistêmica. Eles mergulham na complexidade dos relacionamentos de casais, abordando temas cruciais como infidelidade, conflitos conjugais, sexualidade e intimidade. A maneira como entrelaçam suas perspectivas resulta numa poderosa fusão de experiências clínicas, insights teóricos e sabedoria prática, oferecendo aos terapeutas uma valiosa orientação sistêmica para navegar pelas águas turbulentas dos relacionamentos.

Ao contextualizar as ideias deste livro para o Brasil, é fundamental reconhecer que os relacionamentos conjugais são influenciados por uma série de fatores culturais e sociais únicos. No Brasil, a família e a comunidade desempenham papéis importantes na vida das pessoas, com expectativas familiares e sociais em relação ao casamento e aos papéis de gênero frequentemente moldando as dinâmicas dos relacionamentos.

A rica diversidade brasileira permeia profundamente as relações conjugais e, consequentemente, a prática terapêutica, onde o terapeuta precisa lidar com uma ampla gama de diferenças culturais, sociais, étnicas e religiosas nas dinâmicas interpessoais. Cada casal em terapia possui uma configuração única, o que requer uma compreensão específica de como eles se relacionam em meio a tantas diversidades.

O livro também aborda temas altamente relevantes para o contexto contemporâneo brasileiro, como as relações na era digital. A presença das redes sociais e a comunicação instantânea podem impactar significativamente os relacionamentos de casal, criando outras dinâmicas e desafios.

Por fim, posso afirmar que este livro é muito cativante com sua narrativa fluida, tornando a leitura acessível tanto a terapeutas em formação quanto a profissionais experientes, bem como a todos os interessados em aprimorar a compreensão das dinâmicas complexas presentes nos relacionamentos conjugais. É uma obra que cumpre o verdadeiro propósito de um bom livro: expandir horizontes!

Jaqueline Cássia de Oliveira

Introdução: eu, você, nós

Este livro feito a quatro mãos, apresenta duas vozes narrativas e um nós. Nos conhecemos no primeiro dia de aula de Ricardo no Centro Milanês. Teresa estava terminando o último ano como professora adjunta.

Ele: *"Me sentia feliz de conhecer em primeira pessoa os criadores do grande enfoque terapêutico centrado em "despatologizar" as pessoas, única e exclusivamente com a utilização da arte da comunicação".*

Ela: *"Esse ano era especial para mim, que não só terminava um período formativo, mas também estava a ponto de me casar com o homem que amava e com quem queria passar o resto da minha vida".*

Esses eram os pensamentos que passavam pela cabeça dos autores naqueles dias. Duas pessoas que, naquele momento, se encontravam desconectados um do outro, duas histórias que ainda não se cruzavam na narrativa de suas vidas.

Ela: *"Durante esses meses a minha vida girava em torno da minha relação, estava recém-casada; enquanto atendia aos pacientes psiquiátricos, meus pensamentos divagavam em alguns momentos, me sentindo realizada".*

Ele: *"Um dia, no final das minhas aulas, me encontrei com Gianfranco Cecchin, que me dizia se queria ver um casal atrás do espelho unidirecional, como coterapeuta. Me parecia mágico que o mestre, de forma casual, tivesse convidado um estudante para ser coterapeuta".*

Nós dois estávamos na narrativa de casal: um de nós a estava vivendo em primeira pessoa, com os sentimentos românticos e de beleza dos primeiros meses de casamento; o outro estava começando a observar como intervir clinicamente em casais cuja história de amor tinha data de vencimento; as relações estavam no centro das nossas vidas, mas em contextos diferentes.

Ela: *"Era dezembro, eu me sentia plena, havia passado um ano de grandes emoções, e ainda me esperava o seguinte: Luigi Boscolo me havia proposto um novo projeto para que eu me tornasse professora titular. No final do primeiro ano de formação, Ricardo convidou todo o grupo para celebrar o Natal na sua casa; eu achava estranho que alguém quisesse cozinhar para 22 pessoas, esse comportamento não era comum para um italiano".*

Ele: *"Estava feliz de ter terminado o meu primeiro ano de formação, e de quase todas as semanas ver casos clínicos com Gianfranco. As perguntas que Cecchin fazia aos casais, me impressionavam, não só pelo inaudito delas, mas por seu efeito mental e corporal nos clientes; a conjugalidade começava a ser um centro de reflexão na minha mente".*

Ela: *"Esse dia, Ricardo, no meio da festa de Natal, me disse: 'Teresa quando eu voltar para o México, vou te convidar para fazer seminários, pois gosto da sua forma de trabalhar'. Não dei grande importância, vi isso como uma forma latino-americana de ser educado, de fazer seus convidados se sentirem bem, da mesma forma como eu tinha levado um presente ao anfitrião".*

Nossas vidas tinham se encontrado pela primeira vez num contexto não formativo, mais íntimo: iniciava-se uma história.

Ele: *"Tinha regressado ao meu país e a minha vida estava cheia de compromissos formativos e clínicos. Eu estava focado em desenvolver uma abordagem que fosse mais fácil de transmitir aos alunos, que dissesse respeito a como fazer terapia de casal de forma breve, mas que estivesse dentro do período limitado da pós-graduação no México".*

Ela: *"Eu estava muito interessada nas formas de abordagem das questões da sexualidade nos casais; geralmente, os terapeutas sistêmicos não abordam a questão como foco de intervenção, mas eu sim. Em uma das minhas viagens a Heidelberg, me deparei com o livro de Ulrich Clement sobre Terapia sexual sistêmica e as suas ideias e intervenções eram semelhantes às minhas; assumi a tarefa de traduzir seu livro e a minha vida deu uma guinada centrada em aprofundar e teorizar ideias sistêmicas sobre sexualidade".*

Nossas vidas clínicas estavam focadas na conjugalidade, nossas mentes giravam em torno da reflexão sobre como os relacionamentos evoluíram em muitos aspectos e estávamos interessados em examinar minuciosamente como abordar de forma sistêmica e relacional as necessidades do século XXI.

Ela: *"Em 2012, aconteceu o meu primeiro seminário no México, e, depois de terminar o primeiro dia em que Ricardo atuou como tradutor —, eu estava exausta, mas, ao contrário do que ocorria em outros seminários, durante o jantar começamos a conversar sobre casais, sobre minhas ideias, sobre porque eu disse isso ou aquilo. Ricardo compartilhou comigo o que chamou sua atenção sobre minhas ideias e o que ele fez em suas sessões com os mesmos temas, estávamos criando uma ponte narrativa entre a experiência dele e a minha".*

Ele: *"Adorei ouvir a Teresa abordando o tema da sexualidade do ponto de vista relacional, longe do sexo como função; queria compartilhar com ela a forma como eu estava teorizando e intervindo nesses casos".*

Compartilhar nossas experiências clínicas se tornou um hábito para nós dois, estando em plena Laguna de los Siete Colores, em Bacalar, Quintana Roo, nos ocorreu: por que não escrever um livro a partir das nossas conversas? Que se centrasse na Abordagem de Milão, sobre como fazíamos coisas tão diferentes e semelhantes e que foram bem-sucedidas para os clientes; que não havia maneiras corretas ou melhores de intervir sistemicamente, mas sim perspectivas diferentes que uma psiquiatra italiana de sessenta anos tinha a respeito de um psicólogo mexicano de 45 anos, em relação à conjugalidade.

Conversamos com prazer sobre nossas experiências clínicas, mas decidimos escrever o livro sem expor nossos escritos até que cada um de nós corrigisse os capítulos de maneira geral: não queríamos nos influenciar. O único mandato que nos demos foi escrever quatro capítulos, escolhendo alguns temas que nos pareciam cruciais no nosso trabalho com casais: infidelidade, conflito, intimidade e sexualidade, explicando num primeiro capítulo o que significava para nós um casal em terapia. A pandemia alentou o nosso trabalho e os nossos encontros, e como ocorre geralmente, os impedimentos nos permitiram aprofundar e desenvolver maiormente as nossas ideias, de tal forma que o livro parece uma narração processual da evolução do nosso ser como terapeutas nos últimos anos.

Ela: *"Foi emocionante descobrir o que tínhamos escrito um ao outro: fizemos isso pessoalmente, cara a cara, na minha casa em Piacenza. Temia que as nossas diferenças nos tivessem levado a duas visões muito diferentes, que não conseguíssemos reconhecer o nosso ponto de partida na abordagem milanesa. Pelo contrário! As nossas opiniões eram surpreendentemente complementares".*

Ele: *"Li todo o livro em voz alta, lentamente, para que Teresa o compreendesse em espanhol. Foi emocionante, como se através das palavras o nosso trabalho tivesse ganhado vida".*

Ficamos tão felizes por ter construído um discurso que nos pareceu tão sequencial que não conseguíamos focar nossas diferenças... Entendemos que estávamos ambos "dentro" da história e, como Luigi Boscolo nos ensinou, quando você está dentro da história, surge a dificuldade de ver as diferenças. Por isso pedimos à Professora Leticia Martínez Bohórquez que nos visse "atrás do espelho", ou seja, que nos observasse e comparasse o conteúdo dos nossos capítulos, as nossas premissas e o nosso estilo.

Ele: *"Estou satisfeito com este trabalho, porque o vejo como imperfeito, não é de forma alguma algo incondicionalmente certo, nem definitivo".*

Ela: *"Depois de tantos seminários onde os meus colegas foram a minha voz traduzida, finalmente consegui uma grande aspiração, porque sinto que, com o Ricardo, demos voz a um diálogo igualitário. Já se passaram algumas décadas desde a festa de Natal em que Ricardo propôs que colaborássemos no futuro. É lindo que aqui e agora, entre arquivos para corrigir os rascunhos, estamos planejando a próxima viagem que me levará de volta aos 'nossos' colegas mexicanos".*

Este livro é fruto do nosso trabalho como psicoterapeutas, mas também da nossa amizade e colaboração profissional. Foi um trabalho árduo, mas também divertido, fruto de discussões, e-mails transoceânicos, e temperado com muita ironia e alegria. E, hoje, algumas taças de um bom vinho italiano.

Piacenza, 29 de setembro de 2022.
Teresa Arcelloni e Ricardo Rosas

CAPÍTULO 1

O casal na terapia

Ricardo Rosas
Teresa Arcelloni

Da continuidade à descontinuidade cultural do casal

Ricardo Rosas

> *A guerra entre os sexos*
> *é a única em que os inimigos*
> *regularmente dormem juntos.*
>
> Quentin Crisp

Falar do casal em 2022 exige destacar alguns pontos históricos importantes. Para compreender, de alguma forma, onde nos situamos do ponto de vista cultural e psicoterapêutico, será feita uma breve narração, a partir da minha compreensão epistemológica (pressuposto) desse processo evolutivo.

Tomemos a era cristã como ponto de partida, o *ideal* social judaico-cristão como uma expectativa dentro de um *sistema patriarcal* já consolidado naquela época, que contava com uma estrutura hierárquica de valores. Em primeiro lugar, a procriação era tida como valor supremo, não só por motivos religiosos, mas também pelas práticas de povoamento da terra, pois a organização da vida cotidiana de uma família exigia várias mãos, ao mesmo tempo, mais filhos, mais oportunidades de sobrevivência. Em segundo lugar, dentro de um *casamento* era preciso *ser* um bom marido ou esposa, pois isso dava força e futuro às comunidades. E, como terceiro valor, estava o dedicar o tempo livre à espiritualidade, à *religião*.

A *individualidade*, em termos de prazer, tempo livre, recreação, liberdade de ação, lazer e outros conceitos associados, era considerada um *pecado*, um comportamento egoísta, não permitido em nenhum aspecto.

É preciso compreender que desde tempos imemoriais existiram deusas, deuses, rainhas e reis; a nobreza, uma população sempre tratada de forma diferente em termos de lógica, tanto espiritual como jurídica.

Esses valores tomavam forma a partir do *papel* complementar (homem, *up*/mulher, *down*). Uma mulher desempenhava fundamentalmente um *papel* de *mãe* de corpo e alma; ela dedicava seu tempo ao crescimento de cada um dos filhos que nasciam, um por um, imersa nas tarefas *domésticas*. Depois de criar esses filhos, ela tinha que *servir* o marido com cordialidade e obediência, em todas as necessidades que lhe fossem exigidas, o que incluía estar sempre disponível na esfera sexual para cumprir o valor da procriação. O sexo não tinha valor erótico ou recreativo, para isso serviam as *putas*, a quem a história atribuiu a posse da profissão mais antiga da humanidade. Muito provavelmente as mulheres, à meia-noite, se não estivessem completamente exaustas, davam graças a *Deus*, rezando e encerrando assim o seu dia, cumprindo integralmente aquele ideal social estabelecido.

Os *homens*, por sua vez, no seu papel (*up*) se sentiam como provedores e protetores inatos daquela *família*, eram os donos da verdade, e responsáveis pela satisfação das necessidades daquela comunidade. Diligentemente, ao chegarem em casa durante o jantar, na cabeceira da mesa, agradeciam a Deus pela comida e pelas virtudes recebidas. E, no final do dia, se esforçavam para povoar o mundo.

Devo esclarecer que estou descrevendo a história a partir de *generalidades* e não a partir das particularidades que sempre existiram desde o início dos tempos.

Voltando ao tema do homem e do seu papel, parece que a condição de ser provedor da família lhe conferiu uma posição privilegiada a partir do momento em que, em maior ou menor grau, deu-lhe a capacidade de escolher como ser um provedor, o que implicava um certo grau de autorrealização; enquanto às mulheres, estas tinham uma capacidade de escolha quase nula, baseada em talvez *escolher* onde começar as tarefas domésticas, em torno de quatro paredes.

As mulheres eram congruentes com o ideal hierárquico social esperado, enquanto os homens, de alguma forma, em termos pragmáticos, relegavam o papel de marido a segundo plano, uma vez que a posição de provedor lhes proporcionava uma certa autorrealização intrínseca.

O valor do marido ou da esposa estavam diretamente relacionados a um processo fundamentalmente colaborativo, subordinado à família; a ideia de individualidade, do homem ou da mulher, era impensável como entidade independente do *papel familiar*. A consolidação da burguesia no século XIX como um novo e moderno estrato social após a revolução industrial, em oposição a ser *nobre ou servo*, abandonou o feudalismo e abriu as portas ao capitalismo, dando uma nova imagem à família.

Essa imagem, como qualquer ideal social, responde a concepções que se consolidaram no século XIX. O Romantismo como movimento artístico e cultural dominante passou a dar prioridade aos *sentimentos* à medida que havia uma maior consciência do eu como entidade autônoma e não apenas como um pensamento coletivo.

O ápice da modernidade da família se consolidou na *era vitoriana e pós-vitoriana* (1860-1920), em que começou a tomar forma a ideia do ciclo de vida da família moderna, cujo conceito inicial era *se apaixonar e namorar*, dando ênfase aos aspectos emocionais como o principal ingrediente *romântico* que dará lugar ao casamento, e assim aos subsequentes aspectos quase obrigatórios que toda família heterossexual branca teria que cumprir para ser considerada normal.

Colocar o conceito de *namoro* (termo que já aparece no século XX) antes do de *casamento* no ciclo de vida da família pode não parecer muito importante hoje, mas no início do século XX implicou uma revolução, uma vez que significava que o casamento poderia ser uma escolha de *relacionamento* entre um homem e uma mulher, e não apenas um processo de vida obrigatório, e que esse namoro incluía sentimentos que gerariam intimidade suficiente para chegar ao casamento.

Essa ideia de família moderna, apresentada como um ideal social no início do século XX, onde o conceito proporciona uma qualidade *relacional* a duas pessoas com potencial de escolha e individualidade em ambos os gêneros, foi um *déjà vu* que seria consolidado após a Segunda Guerra Mundial, em todo o mundo, ou seja, cinquenta anos depois da ideia. Bem na era *vitoriana e pós-vitoriana*. Em termos práticos, ainda reinava uma cultura fundamentalmente patriarcal tingida de um certo grau de romantismo.

Segunda Guerra Mundial (uma virada na história)

A Segunda Guerra Mundial levou a maioria dos homens jovens e de meia-idade para a linha de frente. Nas cidades das potências europeias envolvidas a favor e contra, deixou apenas crianças e idosos. As mulheres se viram diante de um terreno fértil para mudar a história de serem o *sexo mais fraco*.

História pessoal do autor

Em 1999, morei na Itália, num complexo de oito condomínios do pós-guerra localizados ao redor de um parque central. Naquela comunidade, havia cerca de 100 vizinhas, quase todas viúvas. A mais nova tinha 73 anos e a mais velha, 102; mais da metade continuava andando de bicicleta; iam sozinhas ao supermercado, apenas 12 ainda tinham marido. Havia também dois casais de jovens. Muitas vezes me sentei com as mulheres para conversar no parque onde elas me contaram detalhadamente sua visão da

Segunda Guerra e a mudança na ideia de casal. Perguntam-se que trabalho elas tiveram na guerra? Várias delas fabricavam fuzis, balas para canhões, armas pesadas, trabalhavam em uma fábrica antes exclusiva para trabalho masculino. Outras, que vieram de cidades pequenas, durante cinco anos araram com máquinas (cerca de 15 kg) nas costas, fazendo o cavalo andar; com idades entre 12 e 16 anos tiveram que plantar para não morrer de fome e, mesmo quando mais velhas, ainda tinham as costas fortes como as de um nadador. Entre elas estavam três que eram espiãs dos guerrilheiros (exército rebelde italiano). A maioria desempenhava trabalhos inimagináveis para mulheres, uma vez que no passado eram vistas como frágeis e excessivamente emotivas, sem capacidade de raciocínio.

Dizem que quando a guerra acabou, os homens que voltaram vivos as queriam novamente confinadas na cozinha e criando os filhos. Não foi o que aconteceu, metade delas tiveram apenas um filho, um terço teve dois e o restante não teve filhos. A maioria concordou que, nos cinco anos após a guerra, ocorreram muitas discussões nos seus relacionamentos, mas nenhuma delas conseguiu se divorciar, embora muitas tenham me dito que queriam ter se divorciado. Na Itália, o divórcio foi proibido até 1974. Quase todos tinham interesses pessoais que continuavam a cultivar e que nasceram naqueles anos de guerra, quando experimentaram a sensação de se sentirem livres durante algum tempo da vida.

A guerra permitiu ao mundo perceber que as mulheres podiam fazer qualquer coisa que se acreditasse ser exclusiva dos homens, dada a sua constituição física e mental. As mulheres com esforço também conseguiam fazer as mesmas atividades. Um *mito*, com muitos séculos, caiu.

A guerra nos alertou sobre certas *ideias* predominantes em muitas nações e indivíduos que se revelaram perigosas para a humanidade. Acreditar que existem *raças superiores ou inferiores*, ou seja, pessoas de primeira e segunda classe; situação semelhante à vivida pelas mulheres em relação aos homens (*up/down*), que não tinham direito ao voto em quase todo o mundo, e que não eram cidadãs plenas porque não podiam escolher como seriam governadas. Os campos de concentração geraram uma *Gestalt* (*aumento da autoconsciência*); um concentrar-se em si mesmo, não por egoísmo, mas como forma de sobreviver a uma avalanche de acontecimentos e emoções.

A criação das Nações Unidas, em 1945 e, mais tarde, em 1948, a *Declaração Universal dos Direitos Humanos*, colocou ênfase na *igualdade e equidade* entre os povos e entre homens e mulheres. A ideia de complementaridade histórica (hierárquica) nas relações de casal, bem como nos objetivos fundamentais de um ideal social, deixou de ser *vertical* para se tornar idealmente horizontal (simétrica). Isso significa que não é mais essencial ser mãe ou pai primeiro, depois esposos, para finalmente se ver a si mesmo.

A guerra permitiu demonstrar e valorizar que esses ideais sociais não são complementares, que os seres humanos precisam satisfazer as suas necessidades de serem pais, na mesma medida que precisam satisfazer as suas necessidades de serem esposos e de se autorrealizar como pessoas. No papel, dois mil anos de história foram mudados.

Alguns anos depois surgiram o aconselhamento matrimonial e, mais tarde, a terapia familiar (os problemas começaram). É evidente que a guerra e as ideias postas na Carta Magna (Nações Unidas) moveram as águas, entramos no alvorecer da pós-modernidade, nasceu a ideia do casal desvinculado da parentalidade, consolidou-se uma ideia *romântica*: a concepção de *amor ideal*, de *você e eu*.

A fotografia do beijo de Alfred Eisenstadt (*V-J Day in Times Square*), na qual um marinheiro, em 1945, beija uma enfermeira no dia da vitória das forças aliadas durante a Segunda Guerra Mundial, tornou-se um ícone da história e da importância de como uma *imagem* de amor faz você se apaixonar.

Quase oitenta anos se passaram desde aqueles acontecimentos que mudaram a história; uma mudança nas relações, no que homens e mulheres podem *ser* numa relação, em termos de ações, valores e crenças. Tenho uma ideia de que quem mais evoluiu em termos de *papel e gênero* foram as mulheres, além de serem elas quem mais contribuíram, para o bem ou para o mal através de suas experiências em todo esse processo social, ainda em evolução efervescente.

Dois mil anos de história patriarcal não se anulam em oitenta, simplesmente passamos de uma *continuidade cultural* para uma *descontinuidade cultural* em termos de relacionamento. Hoje, muitos sistemas sociais em todo o mundo continuam a defender e a valorizar as estruturas, na forma e na substância, das ideias patriarcais. E, ao mesmo tempo, essas mesmas sociedades apoiam e sustentam a equidade e a igualdade nas relações. Vivemos numa sociedade "paradoxal" e os paradoxos criam confusão de forma espontânea. Tentarei narrar alguns fenômenos relacionais que geram perda de bem-estar no casal e as ideias que me surgiram para abordá-los.

Pós-modernidade

O pós-modernismo nas relações de casal se consolidou na década de 1960, em sintonia com a revolução sexual e o surgimento da pílula anticoncepcional. A conjugalidade começou a se tornar mais complexa, pois não só era importante a ideia de amor romântico, mas, em ambos os sexos, foi acrescentada a inclusão do prazer e do orgasmo nas relações.

As sociedades passaram de uma economia de produção para uma economia de consumo, o sexo nos países do primeiro mundo começou a ser consumido espontaneamente; passaram a apostar no sucesso da autorrealização através do consumo de imagens midiáticas, que se tornaram centros de poder, e através da valorização da imagem (corpos) e da relação que esta tem com o sucesso (individual). As informações exclusivas e sagradas de um casal passaram a ser abertas a terceiros, transformando o valor da intimidade.

Em geral, os casais começaram a se afastar da informação como um sistema de realidade relevante e importante, que proporcionava certo grau de certeza. Ao desmistificar quase completamente as autoridades, o relativismo ganhou força. A informação foi transformada num meio fundamentalmente de *entretenimento*. Este entretenimento teve o efeito de focar as pessoas no presente, e, através da ideia de sucesso futuro, as fez esquecer o passado. As informações resultantes do entretenimento passaram a constituir uma parte importante do diálogo dos casais, já que eles passaram a utilizar essas informações disponíveis no entretenimento como meio relacional de debate.

Hipermodernidade

Tomo a ideia de hipermodernidade do filósofo e sociólogo francês Gilles Lipovetsky, que em seus livros *Os Tempos Hipermodernos* e *A Era do Vazio* descreve algumas características desse conceito dizendo: "A maior diferença com relação à pós-modernidade é o individualismo ou hiperindividualismo [...] As subjetividades contemporâneas vivem em ritmo acelerado, sofrem em ritmo acelerado, buscam se livrar desse sofrimento, antes mesmo de o sentir [...] O homem imerso em aspectos tecnológicos, vivendo de um presente incerto e prazer momentâneo, está sujeito à incerteza. Desconcertado com o efêmero, perde a ancoragem do tempo e do espaço, bem como da sua própria história [...] Os indivíduos são corroídos pela angústia, o medo sobrepõe-se aos seus prazeres e a ansiedade à sua libertação. Tudo os preocupa e alarma, e eles já não têm sistemas de crenças nos quais possam encontrar segurança".

A tecnologia tornou os casais mais conectados em termos de *dados*, eles estão a segundos de obter e saber qualquer coisa para a qual acham que não têm resposta; no entanto, a velocidade da informação criada por terceiros e não por efeito de uma reflexão ou um diálogo entre dois abre debates e contradebates nos poucos momentos em que os casais partilham um espaço de convivência. Os casais hoje vivem num contexto de ansiedade que os alimenta de estresse.

Filhos da tecnologia

Gabriel, 32 anos, e Ana, 25, são um casal que se casou há dois anos e namoraram por três anos. Gabriel tem um filho de 7 anos de um relacionamento anterior. Ele diz que se dá bem tanto com o filho quanto com a ex-mulher. Estudou até o ensino médio e se dedica ao trabalho de torneiro mecânico. Ana está terminando o seu período de serviço social como psicóloga. Ambos moram em Guadalajara[1], embora sejam de cidades diferentes. Eles me procuraram dizendo ter brigas intermináveis todos os dias e que estavam fartos dessa situação, sem saber o que fazer pois se sentem completamente sobrecarregados.

Início da sessão:

Terapeuta: *Com que frequência vocês brigam?*

Gabriel: *Todos os dias exceto alguns fins de semana, mas, invariavelmente, de segunda a sexta.*

Ana: *Brigamos por coisas estúpidas, mas, no final do dia, paramos de nos falar.*

Terapeuta: *Como esta situação faz com que vocês se sintam como casal?*

Gabriel: *Isso me deixa frustrado, não sei o que fazer com Ana.*

Ana: *Já estou farta! Ele fica me implicando o dia todo! Não me deixa em paz!*

Terapeuta: *Quando foi a última vez que vocês brigaram?*

Ana: *Hoje; passamos o dia todo discutindo sobre como e a que horas vir para a sessão de terapia. Ele é confuso e me deixa com raiva porque não explica bem as coisas.*

[1] México (n.d.t.)

Gabriel: *Bom, você não me diz claramente o que quer e estou pensando no que está dizendo, porque você também não sabia como conseguiríamos chegar na sessão.*

Terapeuta: *Mas me expliquem bem, como toda a briga começou? Onde vocês estavam? O que estavam fazendo? Quem disse alguma coisa antes e quem disse depois?*

Gabriel: *Estava no trabalho e eram 9h30; assim que cheguei ao trabalho, a Ana me perguntou: "Onde vamos nos encontrar para ir ao psicólogo?", e eu respondi: "Não sei, deixa eu pensar!", e ela respondeu: "Por que você não sabe, se marcamos um encontro há 10 dias?"*

Ana: *Acontece que se eu falo: "Vamos fazer isto!", ele me contradiz e eu digo: "Bom, faremos o que você diz!", e aí ele me diz que não sabe; isso me deixa desesperada, tenho vontade de dar um tapa nele; e aí eu falei para ele: "Você não tem cérebro para pensar nisso com antecedência?"*

Terapeuta: *A briga então foi pelo celular, não cara a cara?*

Gabriel: *Sim!...umas duas horas.*

Terapeuta: *E quando vocês se viram para vir a sessão, vocês continuaram brigando?*

Ana: *Não!... Ficamos calados no ônibus, cada um fazendo as suas coisas; ele ficou conversando com os amigos, provavelmente, pura bobagem!*

Gabriel: *E você com certeza estava vendo coisas para comprar online!*

Terapeuta: *Há quanto tempo começaram essas discussões?*

Ana: *Há dois anos, cerca de quatro meses depois do casamento, começamos de forma leve, mas acontece todos os dias já faz um ano; já estou farta!*

Terapeuta: *E com essas brigas, até onde vocês já foram? Já se deram um tapa, um empurrão, xingaram as mães ou se bateram?*

Gabriel: *Só nos insultamos durante 45 minutos seguidos, mas socos e tal, nunca!*

Ana: *Às vezes até uma hora de insultos.*

Terapeuta: *Mas essas brigas são cara a cara, ou só pelo celular ou ambos?*

Gabriel: *Deixa-me pensar...!*

Ana: *Acho que só no celular.*

Gabriel: *Sim, só pelo celular. Mandamos umas 400 mensagens por dia, é cansativo, não sei mais o que fazer!*

Terapeuta: *Alguma vez, vocês já brigaram cara a cara, xingando, por exemplo, a mãe do outro?*

Ana: *Acho que nunca nesses três anos.*

Gabriel: *Bem, nunca brigamos assim cara a cara. Eu não tinha pensado nisso, brigamos apenas pelo telefone.*

Terapeuta: *Me descreve o que você faz quando chega em casa depois do trabalho.*

Gabriel: *Chego por volta das 19h, ela às 18h; ela faz a comida, quando eu chego, eu tomo banho, depois ela também toma banho e aí jantamos juntos assistindo TV na cozinha, arrumamos a cozinha e vamos para o quarto por volta das 21h, assistimos um dos romances dela e depois uma série minha e adormecemos.*

Terapeuta: *E nos finais de semana como muda a dinâmica?*

Ana: *Um sábado estamos juntos e passamos o dia todo com a família dele e no outro ele fica com o filho, e eu vou para a minha cidade natal. Aos domingos nos levantamos tarde e cuidamos de tarefas domésticas e à noite adormecemos como todos os dias.*

Terapeuta: *Vocês falam sobre as brigas que tiveram durante o dia ou na semana quando chegam em casa?*

Gabriel: *Boa pergunta, acho que não sei a resposta.*

Ana: *Não, se estou muito chateada com ele, converso pouco e ele também faz o mesmo.*

Terapeuta: *Então o que acontece com as 400 mensagens que foram enviadas?*

Ana: *Nada, até o dia seguinte quando cada um está no seu trabalho; já falei para ele, odeio quando ele me pergunta: "Com quem você está conversando online no WhatsApp?". Já falei mil vezes para ele: "Com pacientes marcando as consultas do município", e ele continua: "E por que você não me responde e responde a eles?".*

Gabriel: *Mas você também quer saber tudo o que eu faço: "Você já saiu para comer, já tomou café", e isso não te deixa com raiva, né?!*

Terapeuta: *Quando foi a última vez que vocês conversaram sobre vocês dois, cara a cara, sem ser pelo celular?*

Ana: *Oh! — ela permanece em silêncio. Não sei...deixa-me pensar!*

Gabriel: *Acho.... Também não sei! — ele ri.*

Ana: *Eu sei! Um dia antes do pedido de casamento ele foi à minha cidade natal conhecer meus pais e combinamos de encontrar num café e conversar com eles, foi a última vez, estávamos namorando há seis meses, eu tinha engravidado, tive muito medo de que pudessem notar a gravidez, tive que fingir muito bem.*

Terapeuta: *E como vocês se tornaram um casal?*

Gabriel: *Fomos a uma festa com alguns amigos, que são amigos em comum de nós dois, e naquele fim de semana saímos, nos divertimos muito; e no domingo começamos a namorar; bem, ela estava estudando, nos víamos a cada duas semanas.*

Terapeuta: *Então, quando querem expressar o que sentem e o que pensam sobre o seu relacionamento, é sempre no celular, nunca cara a cara desde o pedido de casamento?*

Ana: *Bom, não tinha pensado nisso, mas parece que sim.*

Gabriel: *Sim, acredito que tudo é pelo celular.*

Perto do final da sessão:

Terapeuta: *O que seria de vocês dois, como casal, se não tivessem um celular? Como seria a vida de vocês? Como vocês acham que seria? Melhor ou pior? — Ambos riem nervosamente. Foi a primeira vez na minha vida como terapeuta que atendi um casal, cujas disputas eram única e exclusivamente de forma virtual, com até 400 mensagens por dia. E a sua comunicação íntima era fundamentalmente virtual; eles tinham relações sexuais que começavam pelo WhatsApp. Eram vítimas do vazio relacional típico dos casais hipermodernos. No meio da sessão, percebi essa situação, mas continuei perguntando sobre o contexto, para entrelaçar o nível abstrato (aspecto virtual) com o nível dos seus comportamentos; era importante que eles, e não só eu, percebessem isso. É necessário diferenciar entre o que o terapeuta entende através da informação que é gerada em sessão e o que é percebido dessa informação pelos consultantes, não só através do feedback ao final da sessão, mas também, reflexivamente, com perguntas.*

Utilizo o termo *vazio: aquilo que é superficial e sem sentido ou interesse* como o melhor conceito para definir esse fenômeno relacional que observo. A sensação de viver correndo e de nunca ter tempo cria a necessidade de se comunicar sempre, de forma superficial, com momentos do dia com nossos cônjuges: pequenas e breves chamadas, várias mensagens cheias de emoticons, memes e diversas fotografias de onde estamos e do que estamos comendo. Isso não permite perceber a verdadeira distância com essa pessoa, deixando sempre a sensação de não ter dito ou expressado tudo. Também deixa vazia a necessidade e o interesse de se comunicar no momento presente, quando essas duas pessoas voltam a se encontrar cara a cara.

Nos casais, esse vazio, quando se torna um hábito, a curto e médio prazo gera um *paradoxo em níveis lógicos*, pois em um nível lógico, seu parceiro sabe "tudo", entre aspas, sobre o que está acontecendo em sua vida e você tem aquela sensação de estar perto de seu cônjuge, mas em outro nível, esse esvaziamento gera desconforto (falta alguma coisa). Esses casais ficam juntos em casa, mas cada um está fisicamente envolvido em outros espaços, geralmente no entretenimento gerado pela tecnologia.

O meu interesse terapêutico nesse fenômeno é legitimar a forma como construíram essa relação "virtual" como um meio relacional válido e importante para eles na sua narrativa; mas, simultaneamente, levá-los a refletir sobre os efeitos indesejados no seu relacionamento gerados pelo uso predominante desse meio.

Direciono a cocriação no diálogo terapêutico para a possibilidade de gerar, em alguns momentos do dia, um *silêncio tecnológico*, uma distância virtual, na esperança de que novas interações entre os dois possam surgir.

Ana e Gabriel me transmitiram aquele tédio genuíno com o uso excessivo da tecnologia, sobre o qual, de alguma forma, não tinham refletido. Era sua única forma relacional.

Início da sessão:

Terapeuta: *O que aconteceu na vida de vocês durante este mês que não nos vimos?*

Gabriel: *A sua pergunta me chamou a atenção, porque eu não tinha certeza se a gente se falava só pelo celular; pensei nisso durante três dias e sim, é só pelo celular.*

Ana: *Eu já tinha percebido, mais ou menos, por isso eu pedia a ele que quando fôssemos sair para comer um frango, que fôssemos sem amigos ou parentes, mas depois eu esquecia.*

Terapeuta: *Volto a fazer uma pergunta: Vocês conversaram cara a cara o que estão me contando ou apenas pelo WhatsApp? E que efeito vocês acham que isso tem sobre vocês como casal?*

Gabriel: *Só pelo WhatsApp, o que pode não ser bom; se estivesse tudo bem, não estaríamos aqui!*

Ana: *Penso o mesmo!*

Terapeuta: *Aconteceu alguma coisa diferente este mês?*

Ana: *Sim, acho que brigamos menos, diminuímos as mensagens.*

Gabriel: *Ela não implicou tanto comigo!*

Ana: *Digo o mesmo de você!*

Meio da sessão:

Terapeuta: *O que vocês acham que aconteceria se um de vocês dois decidisse não enviar mais mensagens?*

Gabriel: *Vamos ficar entediados no trabalho, mas ficaremos bem.*

Ana: *Eu não... acho que me sentiria aliviada!*

Terapeuta: *Se suas brigas no WhatsApp desaparecessem magicamente, qual você acha que seria a próxima situação difícil entre vocês?*

Ana: *Se vamos ter filhos!*

Gabriel: *Se eu bebo muito ou pouco com meus amigos!*

Terapeuta: *De alguma forma vocês construíram seu relacionamento à distância e funcionou bem para vocês por um tempo, permitiu que vocês se sentissem confortáveis, a ponto de não só se casar, mas também engravidar. Vocês conseguiram superar a perda do bebê pelo WhatsApp, que não os separou, mas os manteve unidos. Mas tenho a sensação de que usar apenas o WhatsApp como meio para comunicar o que está acontecendo no seu dia a dia e no seu relacionamento está com data de validade vencida. Vocês estão enfrentando um novo desafio de como gerar bem-estar de outras formas, ainda inexploradas.*

Ana e Gabriel vieram de duas famílias com hábitos e crenças tradicionais. Ela havia escondido a gravidez da família, foi por esse motivo que se casaram. Ele não queria, queria que ela abortasse, pois considerava muito cedo para ter um filho. Ela teve uma perda duas semanas depois de se casar. Perguntei na primeira sessão com que idade eles tiveram um celular em mãos pela primeira vez; ela usava o celular da mãe desde os 5 anos e ele usava o celular da mãe desde os 8; ambos jogavam videogame desde pequenos, em média cerca de 3 horas por dia, seus pais os distraíam com o uso da tecnologia, embora ambos morassem em cidades pequenas, passavam mais tempo dentro de casa do que brincando na rua. A tecnologia e o individualismo (para entretenimento) foram uma parte estrutural da sua forma relacional. E, ao mesmo tempo, era possível observar interações relacionais tipicamente patriarcais. Um fenômeno social que observo em muitas das histórias de casais que têm entre 25 e 40 anos, que nas sessões se torna um tema que não pode ser ignorado, deve ser discutido, para que surjam novas ideias.

Gabriel: *Tivemos altos e baixos — risos. O bom é que esse mês não brigamos mais por WhatsApp, só mandamos um para o outro cerca de 100 mensagens sobre coisas necessárias e bonitas.*

Ana: *O ruim é que discutimos em casa, duas vezes e não chegamos a lugar nenhum.*

Terapeuta: *A lugar nenhum?*

Ana: *A um acordo, os amigos dele vieram como sempre, e começaram a beber cerveja na sexta-feira às sete da noite... Já era meia-noite, e eles ainda estavam bebendo, desci e sinalizei com o olhar para que ele se livrasse dos amigos; e ele, como se nada tivesse acontecido, me ignorou. Eu trabalhava no dia seguinte, ele não estava nem ai!*

Gabriel: *Eu só percebi que você estava de mal humor, se você tivesse me dito antes: "Meia-noite você manda eles embora", eu teria mandado, mas eu não sou vidente!*

Ana: *Beber durante a semana não é bom, às vezes às quintas ele bebe, e agora também às sextas e aos fins de semana com os seus pais e outras vezes com os meus. Eu não quero um marido bêbado!*

Gabriel: *Você nunca me viu caído no chão, viu?!*

Ana: *Só digo isso como um aviso, para que depois você não diga: "Você nunca me disse, senão eu não teria bebido!"*

No final da sessão:

Terapeuta: *O que aconteceria se vocês conversassem cara a cara sobre o que esperam do seu presente e do seu futuro como casal? Vocês acham que conseguiriam resistir a não discutir, ou a que um dos dois fuja?*

As conversas pelo *WhatsApp* que eles me mostraram eram sobre como cada um deveria ser e o que fazer do ponto de vista do outro, quem tinha a verdade nas mãos, e, assim, pulavam de uma ideia patriarcal para uma ideia de equidade em 30 mensagens, e, sem perceber, eles ficavam presos em seu próprio discurso. Um discurso que carecia de reflexão e distinção, pois parecia uma compra de "tendências da moda" encontrados na Web, de uma cultura do senso comum. A minha responsabilidade terapêutica era criar uma ponte com a informação já existente através de perguntas, estimulando um pensamento reflexivo. Isso os ajudaria a se responsabilizarem pelo seu próprio ponto de vista, distanciando-se das opiniões alheias e aproximando-se de suas próprias perspectivas. Eles decidiriam qual ideia seria mais relevante do que outras com base em quais critérios? Esse processo de questionamentos relacionais sobre diferentes conceitos, ideias e valores nos aproxima como terapeutas de uma modalidade mais sistêmica e relacional, pois, quando o discurso de um casal é muito repetitivo (algo muito comum), é fácil cair na tentação de normalização do critério na qualidade de autoridades terapêuticas.

No final da sessão, fiz uma pergunta hipotética sobre o futuro, sobre como poderia ser a relação se algumas das conversas fossem transferidas para outro "contexto", ainda desconhecido para eles. Foi um convite para imaginar outra possibilidade de diálogo em suas vidas, me distanciando completamente da banalização dessas disputas virtuais, sugerindo, de forma diretiva, que se encontrassem frente a frente, para resolver ou chegar a acordos que beneficiassem suas vidas. Se eu não tivesse feito isso, me tornaria imediatamente mais um "influencer" em suas vidas, que lhes diria como se comportar ou quais valores ou ideias poderiam ser mais relevantes para encontrar o bem-estar desejado. Sem perceber, com alguma facilidade diagnosticamos ou julgamos certos acontecimentos relacionais narrados pelos clientes como banais (brigas virtuais), não conseguimos legitimar a dimensão sentimental e emocional da forma como os vivenciam.

Terapeuta: *O que aconteceu este mês em suas vidas?*

Ana: *Está tudo estranhamente melhor.*

Terapeuta: *O que você entende por estranho?*

Ana: *Bom, perdi a vontade de brigar com ele e às vezes me sinto estranha, como se estivesse faltando alguma coisa, não sei o quê!*

Gabriel: *Está faltando você ferrar o próximo! — ri.*

Ana: *Conversamos sobre o nosso futuro duas vezes este mês, sentados na cama depois da minha novela, durante cerca de uma hora, mas Gabriel não me olha nos olhos; estávamos encostados na cabeceira da cama, sem nos virar para nos ver, e eu disse a ele: "Vira para me ver, Gabriel", e ele, rindo, me disse: "Você está muito feia agora, é melhor não te ver! Ele não me vê, doutor, olha para cima ou desvia os olhos!".*

Gabriel: *Mas conversamos, isso era o importante! Conversamos sobre ter outro filho, embora eu já tenha, que queremos comprar uma casa, mês que vem comprarei um carro para nós dois. E, às vezes, eu não olho para ela, porque ela faz uma cara feia de zangada, e isso me incomoda, e eu não tenho mais vontade de conversar.*

Ana: *Temos muitas coisas para conversar, percebo que o que falávamos um para o outro no WhatsApp era pura bobagem, nada de importante!*

Gabriel: *Ainda temos que conversar sobre as coisas íntimas que te falei.*

Ana: *O que você me disse? Não me lembro. Nestes meses?*

Gabriel: *Não pelo WhatsApp, depois da primeira vez que viemos e o doutor perguntou se tínhamos uma sexualidade satisfatória e*

	nós dois respondemos que sim, mas aí eu te falei que queria conversar sobre algo mais.
Ana:	*Não me lembro bem.*
Terapeuta:	*Você gostaria de conversar sobre isso aqui, cara a cara? É uma boa ocasião — Gabriel e Ana ruborizam, mas aceitam, os coloquei frente a frente e coloquei a minha cadeira em outro lugar.*
Terapeuta:	*Sobre o que você quer conversar com Ana?*
Gabriel:	*De fantasias sexuais!*

Encerramento da oitava sessão:

Terapeuta:	*Estou surpreso com o que aconteceu com vocês hoje, porque, por sua própria iniciativa, você, Gabriel, decidiu falar sobre um tema que é difícil para a maioria dos casais abordar, especialmente quando vocês não estão acostumados a ver a cara um do outro. Embora estivessem tristes, conseguiram e acredito que esta situação pode ser o fortalecimento de uma relação que estão aprendendo a disfrutar, de estar juntos cara a cara, sem deixar de se comunicar pelo WhatsApp, pois também é uma ferramenta útil; vocês começaram com 400 mensagens por dia e agora vocês dizem: "São apenas 50 por dia agora!" É importante que recuperem o bem-estar no seu dia a dia; talvez seja hora de considerar que em breve não será mais necessário continuar com as sessões, que o que falta fazer deverá ser consolidado com o tempo, um tempo que não está dentro do espaço terapêutico. Pensem nisso, nos vemos em um mês!*

A conversa que tiveram foi interessante. Ele disse a ela que poderia variar seu desempenho sexual de tempos em tempos e não fazer sempre a mesma coisa (usando espelhos). Por sua vez, ela reclamava que eles mantinham relações principalmente quando ele queria; ela disse que suas iniciativas não eram levadas em conta e isso a incomodava. A conversa mostrou que o comportamento sexual deles era tradicional, ou seja, ele propunha e ela aceitava, e, embora fosse satisfatório, nenhum deles propunha a renovação dessa performance, uma vez que ambos eram vítimas de uma interação patriarcal. Em que sentido? Ele propunha relações, ela respondia com disponibilidade e não conseguia propor algo novo, não correspondia a ela esse lugar, embora pensasse muitas vezes nisso. Ele, por sua vez, não propunha fantasias, pois era algo fora do normal para um "cavalheiro", embora também pensasse nisso com frequência. Num nível abstrato, eles se propunham potencialmente como um casal pós-moderno. Isso ficou evidenciado na sessão por meio de questões, tais quais: como você imagina que uma mulher pode propor fantasias a um homem? Você acha que as mulheres podem tomar a iniciativa sexual? Um homem pode se sentir seguro, mesmo que a mulher assuma a liderança da performance de vez em quando?

Nesse dia, encerrei a sessão legitimando a mudança significativa que estavam vivendo na sua relação, pelo grau de bem-estar que me expressaram. Era hora de adicionar na conversa terapêutica o fato de que os processos psicoterapêuticos não terminam quando o casal fica "feliz" ou quando o casal "conserta tudo", senão se tornariam processos intermináveis. Os processos relacionais sistêmicos terminam quando os casais recuperam um grau significativo de bem-estar e, embora continuem a ter situações difíceis na vida, já aprenderam a lidar com elas.

Quem está certo, quem está errado: uma infidelidade nunca digerida

Francisco e Tanya; ambos com 40 anos, são um casal que ainda está casado legalmente, mas estão separados há um ano e dizem que não sabem como se separar definitivamente. Quem pediu ajuda ao seu terapeuta individual foi Francisco. O terapeuta sugeriu que ele propusesse uma terapia de casal para sua "ainda" esposa e que tentasse convencê-la a participar do processo.

O caso:

Há 16 meses, Tanya descobriu que Francisco estava sendo infiel a ela com uma mulher de 30 anos. Como muito comum na época atual, ela descobriu a infidelidade por uma conversa de celular, onde ele dizia: "Estou apaixonado por você, quero estar com você sempre". Uma situação que imediatamente explodiu em um acontecimento violento, em que ela lhe deu um tapa e o expulsou de casa. Um mês depois, ele voltou, tentaram reatar, mas ela o pegou novamente mandando mensagens para a amante. A esposa, então, procurou a amante e a confrontou, confirmando a existência do relacionamento e mostrando à esposa todas as mensagens do *WhatsApp* e o que eles falavam um para o outro. É importante ressaltar que três meses antes da infidelidade, tiveram problemas no relacionamento e ele dormia no sofá-cama toda vez que ela se chateava com ele. Um ano antes, ele havia começado a escrever para a esposa todos os dias mensagens como: "Você é a mulher que eu amo! Eu errei! Me desculpa! Agora eu sei que você é a melhor coisa que aconteceu na minha vida!". E ela respondia: "Eu também te amei muito! Você era uma boa pessoa, mas agora você é um babaca! Você é um rato imundo! Você é a pior pessoa que eu já conheci! Espero que você nunca seja feliz! Te desejo o pior do mundo!". Assim é como começam e terminam suas conversas diárias. Eles se encontraram fisicamente apenas três vezes durante o ano, mas mantêm o relacionamento principalmente através do *WhatsApp*, com conversas noturnas que chegam a durar até duas horas.

Terapeuta: *Por que vocês vieram aqui hoje?*

Tanya: *Porque ele me pediu, eu não queria vir, é inútil, mas quero acabar logo com isso, já estou cansada de um ano de conversas.*

Francisco: *Na terapia individual, percebi que a amo, ela é a mulher da minha vida, é a melhor coisa que me aconteceu desde que estamos juntos há sete anos, quero fazer tudo possível para recuperá-la.*

Terapeuta: *O que você pensa sobre o que o Francisco está dizendo?*

Tanya: *Ele é um mentiroso! Ele aprendeu a acreditar em suas próprias mentiras e quer me convencer delas; ele é um infiel! Isso mesmo, e isso não vai mudar. Quero encerrar isso para sempre.*

Terapeuta: *Por que você responde às mensagens dele, todos os dias, e não apenas o bloqueia?*

Tanya: *Porque começa de uma forma muito simpática, como agora mesmo, e eu gosto disso, mas à medida que a conversa avança, me lembro da infidelidade e isso me deixa com raiva, me irrita e quero ir embora.*

Francisco: *Eu te amo, juro!*

No meio da primeira sessão:

Terapeuta: *Quanto é a dívida do Francisco devido à infidelidade?*

Tanya: *Eu já o perdoei! Também estou fazendo terapia e já o perdoei, mas ele é infiel. Pessoas infiéis não mudam, meu ex-marido foi infiel comigo e eu jurei para mim mesma que "nunca dos nuncas" aceitaria outra infidelidade. Bem, eu não quero viver como minha mãe viveu a vida inteira.*

Terapeuta: *Eu entendo o perdão como algo espiritual, difícil de conceder a alguém, porque, ouvindo especialistas na área: o perdão é a expressão espiritual da ação da vontade individual, onde, sem que a outra pessoa faça absolutamente nada, você concede o perdão, esquecendo o que ocorreu.*

Francisco: *Ela não me perdoou, ela me diz todos os dias: "Eu te odeio pelo que você fez comigo!".*

Perto do final da sessão:

Terapeuta: *Então, como os posso ajudar como casal? Porque você quer encerrar qualquer vínculo com ele e ele quer a oportunidade de reconquistar o relacionamento. Seus motivos são completamente opostos.*

Tanya: *Eu venho para que ele aceite e se responsabilize pelo fato de que tudo o que aconteceu é culpa dele e me deixe em paz para sempre.*

Terapeuta: *Compreendo o seu ponto de vista, mas não sou padre, nem guia espiritual para decidir quem está certo e quem está errado, é uma necessidade válida da sua parte, mas que foge à minha ética terapêutica; eu trabalho com as necessidades "que nascem de uma relação, de duas pessoas, que em maior ou menor grau são responsáveis pelas suas situações de vida".*

Tanya: *Mas ele é o culpado pela infidelidade e, portanto, de todo o resto.*

Francisco: *Sim, o culpado sou eu e quero consertar.*

Terapeuta: *Concordo com você que o fato da infidelidade, e todas as ações por ele realizadas para criar outra intimidade concomitante à sua, é de responsabilidade dele, sem dúvida. Mas eu sou terapeuta de casal, a sua relação não pode ser reduzida única e exclusivamente à infidelidade, uma relação é entre duas pessoas, e nessa relação ambos têm um grau de corresponsabilidade.*

Francisco: *Quero salvar o nosso casamento, estou disposto a fazer o que ela me pede e o que você nos sugerir.*

Tanya: *Não sei! Sinceramente, não sei por que concordei em vir hoje!*

Terapeuta: *Chama a minha atenção que você concordou em vir aqui, em vez de comparecer diretamente ao escritório de um advogado. Isso ajudaria a tornar este o começo do fim; de alguma forma, a separação poderia começar pela questão legal.*

Fechamento:

Terapeuta: *Sugiro que vocês voltem em um mês. Durante esse mês, se vocês se encontrarem fisicamente ou se continuarem com conversas no WhatsApp, cada um dará ao outro a oportunidade de se relacionar com o objetivo mencionado; você, Francisco, com a intenção franca de reconquistá-la, abordando porque seria importante continuar juntos; e você, Tanya, com a firme intenção de compartilhar porque não acha uma boa ideia continuar com esse relacionamento; vocês só precisariam estar disponíveis para ouvir o ponto de vista do outro.*

Me deparei com um casal que tinha motivos opostos para ter vindo em um atendimento comigo: ela queria terminar o relacionamento, ele queria reconquistá-la. Havia infidelidade envolvida e um conflito virtual que já durava um ano, com insultos de alto nível, o que os mantinha altamente envolvidos no *WhatsApp*.

Geralmente, aceito e legitimo ambos os membros do casal, mesmo que proponham intenções diferentes quanto ao porquê de estarem ali comigo, aceito "seus pontos de vista individuais", mas procuro, através de perguntas, envolvê-los e responsabilizá-los pelo seu ponto de vista e, posteriormente, pela relação que estão mantendo.

Tanya parecia muito chateada e o demonstrava com sua linguagem verbal e corporal, e Francisco estava muito frustrado por não ter sido ouvido por ela. Ela queria que eu o declarasse culpado, que me aliasse a ela e classificasse a infidelidade como o pior ato sofrido por ela. Ele, por sua vez, queria que eu fosse o interlocutor que poderia facilmente salvar e encerrar suas ações. Ambos os pedidos eram legítimos na sua individualidade, mas cada um dos dois tinha que assumir a "responsabilidade" pelo seu ponto de vista e pela relação. Ela tinha todo o direito de se sentir profundamente magoada por este homem, de o declarar culpado e mandá-lo para o cadafalso, se quisesse, pela "dívida" contraída pela infidelidade. Mas, a classificação de dívida pertence à pessoa que foi ferida ou agredida. E ele tinha todo o direito de reconquistá-la, sem dúvida. Ela não queria assumir a "responsabilidade" legal e, portanto, não queria assumir até certo ponto a responsabilidade pelo relacionamento deles. E ele queria que eu lhe dissesse, com ponto e vírgula, o que fazer para que a situação mudasse. Ambos queriam que eu me responsabilizasse por algo que não me pertencia, que era deles. Meu prognóstico ao final da primeira sessão não era promissor.

Quando os casais lidam com motivos comuns, embora sua narrativa possa ter conteúdo variado, facilita o início de um processo dialógico, pois se baseia em ideias que correlacionam o casal a uma história a ser reconstruída ou cocriada. Por outro lado, quando os casais têm motivos opostos, o risco de cair em "confusão" é maior, tanto para o casal como para o terapeuta. Distingo dois níveis lógicos envolvidos: as motivações que podem ser diferentes em forma e conteúdo (um nível) e o relacionamento do casal (outro nível).

Terapeuta: *O que aconteceu em suas vidas este mês?*

Tanya: *Nos encontramos uma vez, fora do apartamento, fomos tomar café, ouvi o ponto de vista dele, ele ouviu o meu, e pronto. Ainda penso a mesma coisa, quero terminar esse relacionamento.*

Francisco: *Conversamos várias vezes no telefone, acho que foi bom, o atrito foi menor; claro que às vezes ela desligava minhas ligações como sempre, eu sempre dizia para ela: Eu te amo, eu te amo! Você é a mulher com quem quero envelhecer!*

Terapeuta: *Tanya, vou te fazer uma pergunta difícil, o que você ainda sente por Francisco?*

Tanya: *Eu ainda o amo! Ele era uma pessoa legal! Coloquei minha confiança e minha vida em suas mãos, e ainda assim aconteceu! Ele me fez em pedaços! — chora.*

Francisco: *Já tínhamos problemas antes disso, eu dormia quase todos os dias no sofá, porque ela chegava do trabalho cansada e me dizia: "Por que você não fez o jantar como eu te falei? Você queimou o arroz! Você não faz nada certo! A sua mãe não te educou para ser homem? Eu quero dormir sozinha!".*

Tanya: *Trabalho 12 horas por dia e ele com o trabalho de designer, organiza o seu próprio tempo e fica no primeiro andar da nossa casa. No mínimo ele deveria manter a casa limpa e arrumada. Não é justo que eu sempre chegue e tenha que fazer o que falta, ele já deveria estar com tudo pronto. Eu coloco mais dinheiro na casa e faço mais esforços que ele. Pelo menos, se você tem todo o dia à sua disposição e não tem filhos, organize as coisas!*

Francisco: *Mas a gente sempre arca com as despesas meio a meio, sempre te dava dinheiro durante os meses, não te devo dinheiro, o que você ganha a mais você tem na conta para você.*

Tanya: *Mas, se eu não tivesse mais dinheiro, como é que teríamos construído o apartamento, não teríamos feito nada, estaríamos pagando aluguel, seus pais pagaram a outra metade, você não tinha onde cair morto!*

Francisco: *Eu sei, mas você não me deu nada; nesses anos, tudo nós pagamos 50 e 50.*

Tanya: *Exatamente! Por isso estava farta, você mal tem dinheiro para cobrir as despesas. Doutor, faz três anos que não viajamos juntos porque ele não tem dinheiro.*

Terapeuta: *Quando foi a última vez que vocês fizeram uma viagem para relaxarem juntos?*

Tanya: *Nunca! São os homens que têm que pagar as viagens das mulheres, eu seria estúpida se o fizesse, por isso não saíamos, isso me deixava frustrada, precisava pedir dinheiro emprestado para ele poder viajar. Eu viajo com minhas amigas duas vezes por ano.*

Francisco: *O terreno onde vivemos é dos meus pais, construímos no terreno deles. E estou pagando a ela o dinheiro que ela investiu na construção.*

Tanya: *É por isso que não vou sair de lá, até que você me pague todo o dinheiro, não sou burra! Você me enganou, você me paga!*

Francisco: *Assinei um contrato privado para isso há um ano, daqui a três meses tudo estará resolvido.*

No final da sessão:

Terapeuta: *Você acabou de dizer que ele deveria pagar. Quanto é a dívida moral e econômica que ele deveria pagar para terminar em harmonia ou pensar em reconstruir o relacionamento?*

Tanya: *Ele é quem deveria saber o quanto me deve.*

Francisco: *A verdade é que não sei o que fazer, faço muitas coisas e você não gosta de nenhuma delas, não tenho a menor ideia de como nos ajudar, por isso pedi ajuda.*

Tanya: *Por que deveria ser eu quem deveria dizer o que ele me deve? Não gosto disso, ele sabe o que fez, deveria saber como pagar. Seus olhos ficam vermelhos.*

Terapeuta: *Tenho a impressão de que vocês estão presos em um beco sem saída, ou talvez a saída seja muito fácil, mas vocês não conseguem ver. Ambos expressam ainda ter um bom sentimento um pelo outro. Ambos, de alguma forma, querem superar essa situação, terminar ou seguir em frente. Mas vocês estão presos no "como" resolver, porque você quer que ele faça coisas para sair dessa situação. Você diz que ele sabe o que é, mas ele diz que não sabe o que fazer, porque as coisas que ele fez e comentou sobre isso na primeira e última sessão não adiantaram de nada. Você expressa para ele que, quando ele faz esses esforços, não é o que você quer e espera. E eu trabalho com dois indivíduos, é necessário até certo ponto a vontade de ambos os indivíduos para trabalhar em um espaço terapêutico.*

É preciso um certo grau de vontade de *dois indivíduos* para realizar o processo terapêutico de casal; ao aceitar uma única vontade, uma única responsabilidade, estaríamos dizendo que alguém é o paciente identificado, ou que alguém está bem, e alguém está mal, ou estaríamos fazendo um processo individual, com a presença de um cônjuge que sustenta emocionalmente o outro.

Tanya abertamente não queria aceitar o grau de responsabilidade que lhe correspondia dos anos de relacionamento e não queria condenar de forma clara o culpado da infidelidade da qual foi vítima. Minhas perguntas visavam os conscientizar sobre a sua história, não apenas a partir dos sentimentos negativos, mas dos bons sentimentos do presente, que ainda sentiam um pelo outro. Me interessava ir mais fundo com mais perguntas que me explicassem e explicassem a eles mesmos por que ainda estavam "juntos", como ainda eram tão próximos, mas tristes, com evidente falta de bem-estar.

Terceira sessão:

Terapeuta: *Você armou uma armadilha para o seu marido, com que propósito?*

Tanya: *Para confirmar que ele nunca vai mudar, que ele se deixa manipular facilmente e isso me confirmou que ele continuará com suas idiotices.*

Francisco: *Eu não fiz nada de errado. Adriana me enviou algumas mensagens dizendo que queria me ver para esclarecer alguns detalhes que aconteceram comigo e com você. Ela disse que não estava interessada em mim, que só queria ficar em paz sobre algumas coisas, e que esperava que eu pudesse me reconciliar com você e que fôssemos felizes. Foi por isso que aceitei vê-la, apenas por isso.*

Terapeuta: *Não consigo entender, que efeitos tem sobre a sua relação o fato de você ter combinado com a ex-amante dele para que se encontrassem, e que Francisco tenha encontrado vocês enquanto tomavam um café... como isso favorece o bem-estar da relação? Explique-me!*

Tanya: *Sobre o bem-estar da relação, não sei, mas me fez sentir bem entender melhor a cabeça desse homenzinho e saber que nada vai mudar.*

Terapeuta: *Francisco, o que você acha de tudo isso?*

Francisco: *Isso me deixa muito confuso, embora eu pense que talvez, o ódio que ela tem por mim nunca nos permitirá curar, talvez o ódio seja mais forte que o seu amor.*

No meio da sessão:

Terapeuta: *Embora respeite profundamente o ponto de vista dos dois e a necessidade de ambos estarem aqui comigo nestas quase três sessões, não consigo continuar esta sessão porque tenho a convicção pessoal de que a terapia de casal exige duas vontades para funcionar. E embora Francisco tenha a ideia clara de reconquistar um relacionamento através da ajuda terapêutica, sobre você Tanya, tenho a sensação de que você vem narrar todo o desconforto que ocorreu nesta história, como um confessionário, válido sem dúvida, em um espaço de terapia individual, que você já possui. Mas não vejo nenhuma disposição de sua parte em assumir o comando, até certo ponto, da história que você narra, parece que você a narra como se tivesse sido um simples observador de todos os acontecimentos e não uma parte ativa neles. Não posso trabalhar em um relacionamento com alguém que parece inexistente por sua própria criação.*

Fechei a sessão antes do tempo que sempre utilizo nas sessões, já tinha sido suficiente. Tanya declarou abertamente a intenção de vingança contra Francisco. Ele, por sua vez, não se considerava aludido em toda essa dinâmica de agressão mútua: ele, pintado com uma reconquista romântica; ela, desembainhada de ressentimento. Isto não tinha os ingredientes mínimos, a meu ver, para um processo terapêutico; foi uma peça de teatro.

Ela havia combinado com a ex-amante, para se divertirem, vendo o marido "ingênuo" encontrando as duas tomando café juntas. Essas duas mulheres, aparentemente inimigas, conspiravam para se vingar do amor que sentiam por esse homem; uma novela da vida real, da qual não me interessava ser espectador.

Quis o destino que o terapeuta dela fosse meu conhecido. E, sem ter pedido informações a ele, esse terapeuta deixou escapar que, durante o relacionamento, ela teve um caso extraconjugal de fim de semana com um colega, em uma conferência de trabalho.

Hoje, mais do que nunca, estou atento para entender o que relaciona" duas pessoas em algo que chamam de "relacionamento", quais são as interações que tornam a convivência de duas pessoas algo "significativo" e não necessariamente "romântico". Relaciono a ideia de romantismo mais à combinação de vários ingredientes patriarcais, com nuances de pós-modernidade (tipo dos anos 1960). O romântico representa interações socioculturais profundamente enraizadas na mídia (novelas). Amor e romance são duas coisas completamente diferentes que, em geral, querem ser vistas como um todo, mas cada uma deve ter a sua dimensão. O amor é um sentimento complexo que evoluiu e continua a evoluir nas sociedades; da minha perspectiva como psicoterapeuta, esses tempos demonstra-se o sentimento de amor, entre liberdade (autorrealização) e companhia (com quem compartilhar esse sucesso). Mas também reconheço que muitos casais não estão unidos pelo amor, mas por outras emoções que devem ser descobertas e valorizadas nos processos terapêuticos.

Devemos estar atentos para *refletir* que o romance e o amor, como entidades clássicas para distinguir um *casal*, não são necessariamente os únicos caminhos que devem nos guiar em 2022. Hoje, mais do que nunca, devemos usar a curiosidade para descobrir novas formas relacionais que deem sentido a muitos relacionamentos significativos, os quais frequentemente carecem de adjetivos qualificativos claros, como esposa, casamento, namoro, romântico, amor, amante e ex-esposa. Também devemos observar as relações a partir da fluidez da hipermodernidade, que nos impulsiona, como promotores de saúde mental, a fomentar o bem-estar, concebendo diariamente um multiverso de possibilidades com curiosidade.

Teoria e clínica no encontro com o casal

Teresa Arcelloni

> *O homem e a mulher são dois cofres fechados, dos quais cada um contém a chave do outro.*
>
> Karen Blixen

Uma colega psiquiatra me telefonou para perguntar se eu poderia atender uma das suas pacientes e seu marido: "Não sei se você pode fazer isso em uma terapia de casal. Ele está farto porque ela está deprimida e há algum tempo não dá mais tanta atenção a ela; ela quer que ele esteja por perto, mas está muito focada em seu próprio mal-estar. Acho que talvez eles se separem. Gostaria que eles conversassem e que ele entendesse que ela só está assim porque está doente. Mas não é uma família: é um casal.Você consegue atendê-los de alguma maneira ou você atende apenas terapia familiar?" Felizmente, minha colega não pôde ver minha expressão perplexa e até um pouco irritada. Quase respondi que é "óbvio" que eu faço terapia de casal e que ela pode passar sim meu número de celular que depois cuidarei disso. Gostaria de acrescentar que, evidentemente, a depressão dela e a impaciência dele são maneiras pelas quais os dois comunicam algo um ao outro e que o objetivo da minha terapia não será explicar a ele que ela está doente ou mesmo pedir a ela que esteja mais atenta às necessidades dele.

Por que me sinto tão irritada? Prestar atenção às próprias emoções é um exercício muito útil, mesmo quando não se está diante dos clientes na sala de terapia, e é por isso que me pergunto qual é o significado da minha raiva "oculta". A irritação surgiu diante da confusão de uma colega médica que não faz ideia do que é o trabalho psicoterapêutico com casais. Eu me pergunto: como é possível que uma psiquiatra experiente e capacitada como ela não saiba que existe uma diferença entre conversar com o marido sobre a patologia da esposa e fazer terapia de casal.

Mas qual é a diferença? Para mim é muito claro, mas se você pensar melhor sobre isso, não existem diretrizes para se referir, e a terapia de casal é uma vertente relativamente jovem da psicoterapia sistêmica. Afinal, as dúvidas do colega correspondem às de muitas pessoas que nos pedem terapia de casal com a ideia de que ela pode servir para muitas coisas: silenciar as demandas do parceiro ou mesmo mudá-lo. Compreendo a confusão da minha colega e compreendo o seu pedido para promover o diálogo entre eles. Na verdade, praticamente ela está pedindo que eu trabalhe para manter este casal vivo. Da irritação com este encaminhamento vem a reflexão sobre o significado de fazer terapia de casal.

Sempre gostei de trabalhar com casais, me sinto confortável em transitar na relação íntima de duas pessoas ligadas pela ideia de compartilhar um vínculo exclusivo com respeito ao resto do mundo, tenho curiosidade em saber como esses dois seres humanos decidiram encarnar uma relação dual que os deixa felizes ou entediados, desesperados ou entusiasmados.

Fico encantada com a singularidade do vínculo do casal e, com tenacidade, sempre contestei quando dizem que "a mesma coisa acontece com todos os casais". Cada casal é um casal, à sua maneira, e é com esse material único que construí minhas terapias ao longo dos últimos trinta anos. Para um terapeuta é muito arriscado explicar o casal, evidenciando os aspectos que já encontraram em outras terapias ou em sua experiência de vida, pois corre o risco de dissipar a curiosidade e, consequentemente, anestesiar o relacionamento de seus clientes. As pessoas chegam à terapia com convicções próprias e inabaláveis que não as ajudam a evoluir e que as fixam em uma inevitabilidade linear que é reconfortante, mas inútil. Para cada fragmento da relação pode ser encontrada uma *explicação* científica ou do senso comum. O fim do interesse sexual? É óbvio que estamos diante de um transtorno de desejo hipoativo, conforme descrito no Manual Diagnóstico e Estatístico de Transtornos Mentais. Traição? Qual a surpresa? É sabido que o homem é um caçador e que a mulher tem um lado puta, ou então, ele traiu porque sempre foi uma pessoa instável, uma pessoa frágil e narcisista e, além disso, está na média italiana para estatísticas sociológicas. Sabe-se que em quarenta e cinco por cento dos casamentos ocorre pelo menos um episódio de infidelidade.

Essas leituras lineares funcionam para o casal mais ou menos como uma pílula ansiolítica: dão uma sensação momentânea de alívio e bem-estar porque os afastam da incerteza quando se encontram com o desconhecido, mas logo a seguir o efeito tranquilizante desaparece, porque a escolha de se encaixar em uma categoria não dá espaço aos próprios recursos evolutivos pessoais. Com o mesmo mecanismo envolvido no desenvolvimento da dependência de drogas tranquilizantes, é possível estabelecer uma dependência das explicações lineares; e é dessa forma que terminamos procurando um novo profissional para dar o seu veredito ou um novo amigo para nos consolar dizendo que os casamentos são todos assim. Continuamos buscando a tranquilidade e encontramos o que Gregory Bateson definiu como uma explicação *dormitiva*; ou seja, com uma leitura da realidade rígida e linear que bloqueia a criatividade da existência e a possibilidade de descobrir novas formas de estar juntos, porque os aspectos relacionais não são levados em consideração. Uma vez que o terapeuta tenha o diagnóstico de "*casal disfuncional*", por exemplo, tem em mãos uma definição que faz uma foto instantânea, mas que não vê o casal em sua particularidade pessoal e dupla. E, sobretudo, não mostra a sua história e o processo que o levou a estar nessa dificuldade. Por outro lado, no campo relacional nada se reproduz de forma idêntica e, portanto, nenhum casal é igual ao outro, cada um vive na sua dimensão única. Esse é o campo de estudo e a perspectiva da terapia sistêmica de casal.

No final da década de 1980, surgiu a questão de saber se a terapia de casal era uma intervenção separada da terapia familiar. Lembro que, durante a minha formação no Centro Milanês de Terapia Familiar, perguntei a Luigi Boscolo qual era o seu ponto de vista sobre o assunto: "atendo casais em terapia", ele me respondeu, "mas não faço terapia de casal". Muitas vezes, voltava para casa após o treino, levando comigo uma frase enigmática que se mantinha viva em meus pensamentos por horas e dias, até chegar a uma posição pessoal. Era uma grande variedade de emoções as que acompanhavam essas reformulações, assim como respeito e atenção, mas também raiva e frustração por não ter recebido melhores esclarecimentos. Quando perguntei a ele sobre terapia de casal, Boscolo abriu uma exceção e disse outra coisa, explicando que não se sentia um "conselheiro matrimonial", ele não queria trabalhar *para o casal*, mas respondia que claramente o modelo sistêmico poderia servir também quando se aplicava ao conhecer duas pessoas que tinham problemas de relacionamento. De qualquer forma, essa explicação não me pareceu satisfatória, não ficou tão claro para mim o que eu poderia fazer com os casais, porém, estava acostumada com as respostas complexas dos professores que não indicavam uma única forma de agir, já que deixavam abertas milhares de dúvidas.

Eu procurava na literatura sobre terapia familiar onde o casal era levado em consideração, mas na década de 1990 não existiam muitas contribuições ao tema porque os problemas do casal pareciam ser totalmente secundários em relação à dinâmica da família extensa e, no máximo, eram abordados em relação ao tema da paternidade. Até que, felizmente, encontrei o trabalho de Virginia Satir. Entre as pioneiras, foi a primeira a se definir como terapeuta de casais e, sem dúvida, foi uma das primeiras a considerar útil a terapia conjunta com os membros do casal. Mas, logo comecei a encontrar alguns preconceitos no cenário internacional da terapia familiar. À semelhança de Satir, parecia que para ser terapeuta de casais eram necessárias algumas credenciais: era preferível ser uma terapeuta mulher e reconhecer a supremacia do amor e da espiritualidade ou estar comprometida socialmente, apoiando a estabilidade da instituição matrimonial. Dessa forma, a oferta da terapia de casal constituiu uma espécie de proposta menor em relação à terapia familiar, que tratava, em vez disso, de questões consideradas mais importantes como as psicoses ou a anorexia. Sempre me impressionei como os sofrimentos e as tragédias vividas pelo casal podiam ser considerados sem importância, quase como se tivessem a trivialidade de uma novela. Hoje em dia, a terapia de casal também é considerada uma espécie de capricho dos ricos que não têm problemas mais importantes para conversar. Por isso, fiquei surpresa quando uma pequena universidade de um país sul-americano me convidou para uma atividade de formação, me pediram que abordasse o tema da família em vez do tema do casal. A situação de dificuldades econômicas e de desigualdades sociais na região fez com que a consideração das questões dos relacionamentos e da sexualidade parecesse marginal. E, no entanto, o mal-estar do casal muitas vezes dá origem a violências, sintomas psiquiátricos, vícios e educação catastrófica dos filhos...

Desde os meus primeiros dias como terapeuta de casais, ficou claro para mim que ser mulher era uma carta que estava em jogo na relação com os clientes, mas que essa prerrogativa não devia me levar a privilegiar uma leitura preferencial com casais. Não queria transformar a sala de terapia numa sala de confiança entre amigos, ainda que muitas senhoras, na conversa terapêutica, me piscassem o olho, sublinhando que os homens estavam menos atentos que "nós" para compreender ou que era difícil partilhar a vida cotidiana com um homem autoritário. Procuravam se aliar à minha parte feminina. Eu, por outro lado, não me sentia numa posição muito confortável, antes, pensava que ser mulher poderia ser um limite na relação com um casal e me perguntava frequentemente: "Como é que um homem pode entender este assunto sobre o qual estamos conversando?" Com o tempo, me tornei mais aberta (alguns diriam menos defensiva) e fui capaz de perguntar ao casal se as minhas intervenções pareciam desequilibradas em relação ao que poderia ser considerado um pensamento feminino. Quanto a apoiar a ternura, o amor romântico ou a espiritualidade, eu não arriscava. Embora aprecie todos esses sentimentos positivos na minha vida pessoal, sempre tive pavor de poder privilegiar esses temas nas terapias, tornando absoluta a minha própria tendência pessoal, talvez, até conivente com certa parte do casal. Pode-se dizer que tenho uma espécie de alergia à palavra "amor", usada na terapia como um termo genérico que silencia a curiosidade e o respeito. Se eu perguntar: "Por que você está com esse homem?", não posso me contentar com a resposta "por amor", porque é uma resposta que não diz nada! No campo semântico do amor, encontramos diferentes significados dependendo da pessoa, da cultura, da idade... E, por isso, cada vez que ouço a palavra *amor* em terapia, peço uma explicação melhor do que se entende por este termo que define uma situação emocional que inclui uma gama de sentimentos que vai do ódio à devoção, passando pelo ciúme e pela paixão. Tenho visto muitos terapeutas em supervisão entusiasmados porque o casal em terapia disse que eles escolheram ficar juntos por amor e, por outro lado, ficam decepcionados se um deles disse que escolheu isso por interesse financeiro ou por causa da influência dos seus pais. O respeito por parte do terapeuta implica a suspensão do julgamento sobre o conteúdo e sobre as escolhas dos outros, mas o respeito deve alimentar a curiosidade sobre os processos. As respostas dos nossos clientes não são certas nem erradas, nem bonitas nem feias, são *informações relacionais* a partir das quais novas histórias podem ser construídas em conjunto com eles.

Comecei a trabalhar como terapeuta de casais buscando ser o mais equidistante (ou "equipróxima") possível em relação às posições dos membros do casal, buscando ampliar o espaço por onde fluem as histórias relacionais de ambas as pessoas. Eu não estava interessada em que eles fizessem sexo, ou que um deles cedesse ou que não discutisse mais; me posicionei como facilitadora do caminho para a liberdade de ambos para que pudessem se expressar; buscando a legitimação de posições contrastantes. Não fui árbitro da relação deles, mas sim, trabalhei com eles, me interessando pelo espaço relacional entre os dois e pelo contexto, construindo com eles hipóteses relacionais em vez de dar conselhos para a felicidade. Sem ter tentado teorizar as minhas ações, percebi que tinha virado de cabeça para baixo a ideia de Boscolo, sem mudar nem o conteúdo nem o pensamento que nos unia. Ele me disse que tratava casais em terapia, mas não fazia terapia de casal; por outro lado, fiz terapia de casal, atendendo casais em terapia e aplicando o modelo sistêmico. Então entendi (acho!) suas palavras; Ele me disse que não era como os demais terapeutas de casais da época, pois não queria trabalhar pela estabilidade do relacionamento nem tinha interesse em modificar os comportamentos sexuais ou os hábitos de um ou de ambos. A sua particularidade era se interessar pelo espaço relacional daquelas duas pessoas, tal como quando se reunia com pais e filhos. Em outras palavras, ele alegou que não era conselheiro matrimonial. Obviamente, no casal, o espaço relacional estava repleto de questões "de casal", como traições, conflitos, sexo, dinheiro etc., e, inevitavelmente, essas questões foram tratadas, mas não com a intenção pedagógica de outros terapeutas que queriam curar os relacionamentos, as disfunções do casal.

Uma relação entre duas pessoas deve deixar espaço para a singularidade de cada uma: o casal ganha vida num espaço relacional que tem origem nas diferenças, mas que também é algo mais do que a soma das características de cada pessoa. Na constituição do casal, a matemática é desafiada: na verdade, um mais um não dá dois, mas muito mais. O que se vivencia na relação é algo que tem origem no um mais um, mas se modela de forma, às vezes, inesperada, em direção a aspectos novos e desconhecidos da existência. Este é o material da terapia sistêmica de casal: não buscamos remediar um sintoma ou eliminar uma patologia, e é por isso que faz sentido nos encontrarmos com ambos os parceiros, porque estamos lidando com o sistema de significados de cada um deles (o que eles nos dizem), além da relação que nos mostram em sessão.

Nos centros de psicoterapia, as famílias são cada vez mais raras. A medicalização dos problemas da existência levou a rotular o comportamento excêntrico, incomum ou diferente como doença e, dessa forma, a patologia emergente na psiquiatria já não é a esquizofrenia ou as psicoses afetivas, mas os transtornos de personalidade, que se encontram em aumento. Se uma pessoa "tem" uma doença, parece lógica a realização de um tratamento individual; no máximo, os familiares são vistos como cuidadores ou mesmo como companheiros, espectadores inertes de algo cujas consequências sofrem. Muitas vezes, a família já não é um espaço especial que por si só define o pertencimento, o lugar onde as pessoas vivem parte predominante da sua existência; hoje em dia, as crianças têm uma vida real ou virtual fora das relações familiares. Assim, pedir terapia familiar para todos os membros da família perdeu o sentido; por outro lado, a procura pela terapia de casal é crescente. Existem novas formas de estar juntos e, independentemente do tipo de identidade social onde se reconhece cada um, as pessoas consideram o relacionamento como um verdadeiro espaço de trocas emocionais, eróticas e afetivas que dão sentido às suas vidas. É bastante comum que, numa crise de casal, um dos dois pense que o outro tem algo "doente", mas o casal vive uma situação relacional que é mais imediatamente visível do que a relação na família, por isso que atender o casal em conjunto com a família, pareça mais sensato para muitas terapeutas. Cuidar do relacionamento para ficar melhor tanto sozinhos como juntos.

Existem terapeutas que têm uma oferta paralela para casais: as pessoas podem escolher entre terapia de casal, entendida como relacionamento dual ou terapia de casal como pais. A segunda área constituiria uma intervenção de terapia familiar. Na minha forma de trabalhar, essa distinção não faz sentido: quando atendo duas pessoas em terapia, não tenho diante de mim os seus papéis, mas sim dois seres humanos em sua totalidade. A forma como duas pessoas vivem em casal condiciona inevitavelmente a sua forma de serem pais e, por isso, se faço terapia com o casal, me sinto livre (e obrigada) a enfrentar todos os aspectos da sua comunicação. É claro que posso aconselhar pais que pedem ajuda devido a dificuldades para administrar um aspecto do seu relacionamento com o filho, mas estou na área de aconselhamento e não de terapia de casal.

Atualmente, a distinção família-casal me parece anacrônica: num mundo onde as famílias são entidades variadas e heterogêneas, é óbvio que quem se define como casal pode se sentir como uma família, da mesma forma que dois namorados podem ir a uma terapia de casal sem ser "tecnicamente" uma família.

A terapia de casal configura um campo de intervenção psicoterapêutica orientado para uma "entidade" definida de forma totalmente arbitrária: a única certeza que temos se quisermos tentar explicar o que é um casal é que são duas pessoas.

É importante compreender que não estamos falando de um casal de amigos, ou primos, ou colegas: para essas formas de associação binária não existe uma modalidade diferente de terapia especificamente dedicada.

Então, para quem é a terapia de casal? O que ela oferece?

Até finais da década de 1960, a resposta a essas questões eram unívoca, simples e clara: um casal era constituído por dois indivíduos unidos por um vínculo conjugal e, portanto, o profissional que cuidava dos casais em crise não era o psicoterapeuta, mas sim o "conselheiro matrimonial". Suas competências se centravam na dinâmica de convivência e resolução de conflitos. O objetivo do conselheiro matrimonial era trabalhar pela proteção do casamento, e não pelo bem-estar das pessoas individualmente.

Uma oferta paralela foi a do sexólogo, que tratava casais heterossexuais para resolver as chamadas "disfunções sexuais", anomalias na mecânica do relacionamento. Também nesse caso o objetivo era claro: identificar a forma correta de conseguir uma relação sexual completa.

Hoje a realidade das relações é mais variada, as formas de convivência dos casais são múltiplas, assim como os motivos de estarem juntos ou de se separarem.

Num interessante estudo sociológico, do qual nasceu o livro *A Sexualidade dos Italianos*, se enfatiza que o casamento já não é necessariamente o que sela as uniões. Muitas vezes ela é precedida de uma coabitação "experimental", onde os membros do casal vivenciam a vida cotidiana compartilhada. Muitos se casam quando decidem ter um filho ou por motivos legais; outros optam por viver em casal sem a aprovação do Estado ou da Igreja, talvez com a ideia um tanto ingênua de que o não casamento, por si só, garante maior liberdade individual, leveza e fantasia. Por outro lado, ser casado parece constituir uma meta importante para muitos casais homossexuais, aos quais foi negada a possibilidade de formar um casal reconhecido pela lei: dessa forma, o casamento adquire o valor adicional de reconhecimento oficial da legitimidade da sua união.

O terapeuta de casal sistêmico não trabalha buscando manter o casal vivo ou empurrando para a separação: ele se declara neutro diante dessa evolução. Desde a primeira sessão, assume uma posição explicitamente laica frente ao dilema entre se separar ou permanecer juntos, mas, de forma algo contraditória e pouco consciente, se sente satisfeito se "lê" no comportamento de ambos os sinais de confirmação da existência de vida naquele casal.

Há uma incongruência entre o que um terapeuta considera justo e apropriado fazer e o que ele faz na prática: a supervisão com outros colegas me permitiu demonstrar, em muitas ocasiões, essa discrepância entre o ideal programático e a prática clínica. Se se pede a um terapeuta de casais que ilustre um processo terapêutico que ele percebeu como eficaz ou onde se sentiu satisfeito, geralmente se ouvem histórias de casais que "graças à terapia" encontraram o prazer de estarem juntos novamente, enquanto a escolha de se separar normalmente não é considerada um resultado positivo da terapia. Da mesma forma, muitos terapeutas consideram que é chegado o momento de encerrar a terapia de casal ao perceberem sinais que confirmam a possibilidade de os dois ainda estarem juntos.

Desde a década dos anos 1970, inúmeras críticas feministas denunciaram que a terapia de casal assim entendida nada mais era do que uma intervenção socialmente normativa, focada na conservação de uma entidade definida artificialmente por demandas políticas, religiosas e biológicas[2].

O casal monogâmico, heterossexual e indissolúvel responde plenamente a essas expectativas de "ordem" e "moralidade". E a terapia de casal nada mais faz do que apoiar um sistema baseado em uma distribuição rígida de tarefas.

A oferta de terapia de "casal" legitimaria, dessa forma, esse tipo de associação binária que é, na realidade, artificial e que responde às exigências de ordem social. Porém, na prática diária de nossos centros terapêuticos, chegam casais bastante diferentes; pessoas que estão juntas há alguns meses ou há uma vida inteira, que querem se separar, mas não conseguem, que sofrem porque *eventualmente* podem querer uma vida alternativa a do casal. Os terapeutas procuram se libertar cada vez mais da triste perspectiva normalizadora que espera casais estáveis e socialmente respeitados, se preparando para serem terapeutas de todos aqueles que se definem como "casal". Assim, encontramos amantes, cônjuges e conviventes, separados, casais que não fazem sexo ou que fazem muito, namorados, pessoas que estão prestes a se separar; seres humanos unidos por laços das mais diversas naturezas, incluindo dinheiro, amor, ódio, convenções sociais, solidariedade, filhos etc.

Neste mundo de "universos múltiplos" o exercício mais difícil é olhar com curiosidade para questões de relacionamento que são estranhas à nossa sensibilidade, mas sem ignorá-las.

Me lembro de uma jovem aluna que durante a formação ficou muito exaltada "explicando" ao casal que fazer o filho dormir com eles mataria sua intimidade sexual. O grupo atrás do espelho concordou totalmente com ela: tínhamos que trabalhar para a individualidade da criança que deve ter o seu espaço e os pais devem garantir assim uma vida de casal. Chamei a terapeuta para trás do espelho unidirecional de onde observávamos o encontro. Pedi a ela que formulasse uma hipótese sobre porque as duas pessoas em terapia escolheram essa solução e refletimos sobre suas possíveis premissas. Quais foram os "bons" motivos que os levaram a ter o bebê na cama com eles? Concluímos que nenhum deles poderia saber a resposta e tomamos a decisão de perguntar. A terapeuta voltou para sessão de terapia em casal se sentindo um pouco menos sobrecarregada por ter que convencê-los ou educá-los. Ela disse: "Minha posição sobre a questão de deixar uma criança dormir com os pais é bastante clara,

[2] Para aprofundar, você pode revisar o trabalho de Andrea Laura Kipnis.

acho que é algo que deveria ser evitado, mas os colegas atrás do espelho me apontaram que os motivos de duas pessoas que decidem fazer algo assim pode ser diferente e válido. Como vocês tomaram essa decisão? Quem pensou nisso primeiro? Que vantagens vocês tiveram? O que aconteceria se algum de vocês o levasse para a sua cama quando ele adormecesse?" Todas estas perguntas — e outras — não foram feitas de forma insistente, mas foram fruto da curiosidade por aquele casal, nascida das diferentes perspectivas dentro do grupo atrás do espelho. Seria útil para o terapeuta nutrir dentro de si essa polifonia, essas múltiplas vozes que ajudam a não ficar com uma única versão das coisas. Boscolo sugeriu "cultivar na cabeça" uma equipe de pessoas imaginárias que pudesse fomentar dúvidas e curiosidades em vez de certezas.

Consequentemente, na terapia suspendo o julgamento que surge da minha ideia do que é o casal: sou o terapeuta de casal das duas pessoas que solicitaram psicoterapia, dirijo-me a ambos igualmente, levo em consideração as suas expectativas, desejos e sentimentos *individuais* e respeito a maneira como eles se sentem *como casal*.

O processo terapêutico se desenvolve levando em consideração estes componentes: *dois indivíduos únicos e um casal*. A individualidade de cada pessoa não deve ser ignorada em nome do casal, ambos devem ter o direito de trazer a sua visão pessoal do mundo para a sua vida partilhada (e na sala de terapia). Por outro lado, não se trata de duas terapias individuais, portanto, o foco da terapia está em como as duas individualidades se unem, se combinando de alguma forma para formar um casal.

Quando vejo pessoas que estão juntas com hábitos e modalidades inusitadas, não penso (ou digo): "Mas isso não pode ser um casal!", porque quando dois seres humanos se sentam à minha frente e me pedem terapia de casal, nesse momento *eles são* um casal.

A função estrutural da terapia de casal: "O nosso casal existe!"

Se duas pessoas solicitam terapia de casal, já *são* um casal: um casal que não faz sexo, que discute em vez de conversar com calma, que está unido porque não quer colocar em crise o negócio que administra, que vive na indiferença ou na intimidade, quem está prestes a se separar ou que se divorciou... um casal de amantes ou um casal em que ambos têm vidas paralelas... um casal para romper ou preservar...

Há pessoas que estão unidas por um vínculo que não parece suficiente para serem definidas como casal: partilham tão pouco que parecem dois estranhos ou vivem uma infelicidade tal que não se veem em um projeto comum. O terapeuta faz essas considerações guiado pelo sentido comum e, justamente por isso, muitas vezes reproduz a voz e o julgamento de familiares e amigos. Na sala de terapia, porém, essas duas pessoas se apresentam como um casal e, portanto, *são*.

O cliente é parte ativa da relação terapêutica e é o verdadeiro especialista da sua vida. A responsabilidade pela mudança está em suas mãos; embora o terapeuta seja o especialista no processo, ele não é o juiz que fornece a verdade esclarecedora. Assim, os nossos clientes são os únicos que podem se definir como casal e o fazem quando nos solicitam uma terapia conjunta.

Identifiquei este aspecto como uma *função estrutural* da terapia de casal: os dois membros do casal que acodem a esta terapia são reconhecidos como casal porque se mostram como tal.

Se sentir reconhecidos como casal pode ter um impacto surpreendente: acontece que ambos começam a se ver como casal e a se comportar de acordo para que sua família e amigos também os vejam sob essa nova luz. Casais cansados que fazem sexo, que marcam férias ou até decidem ter um filho, assim como pessoas que se veem como um casal, mas o que veem não os satisfaz e por isso decidem se separar... Apesar dos assuntos em discussão não serem resolvidos, a nova posição de ambos os torna mais fortes para poder tomar decisões em conjunto.

Muitas vezes, nossos clientes não têm a percepção de ser um casal, mas se tornam um quando o terapeuta os reconhece como tal e faz perguntas que buscam construir o sentimento de casal juntos.

Acontece que quando pensamos novamente no desenvolvimento de uma terapia, percebemos que a nossa função de "testemunhas do casal" tem um peso verdadeiramente relevante e, muitas vezes, isso é especialmente importante para pessoas que vivem a sua relação sem a aprovação do restante do mundo, então só falta o terapeuta confirmar o relacionamento.

Lina e Pasquale, 45 anos, se separaram judicialmente ontem e hoje vêm para a primeira sessão de terapia de casal.

Lina afirma que tinha certeza sobre a assinatura da separação, Pasquale diz que "no fundo a assinatura vale pouco", mas também acha que foi correto dar esse passo legal "considerando que os advogados já haviam sido pagos".

Ambos ainda se consideram casados. O relacionamento deles é tempestuoso, eles brigam violentamente; certa vez, vizinhos chamaram a polícia preocupados com os gritos que ouviram. Como sempre, a paz vem com uma relação sexual muito satisfatória para os dois. Ambos têm histórias paralelas e afirmam em uníssono que não podem evitar acabar na cama sempre que se encontram.

Por que eles vêm para a terapia?

Pasquale: *Conversar de uma forma mais civilizada. Se estivermos sozinhos, nos matamos ou vamos para a cama, e é hora de parar de fazer sexo. Além disso, gostaria de estar mais tempo em casa, mas a sogra não deixa.*

Lina: *Por causa dos problemas com ele; para que os filhos não sofram, para que possamos nos entender, porque todo mundo me diz que sou louca, mas não consigo viver sem ele.*

Acreditamos que a terapia seja uma espécie de ritual de confirmação do casal. Enquanto estão fazendo a terapia de casal, eles têm então a sensação de que o casal existe.

Os pais dela moram no apartamento de cima e não o querem em casa, os filhos adolescentes os agridem, pedem um pouco mais de sossego em casa; os amigos não os compreendem, os respectivos advogados recomendam que não se vejam. Nos aparece a dúvida de que através do avanço da terapia eles estejam mostrando ao mundo que podem falar, espanar a sujeira, se reabilitar e, portanto, existir. Compartilhamos abertamente nossas reflexões com eles e tentamos chegar a um acordo sobre um objetivo em comum.

(TA)2 Temos a ideia de que vocês são um casal indestrutível, que resiste às pressões de um mundo que diz para não ficarem juntos; aos pais que não veem com bons olhos a sua união, aos filhos que prefeririam ter pais separados, porém, mais disponíveis. A sua sexualidade não é afetada pela opinião do "tribunal", continua a funcionar, independentemente do desgaste de tantos anos que viveram juntos... No entanto, consideramos que esta terapia pode ser arriscada para vocês: *nós procuramos ser imparciais, não damos conselhos, não dizemos como ter sexo ou como evitar ter relações... Pode acontecer que se encontrem sem um antagonista que os atrapalhe. Não ter uma terceira pessoa contra quem lutar os coloca frente a frente, obrigando a que se vejam. Talvez no início dos nossos encontros isso não estivesse tão claro para nós, mas agora achamos necessário alertá-los, pois pode ser arriscado e vocês podem não se sentir tão motivados a ficarem juntos. Pedimos que pensem bem se estão de acordo em baixar as armas contra o mundo e começar a lutar um pouco mais a sério entre vocês.*

Nessa intervenção com a qual procuramos reestruturar o contrato terapêutico, a nossa tentativa não foi estratégica: não nos interessava que os dois se unissem contra nós para chegar a um acordo ou que deixassem de ter relações sexuais, uma vez que não havia um terceiro a quem provar nada, mas queríamos realmente encontrar um significado comum para a terapia.

Nos meses seguintes, Pasquale e Lina romperam com os pais (sogros), advogados e tribunais. Além disso, deixaram de ver seus respectivos amantes e, no último encontro, também se despediram de nós, informando que optaram por viver seu relacionamento tempestuoso; nos disseram que tinham concordado (!) em brigar fora de casa, esperando, assim, que as crianças não interferissem mais.

"Logicamente", eles também tinham sexo. "Onde está o problema?", acrescentaram com um tom de espanto.

Todas as minhas terapias começam de uma forma muito diferente, mas quando me sento pela primeira vez diante das duas pessoas *sempre* olho para elas pensando nelas como duas pessoas que decidiram se apresentar como casal e, portanto, que têm o direito de ser considerado dessa forma. É claro que tenho os meus gostos e os meus preconceitos quanto à oportunidade de estarmos juntos, mas quando me deparo com pessoas que têm expectativas pessoais muito diferentes das minhas, nunca fico tentada a negar o seu direito de se sentirem como um casal. Se o fizesse, ficaria ambivalente e confusa em relação à oferta terapêutica que proponho, porque *estruturalmente* o casal em terapia já se legitimou.

A função estrutural da terapia de casal tem um efeito permanente muito poderoso: fazer com que duas pessoas sintam que partilham a definição de quem são. "O nosso casal existe!", esta é a guia que determina a função estrutural; às vezes se gera intimidade e colaboração, outras vezes, diante da percepção de existirem como casal, um ou ambos os membros do casal se sentem deslocados e oprimidos, abandonando o casal ou a terapia!

Não julgar não significa sufocar a curiosidade; me interessa dar sentido ao processo em que ambos são definidos: O que os levou a solicitar terapia de casal? Quais são os aspectos do estar junto/separado que os transformam em casal? Quem pensou em fazer uma terapia de casal refletiu sobre algum aspecto de vocês que possa ser definido como "casal"? Há algum casal que está fazendo terapia? Quais são os pontos fortes e fracos deste casal?

Todas essas questões fortalecem a função estrutural da terapia de casal e fazem emergir os sistemas de significado de ambos os parceiros.

Muitas vezes, o terapeuta se concentra mais no problema do que na própria vida do casal, ainda que não seja um problema vivenciado no relacionamento amoroso ou sexual o motivo que leva o casal à terapia. É necessário que os dois envolvidos se reconheçam como casal: se um deles sai com prostitutas ou não consegue ter uma ereção, mas busca terapia, ele fará terapia individual porque aí não está envolvido o casal. Da mesma forma, se uma jovem está perdidamente apaixonada por um homem que não lhe dá atenção alguma, fazendo-a sofrer e se torturar nessa expectativa de amor, é claro que ela não pedirá uma terapia de casal...

Quando nos referimos à função estrutural, trabalhamos no tempo presente, e não no passado ou nas perspectivas futuras: é na sala de terapia que os dois formam um casal.

A função de individuação relacional da terapia de casal. "Eu existo!"

Um relacionamento pode ser vivido de uma forma aglutinada, com o foco no esforço de ser igual ao outro: "Somos iguais a duas gotas d'água", dizem os casais que se mantem unidos inspirados no amor romântico. "Vocês são diferentes como duas gotas d'água", propõe a terapeuta, destacando a singularidade de cada pessoa e de cada relacionamento. Vocês dois existem dentro das suas individualidades, nem o casal nem a terapia podem substituir o que vocês sentem que são como indivíduos.

Quando vejo casais em terapia, fica bem claro para mim que tenho diante de mim duas pessoas diferentes, talvez harmoniosamente ligadas, mas com características próprias. Por isso procuro me dirigir a cada um com perguntas, não para ter a confirmação da veracidade do que afirmam, mas para fazer fluir a diversidade e apoiar um processo de diferenciação. Tenho muito cuidado para não me contentar com a descrição do problema que apenas um deles tem, mesmo em temas que parecem banais e óbvios. "Estamos aqui para confirmar o nosso amor, sempre fomos um casal perfeito, todos nos invejam. Queremos manter viva a paixão e aprender a dialogar mais". Disse um romântico de 50 anos que atuou como intérprete das demandas do casal. Um pedido legítimo, "bom e belo", que poderia levar o terapeuta a seguir esse caminho, aceitando esse mandato e essa descrição. Quem não gostaria de alguém tão apaixonado e civilizado como seu parceiro? A mulher ficou em silêncio, também lhe foi difícil contradizer um objetivo tão edificante. "E você, senhora, o que gostaria?" "Não saberia dizer exatamente — responde ela — o problema para mim não é ter que me apaixonar de novo, infelizmente sempre estive apaixonada, o problema para mim é decidir o que fazer com suas traições e realmente entender se quero esse relacionamento. Estou aqui porque ele me implorou para estar presente. A opção do divórcio permanece aberta."

Foi útil questionar a senhora, não aceitar que ele atuasse como porta-voz do casal. O caminho para definir a terapia e individualizar o mandato do casal, nesse caso, parece bastante simples: ambos querem saber como continuar, vieram para redefinir o seu futuro; e assim vamos trabalhar nisso.

Há casos mais difíceis de lidar na hora de definir o objetivo da terapia: quando há exigências opostas por parte de cada pessoa e talvez um dos dois pedidos pareça ao terapeuta inconsistente com suas ideias pessoais sobre o que um casal deveria ser ou talvez contraste com a sua formação profissional.

Pietro e Margherita são dois jovens dinâmicos, bonitos e bem relacionados, demonstram ternura um pelo outro e estão cheios de sorrisos. E, também, são extremamente sedutores com os dois terapeutas. O problema fica espinhoso quando perguntamos o que os fez decidir iniciar a terapia de casal. Margherita diz que o amor não está em discussão, mas que gostaria de mais sexo. Eles passaram exatamente onze meses sem ter relações sexuais; ela lembra que isso aconteceu quando eles estavam na praia e que foi muito lindo. Desde então ela já pediu, foi provocadora, já chorou, já tentou de tudo. "Não tenho este problema — diz ele. Pratico autoerotismo e gosto de pornografia. A sexualidade como casal é superestimada. Eu a amo, quero ela perto de mim, mas não sinto necessidade de fazer sexo com ela!"

Estamos num contexto de formação; minha coterapeuta é uma jovem psicóloga que provavelmente está indignada com essa afirmação, posso dizer isso porque a sinto enrijecer na cadeira. Nesse momento, ela poderia prestar atenção às suas emoções e sublinhar a particularidade da situação que faz com que nossos clientes pareçam fora da caixa... *é uma situação que não é comum nem para nós, como terapeutas... Algum dos seus amigos conhece esta situação e a aprova? De que lado cada um fica? Se os seus pais soubessem, de que lado eles ficariam? Essa forma diferente de entender a sexualidade trouxe alguma vantagem para o casal? O que aconteceria com eles como casal se um deles cedesse e eles fizessem sexo todas as noites ou se, pelo contrário, prevalecesse a ideia de que sexo é autoerotismo e não é vivenciado prioritariamente na relação a dois? Como Pietro se sente diante das investidas de Margherita? E como você se sente em relação à teoria de Pietro que afirma que fazer sexo não é um valor em um casal?* Com perguntas semelhantes a essas (e muitas outras), a colega poderia ter refletido sobre o significado relacional dos seus comportamentos íntimos face à dinâmica da comunicação sexual. Infelizmente, ela ficou presa na solidariedade que sente pela mulher e perdeu a oportunidade de usar sua emoção de desdém pela teoria sexual dele, então tenta suprimir a sua sensação enquanto diz com um sorriso: "Então, essa terapia deve ajudar a voltar encontrar o prazer de fazer sexo como aconteceu no verão passado?".

É fácil cair na armadilha de se aliar ao membro do casal que faz o pedido mais aceitável do ponto de vista da leitura psicológica da relação (fazer sexo para muitos psicólogos é considerado uma prova de saúde de um casal); do ponto de vista pessoal (atrás do espelho, a colega nos contou que um homem assim lhe causava medo e até nojo) e até o ponto de vista social e normativo (como é que eles podem pensar em ter filhos se não fizerem sexo? Mas que casal são eles?!).

Após esclarecimentos entre os terapeutas e a equipe de observadores, continuamos o encontro com esse casal, procurando um objetivo comum para a terapia. Decidimos trabalhar pontos comuns sem perder de vista as diferenças. Ambos querem continuar a relação, mas nenhum se sente reconhecido e aceito pelo outro; propomos que os nossos encontros se concentrem nessa particularidade da sua forma de estar juntos. Ambos dizem que o que mais lhes falta é se sentirem legitimados pelo outro em seus próprios desejos. Agora podemos falar sobre tudo, desde parceiros anteriores até as fantasias sexuais um do outro, até às aspirações que têm para o futuro como indivíduos e como casal. O clima emocional está mais descontraído, até se fazem piadas sobre os conjuntos de lingerie que Margherita comprou nos últimos meses para seduzir o marido: "Dinheiro desperdiçado — diz ela. É muito melhor e útil para entender o que eu quero e o que ele quer". Depois de algumas sessões, eles nos contam que decidiram se casar, ele disse que essa terapia já os casou quando o fez parar de ter medo de que ela pudesse dominá-lo ou transformá-lo. "A partir daí eu mudei — ele ri —, agora até faço sexo com ela, mas com regras que são minhas também."

A função de individualização pessoal nas terapias de casal é tratada de forma desequilibrada: *é ao terapeuta quem cabe a maior responsabilidade para não amenizar ou ignorar as diferenças.* Os clientes estão engajados em um diálogo que permite que novas histórias tomem forma, mas, especificamente, a agulha da escala que mede a possibilidade de influenciar o processo aponta para o terapeuta. Os clientes se aventuram na sala de terapia como se estivessem entrando em uma casa estrangeira, estudam as regras da casa e decidem se querem se adaptar a elas, mas raramente as questionam. O terapeuta é quem dirige a conversa e quem faz as perguntas, mesmo quando abertas. É por isso que o terapeuta tem o dever de não atribuir ao casal o que é declarado individualmente. Não pode haver um porta-voz do casal, cada um deve trazer a sua versão. É por isso que as hipóteses que focam no casal devem sempre conter o ponto de vista individual de ambas as pessoas. A terapia de casal assim entendida apela inevitavelmente ao processo de individuação e ao aumento da liberdade individual de cada ser. Cada membro do casal é uma pessoa com história, características relacionais, desejos e sonhos próprios. Essas são as questões que são necessariamente abordadas na terapia. Assim se abre o caminho para o terceiro aspecto processual da terapia de casal: confronto aberto e revelação de ambos.

A função de revelação e confronto da terapia de casal. "Eu quero te conhecer!"

Fazer terapia com seu próprio parceiro é exaustivo. Muitas vezes o que atrapalha o desenvolvimento da terapia não é o custo das sessões, nem o tempo livre, mas a ideia de ambos se encontrarem diante de uma terceira pessoa que, muitas vezes, é imaginada como um profissional que percebe se alguém mente, e que pode te julgar e te absolver. O terapeuta de casais às vezes não leva em consideração essas dificuldades, não lê o desconforto, mas, pelo contrário, se mantém com a ideia de que seus clientes são muito ingênuos e superficiais, ou pensa que está diante de duas pessoas arrogantes que não têm a menor ideia de como se comportar em uma sala de terapia. Os clientes mais "difíceis" muitas vezes se revelam mais atormentados e presentes do que os complacentes; chegam à primeira sessão com uma série de dúvidas sobre a terapia que dificilmente expressam e que o terapeuta quase nunca investiga. Entram imediatamente nas questões do casal e ignoram a metacomunicação sobre o significado de se sentarem juntos, sobre os medos e expectativas das pessoas que recorrem a um terapeuta. Cito aqui um e-mail de uma amiga que casualmente me perguntou algo que ela nunca teria sido capaz de me perguntar se eu fosse sua terapeuta.

Isto é mais do que tudo uma consulta sobre uma questão técnica: se meu marido e eu formos em uma sessão com a Dra. Bianchi na sexta-feira, tenho que dizer tudo, absolutamente tudo; mesmo o que não contei a ninguém? Porque eu pensei que se eu não falar tudo não dá para ter uma imagem exata da situação, né? Então, qual é o sentido se vou mentir? Bem, eu vou e lá veremos; só que deixo de ir a piscina que me dá a dose precisa de euforia, que me serve para mais um ou dois dias. Não temos interesse em fazer psicanálise, talvez tenhamos que ir a um psicólogo que possa dar bons conselhos, uma coisa simples... tenho que me defender de alguma forma? Porque não quero que ela me diga: agora vamos fazer uma boa terapia de dez ou quinze anos. Posso dizer que não queremos terapia, que só queremos esclarecer algumas coisas e depois vou embora? E que tipo de terapeuta você é? Você não é psicanalista, é?

Nessas palavras, você pode perceber o medo de se encontrar na relação com o casal e o terapeuta, o medo de ser manipulado de alguma forma e o preconceito de que a terapia é algo usado para curar pessoas ou casais muito disfuncionais. Fico chocada com a ideia de que essas questões nunca tenham encontrado espaço na conversa terapêutica, porque penso que, se isso não tivesse sido dito, teria sido criado um substrato de desconfiança. Obviamente, a aconselhei a iniciar a terapia com essas questões, mas a minha amiga me perguntou se isso era permitido ou legal. Sempre existe a ideia de que o terapeuta é quem deve administrar os temas e modalidades da conversa, um pouco como acontece na anamnese médica.

A conversa terapêutica, aberta e construída em conjunto, nunca é completamente igual: mesmo o terapeuta mais inexperiente, de fato, conhece as regras do jogo muito mais do que os seus clientes. Por isso é necessário refletir sobre *a sua* forma de estar dentro da relação terapêutica; você deve ser muito exigente com a sua forma de agir, que deve ser profissional, focada e respeitosa. Em outras palavras, você não pode se dar ao luxo de fingir que seus clientes são "exemplares", seu objetivo não é ter um "paciente exemplar". Portanto, o terapeuta não deve cultivar a expectativa de ter adiante duas pessoas que seguem as regras do seu jogo, ou seja, não interrompem, não se contradizem e estão abertos à mudança, à escuta e à reflexão. A dificuldade dos nossos clientes não deve ser ignorada: é útil perguntar que emoções as duas pessoas sentem quando estão conversando conosco e, acima de tudo, como se sentem ao compartilhar seus pensamentos diante do parceiro. Uma das maiores dificuldades das pessoas em um relacionamento é conseguir se mostrar diante do parceiro, superando muitas vezes a barreira da vergonha e da cortesia. Esta é precisamente a terceira modalidade através da qual a terapia de casal "funciona". Se trata da revelação de si mesmo diante do parceiro. Acontece que a terapia permite essa revelação, dando uma reviravolta nos preconceitos do casal: as descrições compartilhadas que detalham cada um de forma rígida e estereotipada.

"Marta *nunca teve muito interesse por uma vida sexual ativa*", são as palavras de Luigi que "leva" a esposa à terapia, tal como acompanha um doente. Marta concorda, mas, durante a reformulação da biografia sexual, conta uma história nova e inédita: "*Sim, com o meu primeiro marido foi diferente. Ele nunca me entendeu, ele era egoísta. O sexo era a única coisa boa, ele tinha uma ereção mais firme que a do Luigi*". Muitas vezes os clientes falam mais abertamente do que os seus terapeutas; acontece que a vergonha e o medo muitas vezes são prerrogativas do terapeuta que não se atreve a enfrentar temas quentes, temendo que o casal não esteja pronto ou que as pessoas possam se horrorizar.

Se mostrar diante dos outros não significa apenas falar: se pode ser extremamente falante e ainda assim esconder desejos e medos individuais. Muitas vezes um casal fala sobre tudo, mas evita ou tem cuidado ao enfrentar alguns assuntos; por exemplo, é difícil dizer o que gostaríamos tanto para evitar incomodar o nosso parceiro como para não perder o seu apoio ou para não arriscar uma separação. A terapia é um espaço onde esses aspectos podem emergir, muitas vezes, deixando o outro atônito, mas é comum que quem sempre se manteve em silêncio se surpreenda com o fato de que conversar não destrói o relacionamento, na verdade, o torna mais forte.

O terapeuta tende a ficar fascinado pelo conteúdo, principalmente se for inusitado ou cheio de dor, e se esquece de refletir sobre o significado de se mostrar frente ao parceiro. Na terapia, muitas vezes, pergunto como cada pessoa se sente ao falar, mas também pergunto sobre o que é vivenciado ao ouvir o que o outro diz; pergunto também se o que se ouve é uma surpresa ou algo que já era muito conhecido, que foi sentido ou talvez temido. Me lembro de uma sessão que para mim foi muito fascinante do ponto de vista emocional, quando uma pessoa de 30 anos me disse, com sofrimento e relutância, que a intimidade sexual com um homem era uma fonte de angústia para ela, descrevendo através das lágrimas os detalhes mais cruéis da violência que sofreu nas mãos de seu padrinho quando era criança. Inexplicavelmente, o companheiro, enquanto ela narrava isso, estava distraído e ausente, brincando com o celular. O perguntei sobre que efeito essa narração teve sobre ele. "O padrinho dela me causa horror, não consigo nem ver ele, mas já ouvi essa história muitas vezes. Infelizmente, virou para nós uma doença que me impede de me aproximar dela. É a explicação que ela tem para as coisas que ela não quer fazer e ele tem a culpa por tudo que eu faço e que ela não gosta..." O terapeuta de casais deve ter a capacidade de nunca "esquecer" um dos dois clientes: sua narração sobre a violência sofrida poderia desviar a conversa para aspectos individuais, como a reelaboração do trauma. Na terapia de casal, a história pessoal não é deixada de lado, mas se trabalha no uso relacional que o casal fez dela. Estou interessada na forma como as duas histórias foram combinadas, como elas entram em jogo no relacionamento deles. Consequentemente, não é importante que cada pessoa diga a verdade, mas o que conta é o processo de comunicação dentro do casal e entre o casal e o resto do mundo. Uma das objeções à terapia de casal é que ninguém dirá o que realmente pensa na frente do parceiro. Essa objeção é extremamente fraca: sabemos que não existe uma verdade absoluta, cada pessoa escolhe o que dizer mesmo quando está cara a cara com o terapeuta, mas o resultado dessa escolha é o material com o qual são construídas nossas conversas terapêuticas. Caso um dos dois optar voluntariamente por não dizer ou esconder algo, ou mesmo mentir sobre um assunto, o valor da terapia não é anulado, porque não estamos fazendo uma investigação policial sobre acontecimentos específicos, mas sim uma reflexão sobre comunicação relacional, emocional e física entre duas pessoas. O terapeuta sistêmico não é o especialista que deve conhecer os *fatos* para fazer um *julgamento* ou dar *conselhos*, mas sim o facilitador da comunicação emocional, um profissional que trabalha as modalidades de convivência dessas duas pessoas. Mentir faz parte das relações humanas e, independentemente das nossas expectativas pessoais, não torna o casal mais ou menos disfuncional. O desconforto não está na mentira, mas na forma de construir relacionamentos em torno dela. Trabalhamos com premissas de pessoas que poderiam decidir se mudam ou interagem de outra forma, sem mentir.

Foi difícil para mim me libertar do dilema da mentira e aceitar que as pessoas em terapia também mentem. Sempre idealizei a clareza e a capacidade de assumir responsabilidade pessoal por dizer o que você faz. Ao longo dos anos e da experiência, consegui chegar ao ponto de não julgar as pessoas que mentem; não trabalho seguindo um procedimento de esclarecimento diagnóstico, mas, antes, presto atenção em como as pessoas se relacionam, quais são os seus mecanismos de comunicação, o que comunicam através do desconforto ou da alegria. É uma espécie de imersão na água que banha as pessoas no espaço relacional que existe entre e dentro delas: uma água muitas vezes turva e suja, mas que transmite as emoções e os sistemas de significado que caracterizam aquele casal.

Os três aspectos processuais que identifiquei no funcionamento do casal (estrutural/individuação/confrontação) não devem ser entendidos como etapas temporalmente sucessivas, mas sim coexistentes em cada momento do processo terapêutico, de forma implícita na terapia. Não são instrumentos para fortalecer o vínculo entre duas pessoas: são neutros em relação ao destino do casal e, de fato, podem levar ao rompimento ou à manutenção do vínculo. Têm o efeito de tornar visíveis as premissas individuais e relacionais. Neste ponto, são os clientes que decidem como arriscar o seu futuro. Ler o processo terapêutico através dessa lente pode ser de grande ajuda para o terapeuta que se liberta da escravidão do conteúdo e deixa a responsabilidade pela mudança para seus clientes. Mas não se exime da responsabilidade de conduzir uma terapia profissionalmente válida e, portanto, aberta, equidistante, atenta e respeitosa das premissas dos clientes, aceitando o desafio de aumentar as possibilidades de escolha das pessoas. O fato de uma terapia de casal poder ter um efeito estrutural, por exemplo, não significa que tudo o que o terapeuta faça produzirá maiores possibilidades para os clientes, mas sim que a atenção ao processo certamente ajudará o terapeuta a fazer uma reflexão relacional que considere a importância de ter um parceiro na sua frente.

O campo da terapia de casal é complexo e insidioso desde o início porque muitas vezes o pedido se torna confuso pela possibilidade de ambos terem expectativas completamente contraditórias. Como conciliar o pedido de Antônia por maior autonomia com o desejo expresso por Francesco de um relacionamento mais próximo por que se sente desrespeitado? Obviamente, a solução não é apoiar a posição mais aceitável politicamente ou a que mais se aproxima do nosso gosto: devemos trabalhar com as premissas dos nossos clientes, procurando o que há de comum entre eles. Mesmo que duas pessoas tenham desejos e ideias diferentes, elas sempre reconhecem uma parte que pode ser compartilhada e que é compartilhada. Antônia e Francesco compartilham a vontade de não se separar, o desejo de não machucar o outro e querem entender como poder dar amor sem serem esmagados pelo outro.

> *Esta é a minha proposta: Vocês chegaram à terapia com ideias aparentemente muito distantes do resultado que pretendem obter. Na realidade, vejo vários pontos em comum entre vocês, embora vivenciados de formas diferentes. Ambos apostam no futuro deste casal e tomam cuidado para que seus desejos pessoais não destruam o outro. Esta atenção mútua é certamente admirável, mas acho que os prendeu numa posição rígida. Vocês se endureceram por precaução, para terminar sendo injustos com o outro e, ao mesmo tempo, para evitarem correr o risco de perder o jogo. Esta terapia pode os ajudar a se verem novamente, avaliar seu relacionamento e como orientá-lo para o futuro, desde que continuem a manter este desejo. Este poderia ser o significado dessas sessões de terapia. É uma proposta arriscada: vocês são convidados a decidir o que podem manter de seus desejos, que são legítimos, mas também o que precisa ser descartado para dar mais uma chance ao seu relacionamento. Considerando que a proposta é complicada, peço que não me respondam imediatamente, mas que pensem nisso até a próxima sessão. Agora, se algum de vocês decidir não continuar com essas sessões, avise agora, caso contrário, falaremos na próxima vez sobre como vocês se sentiram ao refazer minha proposta, mesmo que um de vocês tenha decidido não continuar.*

Da próxima vez não me interessa que deem uma resposta afirmativa, mas sim o jogo relacional que se evidencia na análise da situação. *Como vocês tomaram a decisão? Sozinhos ou juntos? Pediram a opinião de alguém? Vocês sempre fazem isso? Quem falou primeiro? Quais foram as dúvidas e medos de cada um de vocês?* E se o outro tivesse dito não: *o que teria feito? Que aspecto da minha proposta lhe pareceu imprudente em relação ao que você sente?*

Minha reformulação do objetivo da terapia é paritária: não peço a nenhum deles que, cedendo um pouco, se adapte às demandas do outro.

E, ainda assim, a imagem dela como alguém que deseja se reapropriar de seus espaços poderia ter induzido um terapeuta a exaltar o desejo da mulher que quer se libertar da opressão masculina. Ao propor um objetivo comum, procurei destacar os aspectos que pertencem a ambos, como a questão de se sentirem um casal com futuro e a cortesia que os leva a serem civilizados um com o outro. Apresentei minha hipótese de que ser educado e correto pode ser algo que os inibe: os definir de forma positiva não significa nos tornar profissionais do entusiasmo, silenciando nossa confusão. As emoções do terapeuta devem ser traduzidas em palavras e, nesse caso, percebi o quanto é penoso ter que parecer pessoas corretas e boas. Não podia fingir que não estava atormentada pela cautela deles. Nem sempre adio a resposta para a próxima sessão; nesse caso, queria os deixar com um pouco de incerteza: um pouco de preocupação talvez pudesse perturbar este casal, aparentemente tão favorável à dissimulação. Dei a eles a opção de encerrar imediatamente as sessões para que não se sentissem obrigados a continuar me agradando: dessa forma, a escolha de continuar estava totalmente nas suas mãos.

Na terapia, quando se busca um objetivo comum, trabalhamos explicitamente com aquilo que é o pedido implícito do casal, isto é, com as expectativas emocionais e intelectuais que estão por trás do pedido explícito. As pessoas geralmente chegam com um tema declarado: traição, problemas sexuais, conflitos, desentendimentos em relação aos filhos, doença (geralmente mental) de um dos dois, divergências com a família de origem, mal-entendidos... ficam presos na descrição linear desse problema. Querem um julgamento, um culpado (o outro!), querem que as suas razões sejam reconhecidas. Na maioria dos casos, não percebem que essas coisas práticas incluem uma situação emocional implícita que os leva a considerar a terapia como uma forma de cumprir uma pena ou de fazer a outra pessoa pagar por ela, vivenciando a terapia como se fosse a última das oportunidades. O terapeuta deve dar voz a essas demandas, e, de forma mais ou menos explícita, ele tem que enfrentar o discurso de como cada um de seus clientes se sente em relação ao estar em terapia. Nem sempre são as palavras que falam, muitas vezes o corpo, o olhar ou o tom que transparecem as emoções da relação. Acontece de forma análoga na terapia individual, mas aqui temos uma vantagem: trabalhamos com uma relação encarnada, isto é, com a relação de dois indivíduos que se atualiza diante dos nossos olhos. Não temos necessidade de apresentar o outro porque ele está presente ali.

CAPÍTULO 2

Infidelidade

Ricardo Rosas

Teresa Arcelloni

A importância de validar, não de aprovar

Ricardo Rosas

Somos facilmente enganados por aqueles que amamos.

Molière

Este casal frequentou um dos cursos de graduação ministrados na cidade de Guadalajara, sobre psicoterapia sistêmico-relacional de casal, cujo objetivo é proporcionar aos participantes a aquisição de competências sistêmico-relacionais através da observação direta do trabalho do terapeuta na sala de espelho unidirecional. Os casais geralmente vêm convidados por um dos participantes, com a condição de que, caso permitam ser filmados e observados atrás de um espelho, a sessão não terá custo. Dentro desse contexto se explica ao casal que o processo pode durar entre 9 e 12 sessões no máximo, com frequência mensal e com a duração de cada sessão variando de 60 a 90 min.

Importância do contexto

É importante que qualquer motivo de consulta seja contextualizado no espaço onde o casal desenvolve o seu dia a dia. Os espaços são essenciais para construir hipóteses em torno de um "problema", porque os espaços, em geral, estão mais em movimento do que a história que os clientes contam, as quais estão marcadas pelas escolhas que já fizeram sobre quais ingredientes deixar dentro e quais deixar fora da sua "ideia de problema". O contexto nos permite visualizar o casal a partir do seu trabalho, da sua família de origem, da sua casa e seus amigos, explorando as relações daquele momento histórico específico. Tudo isso nos dará, em primeiro lugar como terapeutas, a oportunidade de perceber aquele movimento evolutivo que parece faltar na narrativa do cliente e, em seguida, fornecerá um impulso para construir perguntas sistêmico-relacionais adequadas.

O contexto para a cibernética é: "um conceito de relação complexa e articulada entre o todo e seus componentes [...], é o resultado da história das relações que formam o contexto, sempre vivo e em evolução, articulado, redefinível, provisório, mas dotado de características emergentes, que enquadram, ajudando a definir, o significado e a relação entre as suas partes" (Bianciardi, 1998)[3].

---

[3] Bianciardi, M. (1998). Complete o conceito da resposta. Connessioni, (3), 29-44.

Maria e Carlos, ambos de 35 anos, se conhecem há 20 anos, desde o ensino médio; têm dois filhos, o mais velho tem 15 anos e o mais novo, 13. Ela é assistente social, trabalha num hospital, concluiu a licenciatura há quatro anos. Ele cursou apenas o ensino médio e atualmente trabalha em uma fábrica de produtos metalmecânicos.

A primeira pergunta obrigatória que faço a qualquer paciente, depois de trocar dois ou três diálogos empáticos sobre se foi fácil para eles chegarem na consulta, se está calor ou frio é: *Qual é o motivo que os trouxe aqui e o motivo que os levou a procurar um psicoterapeuta*? Assim, não presumo que o casal tenha necessariamente um problema, ou que realmente precise de um processo de psicoterapia.

Carlos: *Ultimamente temos discutido quase todos os dias, ela chega chateada em casa e começamos a discutir sobre qualquer coisa.*

Maria: *Ele diz que chego em casa chateada e que me zango facilmente, mas é porque espero que ele faça as coisas e ele não as faz, não me ajuda com o que eu peço, embora esteja em casa a manhã toda.*

Carlos: *Viemos aqui porque quero consertar as coisas; ela é uma pessoa que eu amo muito, cometo erros, nós dois cometemos, adoro meus filhos, quero saber onde estou errando.*

Nos primeiros 20 minutos da sessão, o tema da infidelidade não vem à tona, até que mencionam que um dia, há cinco meses, brigaram de forma violenta fisicamente e o filho mais velho ligou para a irmã mais velha de Carlos.

Carlos: *Temos grandes problemas de relacionamento, eu fui infiel com outra mulher e ela descobriu pelo celular, estamos aqui porque precisamos de ajuda para resolver isso.*

Terapeuta: *Eu pergunto a ela: O que você acha do que seu marido diz?*

Maria: *É verdade, ele foi infiel e isso me deixa muito irritada e triste, não sei se isso pode ser consertado ou não, porque não é a primeira vez que isso acontece. Há três anos ele fez a mesma coisa comigo e agora não estou mais disposta a aturar isso.*

Na primeira sessão, o objetivo é construir uma sensibilização sobre o espaço de convivência do casal, por exemplo, saber quanto tempo (em horas, minutos e segundos) eles estão juntos sem a presença de terceiros, que oportunidade pragmática eles têm para continuar construindo, metaforicamente falando, um "namoro". Considero essa sensibilidade essencial para contextualizar, refletindo sobre o grau de conjugalidade existente, longe de impressões subjetivas ou simbólicas que o casal possa expressar; essa sensibilidade que vem acompanhada da narração da história em torno do motivo e em torno das minhas perguntas que visam identificar quais são os hábitos do casal de segunda a domingo, desde o amanhecer até voltarem a dormir; de maneira que se realiza um entrelaçamento de ambas as coisas.

O objetivo epistemológico e terapêutico de sensibilizar o espaço de convivência é evitar a todo custo um processo de intelectualização (clínico) e ativar um processo de aprendizagem batesoniano (epistemológico), em que vários aspectos se entrelaçam. O primeiro é estabelecer, com as perguntas, um nível lógico "interativo" (fatos) relacionado, mas diferente da ideia de como eles "se descrevem como casal e como descrevem o seu "problema. Um casal pode "dizer" que passa muito tempo junto, que a maior parte do tempo fica em casa com os filhos e que não entende como ocorreu a infidelidade, mas quando questionado sobre o que "faz" em casa quando estão juntos como casal, é fácil descobrir que estão em casa, mas cada um em atividades parentais ou individuais, certamente não na presença dos dois. Essa sensibilização do espaço vital para a diferenciação de níveis lógicos ativa um processo imediato de reflexão que se confronta e se contrapõe ao sistema simbólico que geralmente reina no modo de pensar do casal.

Surge a história de que Carlos e Maria tinham uma situação econômica estável, já que ele se dedicou desde os 18 anos à venda de roupas americanas em diversos mercados de pulgas, gerando lucros suficientes que permitiram a Maria não trabalhar por obrigação durante os primeiros dez anos de casamento, deixando-a livre para se dedicar principalmente aos filhos. Maria, há oito anos, decidiu estudar Serviço Social com o apoio financeiro de Carlos, porque queria cursar uma universidade. Os dois concordam que as dificuldades começaram há cinco anos, quando os policiais chegaram às feiras livres e levaram embora todas as mercadorias que tinham. Isso fez com que ficassem atrasados no pagamento dessas mercadorias.

Carlos: *Fui à falência, fiquei deprimido, acho que eu tinha o ego muito elevado!*

Esse desequilíbrio o levou a fechar o negócio de venda de roupas há um ano e começar a trabalhar em uma fábrica. Ela menciona que a renda dele foi reduzida em um terço e, devido a isso, neste momento, eles vivem principalmente do salário dela.

Quando contextualizo seu dia a dia, ela comenta que trabalha há apenas alguns meses, das 7h às 15h, porque quando ela estava estudando e praticando, havia dias em que ela ficava fora quase o dia todo. Ela afirma que se levanta às cinco horas para se arrumar e ir trabalhar, ele se levanta às sete e ajuda a dar o café da manhã às crianças e, às vezes, as acompanha à escola. Ele explica que tem um horário muito estranho, pois trabalha quatro dias por semana das 19h às 7h e descansa três dias inteiros e, às vezes seu turno muda para das 7h às 19h. Em família, não costumam comer juntos. Ela chega em casa às 16h, a essa hora ele e os filhos já almoçaram. Por isso, ela come sozinha e, ao terminar, começa a cozinhar a refeição do dia seguinte, assim como realizar os afazeres domésticos. Nos dias de descanso, Carlos invariavelmente leva os filhos das 17h às 20h para praticar basquete (seu esporte preferido e agora esporte preferido dos filhos), já que é treinador oficial de dois times adolescentes. No final do dia, Maria prepara e serve o jantar para todos, menos para ela, já que comeu recentemente. Maria adormece primeiro e ele depois, pois fica assistindo coisas no celular ou na TV. Os finais de semana são divididos entre o trabalho e as visitas de ambos às suas famílias de origem.

Eu faço a pergunta:

Terapeuta: *Em que momento vocês ficam sozinhos como casal durante a semana?*

Eles se olham perplexos.

Carlos e Maria: *Toda noite!*

Terapeuta: *Sozinhos e com a porta fechada?*

Carlos e Maria: *Eles respondem: Bem, a porta está aberta e estamos assistindo TV.*

Terapeuta: *E vocês conversam?*

Maria: *Ele geralmente me conta sobre os nossos filhos, como eles se saíram no basquete.*

Terapeuta: *Mas vocês conversam sobre como se sentem ou sobre o que aconteceu com vocês durante o dia?*

Maria: *A verdade é que acho que raramente conversamos assim, porque normalmente conversamos sobre coisas gerais e sobre o que temos que fazer no dia seguinte.*

Em algum momento da sessão, são propostas as duas seguintes perguntas-chaves para o processo de sensibilização.

Terapeuta: *Quando foi a última vez que vocês saíram para jantar ou dançar juntos, só vocês dois, sem amigos, sem filhos e sem parentes? — Ficam em silencio e se olham.*

Maria: *Sinceramente, não me lembro.*

Carlos: *Acho que há uns cinco anos.*

Maria: *É algo que tenho pedido a ele ultimamente, isso de sairmos juntos, porque estou com vontade de ir a algum lugar com ele.*

Terapeuta: *Quando foi a última vez que vocês viajaram sozinhos, pelo menos por um dia?*

Carlos: *Acho que quando estávamos namorando.*

Volto ao motivo da consulta e pergunto.

Terapeuta: *Como você descobriu que seu marido estava sendo infiel?*

Maria: *Foi sem querer, meu celular não funcionava, e pedi o celular dele emprestado para fazer uma ligação e descobri — abaixa a voz — um vídeo dele fazendo sexo com outra mulher.*

Maria abaixa a cabeça e ele também. Há silêncio por alguns segundos.

Carlos: *Mas eu já disse a ela que foi só uma vez, que foi estúpido, já pedi desculpas. Eu sou um idiota por fazer isso! Porque quem eu quero é ela. — Ele se vira para olhar para ela, mas ela não acredita.*

Dou um *feedback* dizendo que não estou surpreso com a situação que vivem como casal, pois é evidente, pela vida que me contam, que quase não existe espaço para o encontro entre os dois já faz muito tempo, e que talvez estejam "bem" em relação ao escasso relacionamento conjugal dos últimos anos de suas vidas, pois desde o momento em que acordam até o momento em que voltam a dormir, não conseguem coincidir no tempo e na forma de se relacionar, eles nem sequer têm a oportunidade de dar as mãos e se virar para se verem, uma vez que os deveres parentais e profissionais dominam completamente suas vidas.

Diante desse *feedback*, os dois ficam impactados emocionalmente, seus rostos mudam, se movimentam na cadeira, e se cria um silêncio, e então ele responde:

Carlos: *Nunca tinha visto a situação desta forma, é verdade, não fazemos nada por nós dois...! — Seus olhos ficam vermelhos.*

A sessão terminou com esta pergunta:

Terapeuta: *Que exemplo de casal vocês pensam que estão dando aos seus filhos? Não como pais, mas como homem e mulher.*

Faço essa pergunta em casos de infidelidade. O objetivo é conhecer o papel dos filhos nessas histórias de alto conteúdo emocional, o objetivo é que o casal em terapia consiga refletir sobre o seu papel, mas não como pais, mas sim que possam se observar através dos olhos do crianças como homem e mulher e como as crianças foram envolvidas na história.

A infidelidade, do ponto de vista relacional sistêmico, possui dois níveis lógicos importantes para trabalhar: 1) a sequência comportamental da pessoa que nos "fatos" comete a infidelidade e, de certa forma, pode ser mencionada como "responsável" e num outro nível lógico, 2) o aspecto da corresponsabilidade que ambos têm para manter uma conjugalidade e, portanto, construir e manter esse espaço vital.

No início da sessão não tinha uma hipótese clara sobre o casal, pois só sabia que o motivo da consulta era a "infidelidade", mas com o passar da sessão, comecei a criar uma ideia de que tipo de casal eles eram: Ela, analogicamente, parecia chateada quando ele expressava que a amava, e quando ele perguntava as coisas diretamente, ela respondia brevemente com uma pitada de riso, o que poderia ser interpretado como nervoso, ela estava muito atenta às perguntas e emocionalmente envolvida na sessão. Ele foi quem mais dominou o espaço verbal, com uma pitada de arrependimento pelo ocorrido nos últimos meses, mas pude perceber que ele estava desligado dela, já que estavam sentados em um sofá, cada um na beirada, com um espaço estranho no meio. Às vezes, ele se virava para olhar para ela, mas sua atenção estava voltada para mim, enquanto ela se virava para olhar para ele quando ele intervinha. Era possível sentir que todas as afirmações dele de amor foram mostradas de uma forma intelectualizada e sem emoção.

Trabalhar com um casal cujo motivo da consulta é a "infidelidade" implica *reconhecer*, não *aprovar* as emoções da pessoa que se sente "vítima", pois uma vez que se centra única e exclusivamente na vertente da corresponsabilidade, um dos dois pode sentir que estamos do lado do outro, que não entendemos o seu sentimento de estar "ofendido". Nesse caso, a infidelidade era inegável, já que no vídeo ele se gravou penetrando outra mulher com um celular por cima. Outras vezes é complexo determinar um fato de "infidelidade", pois, historicamente, isso remete ao coito e às relações sexuais. Porém, atualmente, em muitas ocasiões, a evidência é de *sexting* (mensagens eróticas ou imagens pornográficas), múltiplas e diferentes formas de *emoticons* que podem ser interpretados de diferentes maneiras; muitas dessas evidências podem ser interpretadas como ou podem aludir à existência de estar emocionalmente envolvido em relacionamentos virtuais, em vez de relacionamentos que se dão "no espaço de vida" (cara a cara). E, claro, a evidência *virtual* dá origem a que os clientes que chegam em consulta com e por esse comportamento afirmem: Eu nunca fui infiel! Nunca dormi com ela! Era só um jogo de mensagens! Ela não me interessa! Diferentes declarações que contribuem para o valor cultural tradicional de que a infidelidade para ser "verdadeira", deve incluir relações sexuais. Certamente, esta ambiguidade da verdadeira infidelidade é de alguma forma sustentada por séculos de religião judaico-cristã que hoje, formalmente, continua a apoiar a infidelidade como um fato carnal, além do fato de que as leis no México, desde 2011, descriminalizaram completamente os comportamentos sexuais do casal, já que esta é uma situação que corresponde única e exclusivamente à esfera privada.

Vale ressaltar que Maria em nenhum momento se mostrou em tom acusatório em relação a ele. Tenho duas hipóteses principais: em primeiro lugar, essa foi a segunda vez que a infidelidade aconteceu na vida deles, não era uma informação nova para o casal, além de já terem se passado quatro meses desde a descoberta das provas explícitas — possivelmente, por isso não apresentaram sinais de passar por uma crise resultante da última infidelidade; e, em segundo lugar, ela estava muito atenta em tentar compreender as questões, ou seja, aberta a ouvir o que eu pensava sobre a situação dela, em vez de me dar um discurso pronto sobre a sua vida.

A infidelidade é um fato que tem um forte impacto emocional no casal quando acontece pela primeira vez, ou melhor, quando ambos os membros têm conhecimento suficientemente desse fato. Pois bem, em 25 anos de convivência com casais, o aspecto cultural tradicional sobre a *infidelidade* desencadeia diferentes emoções em relação à convivência do relacionamento e à sensação de quão atraente ainda sou como pessoa. Claro, esse impacto também vem do contexto social, de vivenciar a infidelidade como talvez a maior traição que pode ser vivenciada em um casal, o que coloca em *crise* todo o sistema narrativo (informação) de quem somos como indivíduos e como casal.

O casal retornou depois de um mês e logo após perguntar o que aconteceu em suas vidas durante este período, ele respondeu:

Carlos: *Foi um mês em que refletimos sobre tudo o que vivemos, o que fizemos e o que nunca fizemos. Não aproveitamos para sair, ela me convidou e eu por um motivo ou outro... não aconteceu. Eu diria que me sinto bem.*

Maria: *Estamos bem, mas houve discussões; eu disse a ele que estamos com pouco dinheiro e que o vejo muito tranquilo e começamos a discutir. Me sinto muito cansada porque há alguns meses fiz uma cirurgia de lipoma e desde então tenho muita vontade de dormir, com vontade de chegar em casa e dormir, logo acordo, janto e depois volto a dormir. Acho que discutimos três ou quatro vezes por mês, hoje foi a última vez; ele ficou bravo porque eu disse a ele que está muito envolvido em suas besteiras.*

Terapeuta: *Que besteiras?*

Maria: *Tem hora que eu lembro do que aconteceu, porque aconteceu um dia em que, em teoria, ele me explicou tudo o que faria... acho que não foi uma discussão, só lembrei.*

Nessa segunda sessão, as questões visaram compreender e fazer com que o casal compreendesse quais as situações ou quais os motivos que os mantêm unidos. É importante compreender as situações relacionais que, em maior ou menor grau, mantêm este casal unido, independentemente dos problemas que possam existir nele ou em outros casos de casal. O objetivo é fazer com que os casais reflitam sobre a importância de que em todas as situações parentais e de trabalho haja de alguma forma um homem e uma mulher por trás deles; busca-se uma reflexão que promova uma ativação da diferenciação e, por sua vez, ajude para se observar no outro através desse relacionamento; o surgimento dessa reflexão é incentivado com perguntas como estas: *Como você explica que, apesar de tudo o que aconteceu entre vocês, vocês ainda estarem juntos? Por que você considera que esse homem que fez isso com você ainda é o melhor homem que você pode encontrar? O que você esperava dele como homem, antes de se casar?* As respostas a essas perguntas levam as mulheres a refletirem sobre quem são como mulher em relação àquele homem, e vice-versa.

Maria: *Sempre fui muito introvertida, foi assim que cresci, assim são os meus pais, muito secos, não havia sinais de carinho...*

Terapeuta: *Então, como você explica o que fez para conquistar ele?*

Começa a rir...

Carlos: *Foi com um beijo no colégio.*

De alguma forma, em geral, todos os casais geralmente se lembram de eventos de suas vidas relacionados à forma como conquistaram um ao outro; certamente, por trás de uma conquista, há uma atração entre um homem e uma mulher como princípio fundamental na construção desse casal.

Carlos: *Você sabe que gosto muito de você, gosto do seu corpo, não entendo por que você não acredita. Sempre fui magro e não me importo, sei que não sou bonito e ainda assim me aceito.*

Terapeuta: *Maria, por que ele diz que você não acredita nele?*

Maria: *Não acredito nele porque em ambas as ocasiões o tipo de mulher com quem ele esteve é o mesmo e são muito diferentes de mim, elas não estão acima do peso.*

Há silêncio.

Maria: *Hoje em dia se esforça mais, mas talvez eu não reconheça o que ele faz, porque antigamente ele me via fazer coisas e não me ajudava, assim como o seu pai fazia com a sua mãe. Ele me dizia: "Isso é com você, porque você é a mulher e eu pago as contas!"; isso me incomodava. Agora que ele está em casa, ele me ajuda.*

Terapeuta: *De que forma ele te ajuda?*

Maria: *Eu peço para ele fazer coisas na cozinha para quando eu chegar estar pronto, e ele faz.*

Terapeuta: *Você considera que essas atividades correspondem a você como mulher?*

Maria: *Muitas vezes penso assim!*

Terapeuta: *Maria, você se sente atraente para ele como mulher?*

Maria: *Não sei, acho que não...!*

Carlos: *Ele intervém repetindo. — Eu gosto do corpo dela. Eu te amo! Ela tem problemas de insegurança com o corpo, acho que ela sempre teve, acho que eu me aceito tão magro quanto sou, e quando chego em casa muitas vezes, quando ela está na cozinha, dou beijos e bato na bunda nela, mas ela fica chateada.*

Maria: *Claro que isso me incomoda! Porque tem criança olhando a gente, e o pior é que as crianças dão corda.*

Terapeuta: *Maria, você sabe o que ele espera de você sexualmente? Carlos, o que ela espera de você sexualmente? Bem, se você provoca ela em público e ela fica chateada, você realmente sabe o que ela quer? Quando foi a última vez que você falou sobre isso?*

Carlos: *Sinceramente, não me lembro.*

Maria: *Assim como você pergunta, acho que nunca conversamos sobre isso.*

Terapeuta: *Maria, ele correspondeu às suas expectativas antes de você se casar? — Silêncio.*

Maria: *Na verdade eu não queria me casar, estava sob pressão porque engravidei, queria continuar estudando e ser médica...*

A segunda sessão termina, quando lhes dou *feedback*:

Terapeuta: *Tenho a ideia de que ambos carregam sozinhos os seus fardos e que, talvez, não saibam a fundo como impactam o outro, como homem e como mulher e que, sem dúvida, é necessário um espaço para conversar sobre isso.*

Trabalhar com um motivo de consulta de infidelidade obriga a aprofundar o aspecto do processo de construção ("narrativa") dessa conjugalidade, desse "você e eu", como se transformou ao longo do tempo, como é hoje, como foi, e, certamente, como poderá ser no futuro; o que envolve duas pessoas na criação ou construção de uma identidade denominada "casal" e que, em tese, no fazer e no pensar do casal, gira o cotidiano, sem descartar a coexistência de uma individualidade, que deveria estar subordinada ao projeto comum. Em casos de infidelidade, encontrei algumas ideias constantes; uma delas é: o projeto comum é uma ideia/preconceito, em que o material mais "introspectivo" vem de uma bagagem cultural sobre o que é um casal e o que implica a fidelidade nessa relação, e não de um diálogo feito no processo de conquista mútua, onde este projeto/ideia é algo *não dito*. Como disse Luigi Boscolo ao falar de epigenética: Todas as experiências de vida se sobrepõem umas às outras e não nos lembramos de tê-las, mas elas agem no nosso dia a dia.

Depois de um mês eu os vejo novamente:

Terapeuta: *O que aconteceu em suas vidas?*

Carlos: *Já tenho um novo emprego, essa é uma das boas notícias. Estamos bem! Embora não consigamos sair para lugar nenhum, era nosso aniversário, tínhamos planejado sair, mas não tínhamos dinheiro.*

Maria: *Me sinto mais calma, sinto que não briguei com ele.*

Terapeuta: *Calma em que sentido?*

Maria: *Que não me lembro tanto do que aconteceu; isso me alivia e, claro, estou tranquila porque ele encontrou um emprego.*

Terapeuta: *Por que você se vira para olhar para ele quando diz que estão bem?*

Maria: *Quando saímos daqui nas duas sessões, fico maravilhada com as minhas respostas e com as respostas dele; no caminho para casa, sempre penso nas minhas respostas e nas dele, não esperava que fosse assim, não sei como ele percebe as coisas.*

Aparece na conversa que o filho mais velho apresenta mau desempenho acadêmico e problemas de indisciplina na escola. Carlos diz que é o culpado pelo estado do filho por causa do ocorrido, já que os dois filhos descobriram tudo. Esse mês, Maria descobriu que seu filho segue no *Instagram* a mulher com quem seu pai foi infiel. Maria confrontou o filho e ele disse que o contato dela era por telefone e que depois a sugestão de amigo apareceu no *app* e ele a seguiu por curiosidade. Maria pediu que ele não se envolvesse nessas coisas, porque estava se esforçando para virar a página.

Terapeuta: *Maria, que impacto teve sobre você este acontecimento?*

Maria: *Os meus pensamentos de desconfiança foram ativados, mas não quis questionar nada, e tentei me acalmar.*

Terapeuta: *Maria, o que você refletiu na sessão anterior?*

Maria: *A pergunta que você me fez sobre se ele correspondia às minhas expectativas como mulher antes de nos casar; fiquei muito chocada com a minha resposta, quando disse que não queria me casar com ele, que queria continuar estudando, e que na verdade ele não correspondia às minhas expectativas, não tínhamos nada, não tínhamos ideia para onde estávamos indo. Agora rimos disso. Creio que ele atendeu as minhas expectativas.*

Carlos: *Fiquei surpreso com a resposta da Maria, acho que ela talvez se arrependa da sua decisão. Ela sempre correspondeu às minhas expectativas, eu a amo e me sinto fisicamente atraído por ela como mulher. Continuamos pressionados porque não temos dinheiro.*

Terapeuta: *Maria, como você explica que seu marido, estando tão bem financeiramente, de repente sofra um desastre econômico?*

Maria: *Muitas circunstâncias aconteceram juntas: as lojas de roupas, o fornecedor, os compradores; aconteceram coisas que o fizeram perder tudo, ele entrou em depressão, ficava em casa só dormindo e me dizia: não vá trabalhar, me sinto mal.*

Estranhamente, a história coincide com o fato de ele estar quebrado quando ela começou a trabalhar.

Terapeuta: *Carlos, ao longo deste processo de decisões econômicas, alguma vez você pediu a opinião dela?*

Carlos: *Acho que nunca a consultei; teria sido difícil, acho que fiz muita besteira, tomei decisões erradas, algumas pessoas me traíram, mas não me arrependo.*

Terapeuta: *Nesta situação, onde estava o casal que enfrenta essas situações juntos? Atualmente, até que ponto você fala sobre o que está acontecendo na sua vida, falando sobre questões econômicas?*

Ambos respondem pouco e ela acrescenta...

Maria: *Ele quer me manter calma, tranquila, porque em geral sou eu quem explode.*

Terapeuta: *Este mês, que você diz estar mais calma, alguma coisa mudou na intimidade? — Há um silêncio.*

Carlos: *Quase não tivemos intimidade, ela anda com dores nos joelhos, e não me disse nada.*

Maria: *Ele não me procurou!*

Carlos: *E estes dias também tenho estado cansado por causa do novo emprego; sim, procurei ela, mas muitas vezes ela estava dormindo.*

Ela ri.

Terapeuta: *Mas além de uma performance sexual, o que aconteceu?*

Carlos: *Bem, às vezes nos abraçamos por alguns minutos, mas depois cada um se vira para o lado.*

Maria: *Agora me sinto mais tranquila; antes, logo depois da infidelidade, eu tinha muita consciência de que ele me procuraria sexualmente; eu queria sentir ele perto de mim, e aí aconteceu a situação do meu filho, mas, de qualquer forma, deixei as coisas fluírem.*

Nessa terceira sessão, busca-se trazer à tona o que flui na vida de casal além dos problemas ou do motivo da consulta; não quero deixar passar por omissão, que narrem apenas os problemas ou coisas que não vão bem na sua vida, mas sim quero destacar que o casal tem outros recursos, em outras funções da sua vida que estão em um determinado grau de equilíbrio e que talvez, ao focar apenas nos problemas, eles possam maximizar e minimizar os recursos de que dispõem naquele casamento.

No caso de Maria e Carlos, é evidente que existe uma boa comunicação no aspecto parental, não interferem entre si diante dos filhos, tendem a respeitar os castigos, os diálogos e as iniciativas que empreende cada um. Dizem ainda que ambos se sentem aceitos pelas duas famílias de origem, que nos momentos difíceis, ambas as famílias os têm apoiado no processo de tomar as melhores decisões e que vão constantemente visitar ambos os pais em fins de semana diferentes. Em relação ao grupo de amigos, referem que o grupo de amigos e compadres deles (originalmente são amigos da adolescência dela, porque ela, em geral, sempre teve mais capacidade de construir amizades), embora assegure que esses amigos sejam dela, ele também já conseguiu, através de sua própria personalidade, torná-los seus amigos.

Após essas três sessões, o casal apresenta mudanças expressadas por eles mesmos. A primeira é que ambos se sentem mais calmos e há menos animosidade da parte dela em relação à infidelidade, gerando menos atritos entre eles no dia a dia. Embora também seja evidente que em dois meses de tentativas de sair juntos como casal, eles falharam por diversos motivos. Nesse ponto considero que o processo psicoterapêutico está tendo os resultados que eu esperava, que são: *diminuir o grau de raiva em ambos*, independentemente da origem de cada uma dessas divergências; *poder absorver a história do casal, e deles também*, mas a partir de uma partitura relacional sistêmica criada pelas diferentes questões dessas sessões, onde não sou o único que conhece essa história relacional, mas também eles.

Validar, não aprovar

> *Se Carlos e Maria tivessem chegado à terapia por causa de uma traição recentemente descoberta, e se ela tivesse se apresentado em sua narrativa como vítima ofendida por esse homem, eu teria seguido o mesmo caminho? Certamente não.*

Se o motivo da consulta é a traição, é difícil que o processo de psicoterapia possa avançar diante da crise relacional explícita em curso, devido à intensa raiva no "ofendido/a" e à incerteza sobre a criação de uma situação em que quem traiu está em débito com o outro. Se o terapeuta não esclarecer este ponto essencial, as sessões correm o risco de se transformar em acusações intermináveis. Na primeira sessão, procuro construir o que chamo de "sensibilização do espaço vital", referindo-me ao tempo diário compartilhado pelos dois como casal. Detalho a sequência comportamental da traição para entender até que ponto o traidor está em débito com o traído. É claro que tudo isso requer a habilidade do terapeuta para ajudar a compreender qual é o contexto relacional no qual eles jogam seu conceito de fidelidade, também em relação aos limites que eles definiram sobre o que é aceitável ou não em relação à traição.

Falar sobre o ponto até onde é aceitável ir é antes de tudo entender em que circunstâncias o casal define a traição: pode envolver troca de mensagens doces ou amorosas, acompanhadas de imagens pornográficas (sexting), uma declaração explícita da existência de um relacionamento clandestino, ou uma sedução insinuante. É necessário esclarecer se na relação do casal foi definido se o traidor teve relações sexuais com o amante, ou se o traidor nega a traição e se procurou terapia diante da ameaça de separação.

É fundamental compreender o contexto da traição, quanto tempo durou e a explicação que o "traído" dá ao "traidor". Isso é importante para "legitimar sem aprovar" as emoções que o parceiro traído e ofendido traz como motivo para a terapia. "Legitimar" significa encontrar sentido para essas emoções intensas que o ofendido experimenta e reconhecer que há razões válidas para que ele se sinta perturbado, triste, zangado, ofendido e que este homem/mulher está em dívida com ele, e as interações dos últimos dias entre os dois estão relacionadas a esta emoção, não sendo resultado de um desequilíbrio mental. Aprovar, em vez disso, seria dar a entender que um está dizendo a verdade sobre o que está acontecendo (e, consequentemente, está correto) e o outro, obviamente, não, então um seria inocente e o outro culpado.

Por limitações *interativas/simbólicas*, devemos entender situações de natureza *social e cultural* que emergem através de questões sistêmico-relacionais, e que, de alguma forma, constroem uma corresponsabilidade dos cônjuges perante o *valor* construído ao longo do tempo e de acordo com o que entendem como *fidelidade*. As perguntas que geralmente são feitas são as seguintes: *Você é casado na igreja? Vocês são casados civilmente? Você já falou explicitamente sobre o que a fidelidade implica? Você já falou sobre quais comportamentos, do seu ponto de vista, são infiéis além dos aspectos sexuais?*

E vocês podem se perguntar: quão importantes são essas questões? O que se busca é que os casais reflitam sobre o que muitas vezes é dado como certo nas conversas de namoro, nas relações de união livre ou no casamento, o que se supõe ser um comportamento "infiel" e que, geralmente, não é abordado direta e explicitamente. Ao longo da minha experiência como psicoterapeuta, na maioria dos casos de infidelidade, os membros do casal têm uma ideia interna clara de fidelidade (simbólico-cultural) construída, raramente comunicada explicitamente ao outro, o que permite, sem dúvida, um número infinito de interpretações.

O alcance e as limitações em torno da infidelidade como *fato* relacionado com as diferentes ideias que a constroem permitirão ao "ofendido" tipificar, refletindo sobre todas essas questões, qual é a dívida do "ofensor" pelo ato da infidelidade. E, portanto, a pessoa "ofendida", em um diálogo terapêutico, é a única que no final tem a responsabilidade de dizer e expressar o que lhe é devido.

45 anos de sacrifícios

Carlos e Sofia estão casados há 45 anos. Ela tem 66 anos e ele, 69. Durante um *tour* pela Europa, Sofia começa a estranhar que Carlos às vezes se afaste para olhar o celular. Intrigada, um dia, quando ele está distraído, ela pega o celular dele e encontra uma conversa no *WhatsApp* em que uma mulher diz que sente falta dele, que espera vê-lo em breve. O rosto daquela pessoa parecia familiar para ela, sua mente começou a girar até que ela se lembrou de 28 anos atrás, quando uma amiga de uma cidade contou que uma mulher divorciada estava flertando com seu marido e ela começou a sussurrar que eles tinham algo; naquela ocasião, ela foi até aquela cidade onde seu marido estava construindo algumas casas. Sua amiga a levou para vê-la de longe e mostrar onde ela morava; ela, então, confrontou o marido, que naquela ocasião negou completamente ter qualquer relacionamento.

Nessa nova discussão, onde se fizeram presentes diferentes conversas de *WhatsApp*, ele aceitou que ela era uma mulher que havia sido sua amante no passado, mas que ele não a via há muito tempo. Essa explicação de meia aceitação da responsabilidade por parte dele gerou uma explosão emocional nela, que se sentiu traída e perdida por não conseguir entender como isso aconteceu; os últimos dias da viagem foram um inferno. Quando voltou para casa, sua raiva era tanta que, dois dias depois de chegar, pegou um golfinho de pelúcia e bateu com ele em Carlos até que sua raiva se acalmasse. No dia seguinte, ela tomou a decisão de partir, acreditando que, se ficasse, poderia fazer coisas das quais poderia se arrepender. Ela foi passar três meses nos Estados Unidos, na casa de uma amiga, onde refletiu sobre o que deveria fazer.

Ao retornar, ela pediu que ele concordasse em fazer terapia de casal; foi assim que me procuraram quatro meses depois de descobrirem essa infidelidade.

Sofia chegou à primeira sessão com a "espada desembainhada", repetindo cerca de quinze vezes que seu marido havia sido infiel naqueles anos, mas que, por causa dos seus valores católicos e para manter um casamento harmonioso, ela havia feito papel de boba. Aquelas escapadas dele a machucaram muito como mulher, mas vindo de uma vila rural, ela foi educada para ficar calada sobre as escapadas dos homens. Ele disse que só na época do ocorrido com aquela mulher ela o confrontou e foi passar um mês na casa da sua mãe, mas como ele a procurou, ela voltou para casa.

Sofia disse que, desde que começou a fazer essa terapia, passou a sentir uma dor no peito que dificultava sua respiração, especialmente à noite, impedindo-a de dormir. Então, ela o acordava e o bombardeava com várias perguntas: "Você tem filhos com ela?", "Por quantos anos vocês foram amantes?", "Você a ama?", "Na cama, ela fazia coisas que eu não faço?".

Ele disse que se sentia exausto e que já não podia aguentar mais, que é diabético e que aquelas duas semanas foram as piores da sua vida, que não conseguia convencer a sua esposa de que a amava, que não a queria perder, e que já havia pedido perdão de joelhos duas vezes pelo que havia feito e mesmo assim ela não se acalmava.

Ela mencionou que naquele momento não poderia perdoá-lo, não saberia como, porque se sentia magoada por ter sacrificado toda a sua vida por ele e pelos filhos e que nesses quarenta e cinco anos a primeira pessoa que ela sacrificou foi a si mesma.

Sofia: *Doutor, nunca comprei um vestido da estação que eu realmente gostasse, sempre comprava coisas em oferta. Qualquer coisa para a casa, eu tinha que comprar junto com ele para garantir que não fosse cara! Nós dois nunca saímos juntos! Ele sempre me dizia: "Temos que economizar para a escola dos nossos filhos"; e depois dizia: "Temos que economizar para dar uma casa para cada um dos quatro filhos", e então doutor, tudo sempre foi mais importante do que eu. Descobri que ele estava mandando dinheiro para aquela mulher e isso me deixa com muita raiva.*

Diante desse grau de emotividade expresso com muita raiva e reclamações, foi fundamental, após 90 minutos de sessão, perguntar a ela:

Terapeuta: *De acordo com o que você mencionou aqui hoje, da sua história de casal, de toda essa raiva, de todo esse sacrifício que você menciona na sua vida de casada, quanto você acha que é a dívida do seu marido com você? Ou melhor, o que você acha que ele deveria fazer em termos práticos para que você o perdoasse? Claro, pensando que tudo o que foi mencionado antes pode ser perdoado, já que o seu marido está desesperado neste momento.*

Após dois minutos de silêncio total, em que ele se manteve com a cara de um homem a caminho do cadafalso, ela, soluçando na minha frente, perguntou e começou a dizer:

Sofia: *Acho que de alguma forma tenho que o perdoar; não sei se para perdoá-lo devemos ficar juntos ou se terei que me separar dele para sempre, não sei o quanto ele me deve, acho que muito! Mas o que ele deveria fazer para ser perdoado? Tenho que pensar sobre isso, no momento não tenho uma resposta.*

A troca dessas perguntas num diálogo, com silêncios, onde se validou o sofrimento e a dor dessa mulher, gerou nela uma tranquilidade reflexiva, que imediatamente o levou a intervir e dizer...

Carlos: *Doutor, estou disposto a fazer tudo o que ela me pedir, porque quero sair deste buraco em que estamos.*

Na sessão seguinte ela veio com uma folha escrita (que eu não havia pedido) e leu o seguinte:

Sofia: *Você me deve quarenta e cinco anos de poupanças para os filhos, me deve uma casa ao meu gosto, um carro novo, me deve idas ao teatro, ao cinema, aos museus, aos restaurantes e aos centros comerciais, me acompanhando a comprar roupa.*

Passaram-se várias sessões em que começamos a trabalhar a corresponsabilidade de ambos na qualidade da relação que construíram ao longo do tempo, aliada a esse trabalho com o pagamento da dívida por ela tipificada. Desentendimentos de ambos os lados vieram à tona, promessas não cumpridas, o choro e a raiva estiveram presentes para ambos, dando lugar à construção de um futuro juntos. A raiva se transformou em resignação, depois em calma, e nos sorrisos de ambos fazendo surgir uma "reconquista". Ele atendeu a cada um de seus pedidos no espaço de um ano.

Segundo a minha premissa terapêutica, na infidelidade, a reconquista se torna o meio sistêmico/relacional mais eficaz para ativar o "você e eu" que nasce do processo de uma "conversa/diálogo" de conquista entre duas pessoas, que com certo grau de consciência visam construir maior intimidade em determinado momento e, consequentemente, uma nova entidade relacional. Não considero necessariamente que a ideia de se apaixonar ou de amar no sentido romântico esteja implícita nesse processo.

Terapeuticamente falando, para chegar ao momento em que o casal possa reativar esse diálogo e intimidade, é necessário ter retirado do processo narrativo a agressividade, a raiva e o ressentimento, que são o principal obstáculo para chegar a esse ponto.

Uma infidelidade mútua (o gênero faz a diferença)

Brenda é uma mulher de 49 anos. Ela solicitou uma sessão de terapia de casal, pois considera que não se sente satisfeita no casamento. Na primeira sessão, ela disse que já haviam feito terapia familiar por problemas com os dois filhos; porém, enquanto estava com a terapeuta anterior, ela "sem pensar" disse que não se via no futuro com o marido. Essas sessões cumpriram o objetivo familiar, mas ela comentou que, nesses dois anos, a sensação de não conseguir visualizar um futuro com o marido aumentou. O casal tem uma empresa juntos, mas cada um faz a sua parte dentro do mesmo negócio; expressaram se sentir profissionais de sucesso. Na primeira sessão, realizou-se uma sensibilização sobre o espaço de convivência, deixando claro que não existia conjugalidade para além dos compromissos sociais, onde desempenham o papel de ser o casal perfeito. Afirmaram ainda ter uma vida sexual muito satisfatória, quando ela existe.

No final da sessão, fiquei com a sensação no "estômago" de que não tinham nenhum motivo real para se consultar, além de mencionarem um tédio mútuo com o relacionamento e de ambos afirmarem que o outro fazia apenas o que queria; fiquei com a ideia da existência de uma calma tensa nessa relação.

A sessão seguinte continuou com a narração do tédio e do descontentamento, até que, na metade da sessão, expressei a ela:

Terapeuta: *Não entendo o que você espera dele, e não entendo se essa imagem de se ver sozinha no futuro é algo recorrente há dois anos, por que você ainda não tomou a decisão de se separar? Também não entendo (me virando para o Cláudio) se você diz que constrói a sua vida sozinho há vários anos, sem ela, o que o faz vir aqui? Tenho a sensação de que vocês não conseguem falar sobre o que realmente estão vivendo e sentindo. Gostaria que vocês refletissem nesses 15 dias sobre qual seria realmente o motivo de vir aqui. O que vocês realmente precisam? Porque não está claro para mim neste momento.*

Duas semanas depois, às 10 da manhã, abro a porta do escritório e vejo uma mulher com os olhos exageradamente inchados de tanto chorar e um homem "zumbi", com o olhar perdido no nada. Eles se sentam:

Terapeuta: *O que aconteceu nessas duas semanas em que não nos vimos?*

Brenda: *Nas duas semanas absolutamente nada, até ontem às 18h, convidei ele para passear no parque, para ver se ele tinha a iniciativa de conversar comigo e nada, é como se tivesse que arrancar palavras com um saca-rolhas, mas, hoje a uma da manhã, pensei: "O que vamos dizer ao doutor?" Levantei-me, acordei ele e disse: "Devo confessar que tive um amante durante oito meses e em algum momento pensei em te deixar, mas depois percebi que ele também não era o homem que eu queria, mas eu já o deixei há seis meses. Eu sei que você também me traiu com uma aluna sua da universidade e amiga de um de nossos filhos, não entendo como você fez isso, descobri há dois meses, me senti mal, mas não consegui dizer nada, porque eu estava igual a você".*

Enquanto narrava isso, as lágrimas corriam copiosamente; ele ainda estava perdido, parecia que sua alma havia escapado de seu corpo naquela noite.

Brenda: *Doutor, o que aconteceu me dói muito! Mas hoje me sinto livre como se tivesse perdido 10 quilos.*

Eu me viro e pergunto a ele...

Terapeuta: *E o que você sente?*

Cláudio: *Não sei o que sinto, talvez raiva.*

Na sessão seguinte, o homem que falava pouco dominou completamente o campo verbal. Ele mencionou que sentiu como se tivesse levado um golpe de taco na cabeça. Mostrou abertamente sua raiva e seu descontentamento com ela, o abandono que sentia como homem há vários anos. Disse que se sentiu muito traído, pois dar uma *escapada* com uma mulher não se compara a confessar um relacionamento. E, a partir desse dia, começou a dormir mal, a ter ideias obsessivas sobre o que ela fazia; precisava olhar o telefone dela. Naquela sessão, ela falou pouco, concentrou-se em ouvir seu parceiro.

Na sessão seguinte, ele chegou furioso. Durante uma das constantes checagens ao celular dela, recebeu uma mensagem do ex-amante perguntando como ela estava e expressando desejo de falar com ela. Apresentou um ataque de ciúme excessivo; o homem calmo e comedido havia desaparecido, dando lugar a um homem "tradicionalista" que narrava com pontos e sinais um comportamento totalmente inapropriado para uma mulher "decente". Ao final da sessão, questionou sua permanência no casamento. Diante desse discurso, encerrei a sessão dizendo:

Terapeuta: *Tenho a impressão de que, nesta altura da vida do casal, ambos já construíram motivos suficientes para se separarem definitivamente. Agora sim, Brenda, sua visão do futuro sem ele está tomando forma, assim como a ideia de Cláudio de ser um homem sozinho em casa pode se tornar realidade.*

Em todos os casos descritos antes, um fato comum na sequência comportamental narrada é que aquele que foi descoberto como infiel ou confessou tal ato pediu perdão, prometendo e jurando que nunca mais faria o mesmo, que foi um erro, uma bobagem, e que quem ele ama e quer é ela/ele. Essa declaração (simbólica), feita apenas com palavras, às vezes acompanhada de algumas rosas ou chocolates, geralmente tem o efeito de confundir os níveis lógicos da relação, porque a traição é um ato não apenas simbólico, mas uma interação física, às vezes, virtual. Portanto, é difícil que o ato de contrição descrito possa apagar definitivamente algo que pertence a outro nível lógico. Essa armadilha narrativa tende a confundir facilmente quem foi traído e até mesmo terapeutas mais experientes.

Um velho, outro jovem

Oscar e Federico são um casal que está junto há 35 anos, ambos têm 55. Tornaram-se amantes quando estavam terminando suas respectivas carreiras. Federico é um arquiteto famoso, nos últimos anos ganhou muito dinheiro; fisicamente, passava o tempo fazendo dietas para nunca engordar, parecia super bem arrumado e muito atento ao tipo de roupa que usava. Oscar estava muito acima do peso, pelo menos 20 quilos a mais, segundo Federico. Ele se vestia de forma extremamente informal e tinha duas atividades que o ocupavam apenas pela manhã. Chegaram à terapia dizendo que estão passando por um período de estagnação em seu relacionamento e pensavam que isso se devia à rotina que os levava a fazer as mesmas coisas todos os dias.

Durante a sessão, Federico assumiu a liderança, acusando Oscar de estar estagnado em todos os sentidos; ele descrevia seus negócios como medíocres, que mal cobriam as despesas, que era gordo, que não tinha iniciativa, enquanto dizia: "Estou com meu futuro assegurado, com o dinheiro que tenho e com o dinheiro dos negócios da minha família, posso viver como um rico pelo resto da vida, e, mesmo assim, todos os dias me esforço para ganhar dinheiro". Quase no final da sessão, Oscar confrontou Federico acusando-o de tentar encobrir seus próprios erros culpando-o por tudo, tentando esconder que cinco anos antes o havia traído com um homem mais jovem. Ele me disse: "Doutor, foi muito doloroso para mim chegar na minha casa, entrar e ver eles transando na minha cara, e ele, sem o menor constrangimento, se levantou, o amante se vestiu e ele o acompanhou até a porta; quando voltou, me disse: 'Lamento muito que você tenha me descoberto, sinto muito! Se você estivesse mais atento ao nosso relacionamento isso nunca teria acontecido'".

Nas primeiras sessões, fiz perguntas típicas para sensibilizar o espaço vital, sem quantificar qualquer dívida, já que não havia uma crise em curso; eles eram um casal muito educado. Com muita disponibilidade, começaram a compartilhar o que os incomodava um no outro. À medida que as sessões avançavam, parecia um processo harmonioso de reconciliação e reconstrução do relacionamento; parecia que havia apenas pequenos detalhes a serem revisados. Afirmaram que queriam ficar juntos para o resto da vida, porque partilhavam muitos amigos, as suas famílias tinham um grande apreço um pelo outro, tinham muitos compromissos voluntários e sociais nos quais estavam muito envolvidos, eram, aparentemente, o casal perfeito. Na sexta sessão, chegaram um pouco bêbados, vinham de uma festa, quase no final perguntei aos dois: "O que vocês acham que é preciso nessa relação para se sentirem vivos e completos e, consequentemente, se sentirem bem com vocês mesmos?".

Federico: *Um companheiro mais jovem! Oscar é muito velho!*

Oscar fica em silêncio…

Terapeuta: *Pelo que entendi, pensei que vocês tivessem a mesma idade, estava errado?*

Federico: *É evidente que Oscar é mais velho que eu!*

Oscar: *Pensei que fosse você quem tinha rugas. Nós temos a mesma idade!*

No final da sessão:

Terapeuta: *Acho interessante o que aconteceu nesta sessão. Nunca me ocorreu que entre duas pessoas da mesma idade, que estudaram no mesmo local, que compartilham uma história muito semelhante, exista uma em que se expressa como mais jovem enquanto a outra é vista como mais velha. É a primeira vez que um de vocês expressa abertamente uma diferença substancial no relacionamento de vocês: juventude e velhice. Pergunto a ambos, como vocês explicam que um de vocês é mais velho e o outro é mais novo?*

Na sessão seguinte, ambos afirmaram que estavam melhores, que a terapia os ajudou muito a compreender coisas transcendentais em suas vidas, e sentiram que era hora de continuar suas vidas sem mim, com o que concordei. Listei as coisas positivas que haviam ocorrido e confiei que eles conseguiriam terminar o trabalho iniciado comigo.

Três meses depois, os dois, de forma independente, me ligaram porque haviam se divorciado. Oscar me contou que depois da sessão (velho/jovem), Federico começou a ficar obcecado pelas rugas que tinha. Ele tinha aplicado *Botox*, observava constantemente o Oscar, e depois se observava no espelho. Por sua vez, Federico me telefonou e disse que tinha decidido partir, porque a mediocridade não era o seu estilo de vida, queria uma pessoa com aspirações renovadas e Oscar não era a pessoa certa. Anos depois, encontrei o Federico em um shopping com um homem 25 anos mais novo que ele, ele parecia feliz e me contou com orgulho que iam comemorar cinco anos de relacionamento, que ele se sentia o homem mais completo do mundo.

A infidelidade envolve um trabalho terapêutico complexo que se refere a sequências comportamentais e não apenas simbólicas. Isso implica um processo de reconquista de uma intimidade que foi perdida ao longo do tempo, mas que precisa ser recuperada à luz dos eventos atuais. Para realizar essa operação, é necessário reconhecer em várias medidas as diferenças e afinidades que podem dar sentido e futuro ao relacionamento de casal.

Reconquistar uma relação significa colocar em jogo a própria estrutura de valores e crenças da relação. Pois bem, não só o corpo envelhece, mas também as ideias que temos sobre nós mesmos e em relação às expectativas que temos dos outros. Às vezes é mais fácil se apaixonar novamente por alguém que você não conhece, porque é um terreno fértil, que, em certo sentido, não obriga a uma autorreflexão; uma reconquista implica uma mudança forçada de si mesmo e, consequentemente, da relação, e, por vezes, o casal (ou um dos membros do casal) não está disposto, ou não tem energia suficiente para dar esse mergulho, em que a força de vontade é um fator determinante para conseguir esse objetivo.

Carlos e Sofia, sendo um casal da terceira idade, mostraram uma excelente capacidade de reconquistar um ao outro; Sofia chegou à última sessão num carro desportivo, renovado e elegante. Carlos, por sua vez, tinha um sorriso de tranquilidade; a paz havia retornado à sua casa. Por outro lado, no caso de Federico e Oscar, um dos dois não estava preparado para reconquistar o outro, foi mais fácil se renovar na história de outro casal, ambos recuperaram o bem-estar, em novas e renovadas relações. Maria e Carlos recuperaram o bem-estar por se tranquilizarem, por continuarem a se acompanhar ao longo da vida. Os três casais conseguiram dar um sentido diferente às suas vidas, e aos seus relacionamentos, com concepções diferentes sobre o amor e o estar junto.

Ser traído significa não ser visto

Teresa Arcelloni

Não me importa ser enganado,
mas me importa demonstrar que sei.

E. Canetti

A traição de um dos membros do casal é frequentemente o motivo que leva duas pessoas a buscar terapia de casal. A pessoa traída vive uma situação dolorosa, lutando com a incerteza e o sentimento de que o outro lhe deve algo: justiça, conforto, apoio. Assim, ela pede ao terapeuta que fique ao seu lado, apresentando-se como moralmente "saudável" e, muitas vezes, como impecável. Por outro lado, o traidor não está em uma situação melhor. Muitas vezes, ele busca ajuda terapêutica para aliviar a culpa. Chega à terapia como se estivesse cumprindo uma pena para ser absolvido do pecado cometido, buscando recuperar a credibilidade ou, ao menos, algum poder dentro do relacionamento. É muito mais raro que ele peça para ser reconhecido pelos motivos que o levaram a trair, buscando em outro lugar o que foi negado pelo parceiro.

O terapeuta se vê envolvido em dois mandatos contrastantes e opostos. Gostaria de trabalhar com base nas premissas do casal, mas muitas vezes se depara com as posições rígidas de vítima e culpado, apresentadas de forma estereotipada. Encontra-se também imerso em um turbilhão de relações recíprocas e acusações, sustentadas pela firme convicção de cada pessoa de ser completamente inocente e desejar o reconhecimento por um especialista em questões de relacionamento.

> *Ela é uma senhora bonita, refinada, eu diria quase perfeita, e que não aparenta os seus 45 anos. Ela tem uma atitude tímida e com os olhos para abaixo repete "com licença" para qualquer coisa. Ela é advogada, proprietária de um escritório muito renomado, mas é tão evasiva que é difícil para mim imaginá-la em uma discussão no tribunal.*
>
> *Ele é um cavalheiro imponente, com uma voz poderosa, vestido com uma jaqueta azul clara de corte impecável, bochechas de pele rosada e alguns quilos extras que sugerem hábitos alimentares prazerosos, em vez de uma gordura desagradável. Quando ele se apresentou, me disse que é contador, que foi campeão de basquete e que já*

teve tudo na vida, mas que tudo perdeu importância por causa da traição da esposa.

Eu sou a única terapeuta em consulta: geralmente tenho um colega ao meu lado, mas não conseguimos encontrar uma maneira de coordenar nossa ampla disponibilidade de tempo com os compromissos dos dois clientes que queriam uma consulta o mais rápido possível, mas apenas em um dia da semana e no final da tarde, pois ambos estão super ocupados com seus respectivos trabalhos.

Comecei com a pergunta mais aberta que conheço: *O que traz vocês aqui?*

Percebi imediatamente que a questão não era tão aberta; perguntei algo que implicava uma resposta previsível, considerando que no telefone o único assunto do marido era que a sua mulher o tinha traído, comunicando-se em todos os tons de desilusão-raiva-descrença. Em seguida, acrescentou que precisava entender se aquela terrível experiência deixava espaço para que continuassem juntos. Ela parecia não ter voz no assunto, "...nem sei por que estamos aqui, espero que ajude...", ela disse em voz baixa.

Eu me pergunto se neste caso teria sido mais eficaz e equidistante para ambos começar com "O que vocês desejam?" ou com "Como vocês se conheceram?" Em vez disso, minha pergunta materializou a tradição na sala de terapia. "Não estaríamos aqui se não fosse por isso! Estamos aqui por minha causa", enfatiza ela.

Uma primeira reflexão sobre o início da terapia: ensinamos aos nossos alunos da Escola de Especialização Sistêmica que é apropriado positivar, ou seja, trabalhar com recursos, evitando focar no problema. Portanto, é preciso perguntar o que funciona, quais são as bases sólidas do casal ou o que os faz felizes.

Na realidade, não há uma maneira padronizada de iniciar a terapia de casal e, no caso de haver um problema urgente, como a revelação de uma traição, ou um problema sexual vivido como muito crítico, então é difícil começar abordando um tópico diferente daquele que envolve os dois parceiros.

Imaginemos duas pessoas que vivenciam um problema de forma absoluta: em casa debatem incessantemente entre acusações e desculpas sobre a traição, fazem sexo para tratar de apagar e "exorcizar" o que aconteceu, não conseguem dormir torturados pela raiva ou pelo arrependimento e, se dormem, revivem imagens vívidas da infidelidade em seus sonhos, negligenciam o trabalho e não conseguem se concentrar em outra coisa senão "o outro", ou seja, o amante é ridicularizado, odiado, acusado e também um pouco invejado. Aqui temos duas pessoas que decidem recorrer a um terapeuta, quase sempre com ideias confusas sobre o que os espera. É óbvio que pretendem falar imediatamente sobre esse peso insuportável, e é igualmente provável que se sintam mal compreendidos se a sessão começar falando dos filhos ou da gestão do dinheiro do casal.

Num procedimento estratégico, faria sentido um início "surpresa" que ignorasse a traição; assim, o terapeuta poderia ter proposto outro tema. A surpresa pode ser útil para criar uma ruptura ou perturbar as expectativas de ambos, abrindo espaço para intervenções ativas do terapeuta. A dinâmica de uma intervenção estratégica desse tipo teria sido uma transição assimétrica: de um lado, o terapeuta que decide e atua sobre a sua própria estratégia e, de outro, o casal que sofre/reage frente a essa modalidade ativa.

"Jogue a bomba e corra!", era o lema da primeira equipe estratégica sistêmica de Selvini Palazzoli, Prata, Boscolo e Cecchin, os quatro pioneiros dos primórdios da terapia familiar, bem descrita no livro *Paradoxo e Contraparadoxo*, de 1974. Era um convite para fazer uma intervenção que perturbasse as expectativas da família e, depois de ter agitado as águas, o terapeuta se retirava para trás do espelho unidirecional para discutir a sessão com os colegas, deixando os clientes a espera enquanto sentiam o efeito daquelas palavras. As intervenções terapêuticas daquela época impactavam muito os clientes, eram inesperadas e dissonantes, mesmo sem haver vontade de desafiar as pessoas, eram por vezes vividas como uma provocação.

Hoje, minha ideia de terapia é bem diferente, se existe uma bomba, eu como terapeuta espero que os clientes consigam acender o fogo do pavio; não vou recuar, mas trabalharemos juntos com esse material incendiário ou podemos prosseguir deixando de lado os efeitos especiais e ouvir a história da sua dor, e encontrar sentido e alternativas.

Na minha maneira de proceder, procuro dar espaço aos sistemas de significado dos clientes; não quero impressionar, quero entender os seus pontos de vista porque considero que um aspecto fundamental da relação paciente/terapeuta é o *respeito* entre as pessoas presentes na sala de terapia.

Nos últimos anos de atividade clínica, Gianfranco Cecchin aprofundou as suas reflexões sobre um tema que lhe era caro, o respeito. Ele colocou essa virtude em prática com seus clientes através de uma atitude de genuína curiosidade. "Eu te respeito porque sua história me interessa. Quero entender sua perspectiva e compreender você. Não te escuto apenas para fazer intervenções bonitas e resolutivas, mas para dignificar quem você é".

Um terapeuta respeitoso não tenta satisfazer e agradar o casal, talvez evitando enfrentar um tópico, mas, antes, age com uma atitude de abertura e compreensão das premissas de seus clientes. Não é uma coisa simples, até porque cada terapeuta tem seus próprios gostos pessoais, suas próprias ideias sobre o que é importante nos relacionamentos de casais. É provável que ele mesmo em sua vida, teve que lidar com questões relacionadas à infidelidade, se não a sua ou a de seu parceiro, talvez de pais ou amigos, e, então, ele de alguma forma tem o seu próprio pacote de preconceitos que carrega debaixo do braço quando se senta na sala de terapia. Trata-se de um pacote aberto, que está destinado a se enriquecer com novas perspectivas que nascem na interação com *estes* clientes, e assim o terapeuta, constrói novos preconceitos na relação com este casal.

Por mais forte que seja a minha aversão pessoal à infidelidade, a minha emoção pode ser igualmente de simpatia e solidariedade para com a pessoa que mentiu se, por exemplo, for uma mulher e se a minha solidariedade para com as mulheres negligenciadas me levar a simpatizar com ela ou quando sento na cadeira do terapeuta posso ficar fascinada pela atitude de "ingenuidade" do traidor que mantém um relacionamento paralelo há quinze anos, pensando que isso não machucaria sua esposa, a quem ele sente que ama profundamente.

São preconceitos relacionados à vida e à experiência do terapeuta, mas suscitados pelo jogo emocional que se desenvolve no aqui e agora da sessão terapêutica.

É libertador e útil considerar a terapia como uma conversa guiada por preconceitos, esta forma de pensar liberta o terapeuta de ter que encontrar a verdade e as soluções, incita-o a construir hipóteses e histórias novas e provisórias. Dessa forma, novos espaços são abertos para que o casal possa reescrever o estar junto ou se separar.

Um terapeuta pode pensar que pode facilmente integrar a traição em sua vida pessoal como casal, enquanto para outro, a traição pode significar destruir para sempre a possibilidade de ficarem juntos. É natural que a partir dessas bases possamos sentir algo mais próximo da posição de um ou de outro, mas uma atitude respeitosa nos ajuda a suspender o julgamento sobre a posição que menos gostamos para chegar a uma leitura relacional do casal.

Caso o motivo da consulta seja a traição, a premissa forte dos clientes é quase sempre a seguinte: Estamos perante uma situação que prejudica a nossa relação, essa coisa arruinou a nossa confiança. Eu sou boa pessoa e ele/ela é ruim.

Essa posição pressupõe um conteúdo cognitivo, mas tem obviamente uma carga emocional. Quando atendo em terapia, prestó muita atenção aos aspectos emocionais; ao longo dos anos, ampliei o conceito de curiosidade de Cecchin, concentrando-me nas premissas emocionais dos clientes. *Em que clima emocional cada membro do casal se encontra frente a uma situação de traição*? É uma questão complexa que introduz a variável pessoal na conversa; eles estão mal com essa situação, mas *de que forma cada um está mal*?

É uma exploração emocional muito útil porque, se existem ideias partilhadas sobre a traição, existe também uma vasta gama de formas como cada pessoa se relaciona com a traição.

A atitude emocional perante a experiência da infidelidade está ligada à história pessoal e do casal, aos próprios preconceitos e sistemas de significado.

Ao deslocar a atenção para os aspectos emocionais, o terapeuta expressa sua compreensão e respeito, introduzindo de forma incisiva o conceito de que não existe um padrão para a traição, mas que cada pessoa e cada casal tem sua maneira de sofrer a infidelidade no sistema de relacionamento onde se move, e *esse é o campo relacional da terapia*.

Rejeitando a reificação da traição como uma entidade que produz danos imutáveis de forma padronizada para todos os casais, o terapeuta se concentra na forma particular e muito pessoal em que identifica o campo emocional relacional; e assim, mais ou menos explicitamente, ele diz: *Estamos aqui para falar de vocês, seres pensantes, que sentem emoções. A forma como vocês sente é única porque é uma expressão de cada um de vocês e de seu relacionamento. Este é o terreno da nossa terapia*.

O respeito exige a coragem de olhar diretamente para a bomba que *tem* na mão, é uma visão mais igualitária da terapia, em que o terapeuta é o responsável pelo processo, mas não é o cocheiro que quer controlar e direcionar os movimentos dos clientes. O terapeuta é um especialista em terapia, não nas escolhas de vida dos outros. Durante uma supervisão, uma jovem terapeuta me contou que em caso de traição (ou conflito aberto) ela preferia começar acalmando a conversa, prosseguindo com uma anamnese pessoal detalhada, pedindo ao membro do casal não entrevistado que não interviesse e que ouvisse em silêncio. Vou deixar de lado os efeitos deste "exercício", porque quero me concentrar aqui na premissa emocional dessa terapeuta, que provavelmente é a de que o sistema emocional da terapia tem que ser o mesmo seu ou corresponder à sua forma pessoal de sentir, à emoção apropriada; é, portanto, sua, não dos clientes. A premissa era: se há agitação e conflito a terapia não avança. O pedido da terapeuta era: freie as suas emoções! Uma expectativa paradoxal para uma terapeuta que pretendia — segundo ela — promover o renascimento da chama da paixão, jogando água fria nas emoções de duas pessoas feridas. Uma terapia que não era explicitamente estratégica, mas que visava controlar e manipular os clientes, esperando que eles esquecessem momentaneamente que estavam sofrendo com a traição, portanto, uma terapia pouco "respeitosa", mesmo que realizada com a intenção de ajudar.

> *O traído e o traidor, então, aproveitam o espaço para conversar sobre os acontecimentos. Ele narra, ela fica calada, engole e chora. Ele conta que há duas semanas ela o acordou à noite e contou que tinha um relacionamento "só de sexo" com um jovem cliente, um homem que mora em outra cidade. Ela conta que "estava como que drogada pelo namoro com esse jovem dentista: para se encontrar com ele preferiu pegar o trem porque estava tão agitada que sentia que não conseguia dirigir".*
>
> *Como você lidou com essa situação? — eu pergunto. Como você se sentiu?*
>
> *Posições claras: ele, frustrado, irritado, furioso, decepcionado, inadequado. Ela, dolorosa, culpada, suja, inadequada.*
>
> *Para ambos, os piores foram os dias seguintes à revelação: um turbilhão de acusações e desculpas, sexo frenético, insônia e perda de apetite, além de insultos.*
>
> *"O que foi dito nos insultos? Quem insultou mais?".*
>
> *Minha pergunta os silenciou, ela sorriu para mim pela primeira vez. Aquele momento da sessão me pareceu oportuno para propor a minha interpretação: é claro que ambos têm coisas a censurar um ao outro... estou tentando dar voz a ambos. Ao mesmo tempo quero*

que você entenda que aqui na sala de terapia você pode falar sobre o que quiser, não vou me assustar com a palavra "puta" ou "hipócrita".

Gosto de ajustar *a linguagem* ao nível do interlocutor, tendo como exigência primordial que nos sintamos em harmonia. Durante muitos anos, trabalhei como psiquiatra numa área de recuperação que responde a situações graves de crise aguda e foi onde aprendi a estar atenta e a agir de forma que o outro entenda o que digo, a ter a certeza de que o significado de minhas palavras fora transmitido com clareza. Conversar com pacientes psicóticos que ouvem mais suas alucinações do que minhas palavras ou com pessoas extremamente simples, que se apegam à concretude de cada palavra, me treinou para encontrar a modalidade expressiva que torna acessível o que quero dizer.

Para mim não é fácil porque nunca quero cair em atitudes teatrais, não posso começar a falar como um adolescente ou de uma forma que não seja a minha. Devo encontrar o canal que me permita entrar em comunicação emocional clara, mesmo com um casal muito jovem. Às vezes sou eu quem explicita a diversidade de linguagem ou de idade: *Bem, você é muito jovem e pode parecer que está conversando com uma mãe — espero que não com uma avó — mas eu gostaria de entender* o que mudou depois de ter descoberto a traição? *Alguma coisa melhorou?*

Me lembro que há muitos anos me acontecia o contrário, dizia ao casal que talvez as minhas palavras ressoassem como as de uma filha... é inevitável que ambos os membros do casal nos examinem, que observem as nossas características físicas ou a forma como nos comportamos ou nos vestimos e que ainda por cima se perguntem se somos felizes em nossas vidas, e em nossas vidas como casal. Eles se perguntam se temos o que procuram, nos colocam sob as lentes para examinar a nossa experiência de vida, não apenas a profissional.

Explicar a diferença entre nós me ajudou a sair do *impasse* de uma conversa com um casal vinte anos mais velho que eu, cujos integrantes me chamavam superiormente de "querida doutorazinha" e que repetiam: "Claro, você não pode saber como é perder a confiança depois de tantos anos juntos".

Perguntei se eles se sentiam mal diante de uma terapeuta muito mais jovem e acrescentei que nossas diferenças eram aparentemente tão grandes que isso poderia ser um incentivo para conversarmos sem dar nada como garantido: *Vou fazer muitas perguntas sobre tudo que não está claro para mim porque nunca experimentei isso, e é útil entender como vocês lidam com a crise de casal, e não como eu faria isso.* Você não pode fingir ser o que não é, mas pode exercer uma atitude de respeito consigo mesmo, não apenas com os clientes; enfrentar a questão da diferença de idade me fez sentir muito melhor, e permitiu-me que me apresentasse como uma terapeuta especialista em casais e em questões terapêuticas, independente do que havia vivenciado.

A linguagem da terapia define o campo emocional; quando se fala em traição, podem ser utilizadas diferentes palavras que evocam e sugerem diferentes redefinições da situação. A palavra "adultério" já está obsoleta, fala de um terapeuta que segue as regras com um toque jurídico, deixando claro que se trata de um erro cometido, algo condenável e punível. No outro extremo, o substantivo quase coloquial "aventura" deixa bem claro o pensamento de quem o utiliza; estamos aqui tratando de algo que foi um pequeno deslize, o que em alemão se chama *Seitensprung*, que literalmente seria "salto lateral", indicando um desvio da trajetória reta do casal e sublinhando a pouca relevância que o assunto deveria ter, comparável a um deslize. Por outro lado, uma "traição" pressupõe a violação de um pacto, do engano e da mentira. A "infidelidade" soa menos dolorosa, alude à falta de uma atitude de devoção e de apego quase constitucional do ser humano, como quando se diz que os animais de estimação são *fiéis* aos seres humanos. Ou seja, a "traição" tem um valor mais relacional: você traiu porque não tem a virtude da fidelidade. Por outro lado, a palavra "aventura" evoca o caráter excepcional da traição, como um acontecimento ocasional e emocionante.

Que linguagem adotar em uma conversa terapêutica?

Também aqui é o clima emocional que sugere que terminologia usar; como posso falar sobre "ter um caso" na frente de uma mulher traída que conheci na terapia, que chorava sem parar e soluçava que teria preferido o câncer e que havia tentado suicídio por causa da infidelidade do marido?

Também tive que atender um casal que falava em adultério para definir seu comportamento, um educador religioso de um grupo católico que havia se aproximado de uma menina muito mais nova que ele, que fazia parte de seu grupo e com quem passava horas e horas conversando, sem nunca ter tocado na sua mão: "Conversar com ela fez com que eu me sentisse um homem, uma sensação que nunca experimentei com a minha mulher. Quando nos conhecemos, éramos só nós dois, então traí minha esposa, sou adúltero".

Volto a sentar-me diante da advogada-traidora e do contador-traído: "Acho que entendo que insultar um ao outro não foi a pior parte disso para vocês, talvez vocês até tenham gostado... No fundo vocês disseram um ao outro coisas que nunca ousariam dizer explicitamente antes. Gostaria de propor que vocês imaginassem esses encontros terapêuticos como um espaço para abordar essas coisas pouco esclarecidas entre vocês. Se vocês acham esta proposta aceitável, poderíamos aperfeiçoá-la imaginando um objetivo para esta terapia. Assim, o que cada um de vocês levaria para casa?".

Ela fala (pela primeira vez é a primeira a falar) e diz que sim, nestes anos preferiu ficar calada para viver em paz e não decepcionar o marido, para não perder a aprovação dele, mas agora ela se sente aniquilada... talvez tenha cometido um grande erro, mas sente que não tem mais medo. Se ela precisa encontrar um objetivo, ela acha que seria dizer as coisas a si mesma mais abertamente.

Ele fica surpreso, não consegue "esquecer" ter sido traído; diz que sim, não há problema em falar abertamente e depois quer falar sobre como ela correu para a casa de algum idiota para transar...

Bem, chegamos a um acordo sobre o fato de que ambos queremos encontrar uma maneira de não desviar o olhar das coisas que são dadas como certas. E por que este tema é tão importante para vocês como casal? Houve um momento em que vocês desistiram de ser explícitos?

Ela conta sobre um desastre econômico que eles tiveram que enfrentar para remediar a administração inoportuna do capital da família por parte do irmão dele. Eles tiveram que mudar o estilo de vida por muitos anos, agora acabou, mas ele nunca permitiu que isso fosse conversado entre eles, inclusive, se irritou assim que ela mencionou o cunhado. Ele fez um acordo com o irmão pelas costas da mulher e ela se sentiu magoada, enganada... "Traída?", eu pergunto...

Observo a mudança de postura e atitude da senhora: ela não é mais uma sombra de si mesma como no início da nossa conversa, agora posso imaginá-la como advogada. Embora não queira perder o seu companheiro: Considerando que estamos conversando de circunstâncias em que se sentiram traídos, penso que também poderíamos enfrentar a questão da traição mais recente... Você (ele), que hipótese você fez? Você imagina porque sua esposa se interessou por outro homem.

Agora temos um *contrato inicial* para nos aventurarmos na direção da terapia. É importante ser capaz de definir um objetivo comum. Tem de haver um objetivo alcançável, sensato e, acima de tudo, aberto. Com a ideia de enfrentar o "não dito" do casal, incluímos o tema da traição que inflama, mas consegui construir um sentido relacional na nossa conversa. Não sei sobre o que falaremos, mas sei que ambos me confirmaram a determinação em discutir a sua forma de estar juntos. Ser capaz de assinar um contrato com ambos os membros do casal é um começo promissor para a terapia, mas é obviamente *apenas* o começo... estou habituada a reexaminar os termos desse acordo programático de vez em quando, quando surge a oportunidade ao longo do tempo, depois de vários encontros. É importante, fundamental eu diria, não esquecer que esse pacto foi feito. Parece uma observação banal, mas tenho visto terapeutas dar tarefas e fazer certos, acordos, que depois são esquecidos... Dessa forma, o que foi construído é subitamente queimado porque se perde credibilidade. O terapeuta pode brincar, sorrir, ser irônico, usar expressões coloquiais, mas quando estabelece um acordo com os clientes quanto ao procedimento da terapia, deve garantir a sua realização. Cada tarefa e cada acordo significam a máxima seriedade, se decidimos juntos que a questão do não dito será o fio condutor da nossa conversa, o fazemos porque essa forma de proceder tem uma grande riqueza, e não pode ser negligenciada, mas podemos eventualmente rediscutir os termos do acordo e decidir juntos seguir outro caminho.

Queria descrever precisamente as primeiras fases da terapia de casal com eles em relação à traição porque é nos primeiros momentos que entra em jogo a equidistância em relação a ambos. É claro que não estou falando de neutralidade; ninguém pode ser neutro diante de tudo, além do fato de que a traição lança em nós um forte envolvimento emocional para nos inclinar para o pobre traído ou para o traidor, que às vezes tem bons motivos para ter buscado um pouco de felicidade longe do seu par insuportável. São pensamentos e emoções humanas, é normal que o terapeuta sinta essa afinidade com uma das duas posições. Quando você tem a responsabilidade de conduzir a terapia, é útil ouvir nossas vozes internas, mas sem utilizar nenhuma delas para emitir um julgamento, para evitar tomar partido de um em detrimento do outro e, portanto, do relacionamento na conversa terapêutica. As próprias percepções emocionais auxiliam o terapeuta a construir hipóteses que sejam emocionalmente sensíveis, ou seja, que levem em consideração aspectos emocionais da conversa terapêutica. Lembro de ter sentido um ressentimento vivo e profundo em relação a "ele", que se expressava de forma extremamente machista, teorizando a completa predominância masculina no casal: "Sabe-se que o homem é um caçador por natureza, deve encontrar o seu alívio natural e com uma mulher que escolhi pela sua inocência e pureza... os hormônios... era óbvio que ia olhar para o outro lado...". Poderia ter manifestado o meu descontentamento e teorizado sobre a igualdade dos sexos ou talvez, pelo contrário, ter reagido tentando esconder os meus sentimentos, mudando de assunto para fugir dessa área prejudicada... O respeito pelos clientes e a escuta das minhas emoções me levou em vez disso, fazer dessa emoção um tópico de terapia: *Como você se sente quando faz uma afirmação como esta? Como você imagina que são os pensamentos de sua esposa quando você diz isso*? E você, senhora, *acha que seu marido tem bons motivos para ter essa ideia do seu relacionamento? Se seu marido abandonasse repentinamente essa ideia tão desigual de relacionamento, como as coisas mudariam entre vocês? Essas palavras que poderiam indignar muitas mulheres serviram para alguma coisa no decorrer do relacionamento*? Surge assim uma narrativa complexa: a senhora tinha um histórico de abusos na infância e encontrou proteção e segurança num homem que não pedia muito dela do ponto de vista sexual e que, em vez disso, a colocou no pedestal da "esposa pura e santa". A situação havia evoluído de forma aceitável para os dois, as traições da parte dele eram inúmeras, mas não haviam criado muitos problemas até agora quando ele dormiu com a melhor amiga, começando uma tempestade.

Aconteceu que senti compaixão por aquela esposa enganada e usei esse sentimento para fazer perguntas e construir hipóteses. Perguntei a Marta, que estava com o corpo dobrado pela dor de ter descoberto que o marido mantinha um relacionamento paralelo há quinze anos. Perguntei a ela como as relações ao seu redor haviam mudado e como os outros olhavam para ela depois que ela descobriu isso e que a sua vida como casal estava quase destruída...Vejo nos olhos das minhas amigas só pena e compaixão por mim, ninguém me dá um pouco de crédito, é só a confirmação de eu ser uma completa sem valor. Essa troca verbal nasceu da emoção de pena que senti por ela, levando-me a perguntar sobre o assunto, mas sua resposta me fez entender que ficar do lado dela, fazendo que ela sentisse minha compaixão, teria sido prejudicial não só para a terapia de casal; já que haveria os ignorado, se não a ela que se sentiria desvalorizada. Eu não a podia ver com compaixão e pena, tinha que vê-la como um ser capaz.

> *A terapia com o traído e o que contei teve uma evolução positiva na minha opinião e na deles. Nas sessões seguintes, encontrei duas pessoas diferentes, menos estáticas nos seus papéis de vítima e de vitimador. Após dez sessões a cada quinze dias, ambos avaliaram a terapia favoravelmente. Ele não havia esquecido que foi traído, mas encontrou mais uma vez o prazer de estar com uma esposa que mal via há anos; ela me cumprimenta na porta, me estende a mão e diz: "Obrigada por nos ajudar e obrigada também por não me condenar". Fiquei satisfeita com o trabalho realizado com eles porque parecia estar lidando com duas pessoas que não permitiram que os acontecimentos quebrassem o seu valor. A experiência da traição não os tornou escravos.*

O que pode ser considerado como um desenvolvimento positivo para uma terapia de casal, na qual a descoberta da traição desempenhou um papel tão vital?

Certamente, não posso considerar se é melhor para eles se separarem ou ficarem juntos; um relacionamento pode ser mantido para punir o parceiro, por medo ou porque falta energia e determinação para sair de uma situação de relacionamento doloroso. Da mesma forma, não posso considerar a terapia boa se ambos decidirem se separar, pode acontecer que ambos continuem suas vidas sob o peso dessa experiência negativa, como se pendurassem para sempre no pescoço o fardo de ser um traidor indigno ou um covarde traído. O contrário também é verdadeiro: as opções de terminar ou continuar como casal podem ser lidas numa boa perspectiva pessoal ou de futuro do casal. Em síntese, portanto, pode-se dizer que a avaliação da eficácia de uma terapia independe completamente da continuidade ou não do vínculo conjugal. Obviamente, os nossos clientes têm o seu próprio julgamento sobre a eficácia das sessões que tiveram conosco. Nem todos saem agradecendo... alguns acabam sentindo que ainda têm muito a dizer ou que poderiam ter se feito entender melhor, alguns até se sentem magoados porque o terapeuta não reconheceu plenamente suas motivações.

Geralmente, não são feitas pesquisas *a posteriori* para entender como a terapia tem afetado a vida das pessoas, ainda que os efeitos às vezes se manifestem nos meses ou anos seguintes, considerando também que as consequências não são observadas apenas na sala de terapia; a terapia é uma boa terapia não só por ser vivenciada no consultório do psicoterapeuta, mas pelo contrário, porque produz efeitos na vida dos casais. Somente em grandes centros de terapia e pesquisa se investiga posteriormente a finalização do processo terapêutico, entrando novamente em contato com pessoas que fizeram terapia no passado, revelando evoluções por vezes inesperadas. Às vezes, pode acontecer que nos julguem indiretamente em relação à terapia quando ex-pacientes se tornam "referências", nos encaminham para seus amigos ou parentes, nos apontando como profissionais válidos.

Às vezes, acontece de clientes aparentemente insatisfeitos com a evolução da sua terapia nos encaminharem outros clientes meses ou anos depois. Gosto de pensar que, nesses casos, os efeitos da terapia se manifestaram ao longo do tempo. Foi o que aconteceu com o contador traído e com a advogada traidora, já que me enviaram um casal de amigos dizendo que eu era "especialista em traição".

No início da terapia muitas armadilhas aparecem quando surge um assunto candente como a traição, e aí se corre o risco de falar *apenas* da traição, de ver apenas esse assunto, deixando de lado os recursos e os problemas do casal ou, pelo contrário, podemos fingir que o problema da traição não foi um problema, criando uma distância emocional sideral entre nós e nossos clientes.

Na terapia de casal é sempre apropriado ter um objetivo comum, mas diante da traição o objetivo se torna vital para a continuação da própria terapia. Só assim podemos evitar a confusão de estar ali para lavar a culpa ou para santificar a vítima da traição. A palavra contrato evoca questões jurídicas que regulam uma venda ou as cláusulas de um contrato de trabalho; e, para alguns, parece um termo que pouco tem a ver com um assunto como a psicoterapia, tão humanamente imprevisível e criativa. Na realidade, o contrato terapêutico não tem condições estipuladas obsessivamente, mas marca os limites por onde nos movemos; se é verdade que a terapia é uma arte, então também é verdade que existem limites que nada têm a ver com comportamentos anárquicos ou sem propósito. Um pintor decide que quadro pintar e, além disso, escolhe uma técnica que impõe limites ao seu trabalho; se você começar a trabalhar a óleo sobre uma grande tela, você circunscreve o campo onde sua arte é exercida.

Os limites da psicoterapia são múltiplos, horários estabelecidos, alternância do diálogo sobre questões da vida dos pacientes e não sobre questões do terapeuta, disposição para ouvir, não violência e até o pagamento; são os elementos que definem claramente do que se trata um atendimento profissional. O contrato não pode se limitar aos aspectos do *ambiente*, mas deve criar um significado compartilhado que se faz presente quando nos encontramos novamente na sala para conversar.

Geralmente, não utilizo a palavra contrato com clientes, apenas uma vez tive que pedir aos membros do casal, em casa, separadamente e sem colaboração, que escrevessem num pedaço de papel pelo menos cinco pontos que representassem os objetivos da sua terapia para discuti-los juntos mais tarde. Ainda assim, procuro limitar os objetivos a algo concreto, evitando entrar no reino dos desejos, frente a afirmações vagas como "gostaria que a minha mulher me amasse" ou "gostaria de voltar a encontrar a felicidade", devem ser rejeitadas através de um trabalho em conjunto baseado na conversa terapêutica para entender "como" em uma situação específica esses objetivos podem ser alcançados e, sobretudo, que significado relacional tem para eles alcançarem ou não estes objetivos.

Reservo muito espaço para a construção compartilhada do objetivo da terapia, e, às vezes, é até necessário fazer dois encontros. A conversa sobre a definição do contrato não é algo preliminar, mas "já é terapia".

Sem a intenção de adotar uma abordagem didática, pois em terapia não faz sentido usar perguntas padronizadas, compartilho algumas perguntas que têm sido úteis em situações específicas. Meu foco está na construção de sentido dessas perguntas, independentemente da história do casal em terapia ou de sua evolução.

> *O que vocês imaginam que poderia acontecer se de repente vocês tivessem uma amnésia sobre a traição? Sobre o que conversaríamos?*
>
> *Imaginemos que o dia em que esta terapia termine, como vocês acham que vão falar sobre a questão da traição?*
>
> *Vocês realmente querem esquecer a questão da traição? Porque eu vejo riscos nessa eventualidade, vocês poderiam voltar a não ter mais relações sexuais, não pensar no outro..., vocês estão preparados para enfrentar as consequências desse tipo? Nesse caso, como essa terapia poderia ser útil para vocês?*

Suponhamos que esta terapia dure quinze sessões... não sabemos ao certo... quantas sessões gostariam de dedicar a falar sobre como se sentiram em relação a esta traição?... e nas outras sessões, o que faz sentido discutir?

Se você finalmente conseguir se vingar como diz que quer..., que outro motivo a levaria a pedir terapia de casal?

Às vezes as terapias ajudam a superar a traição e quase levam ao esquecimento do que aconteceu, outras vezes ajudam a superar a traição, mas fazem com que viva eternamente... Como você imagina esta terapia? É verdade que existe a possibilidade de a terapia ser inútil... que efeito para vocês uma terapia inútil?

Qual dos dois tem mais esperança nesta terapia?

Como vocês vão saber que esta terapia acabou?

O que os levaria a abandonar a terapia?

Relaciono cada pergunta com a memória de uma situação específica da terapia, não me lembro de ter feito as mesmas perguntas com clientes diferentes. Questões hipotéticas que propõem uma leitura relacional; a traição não é um objeto com características imutáveis, mas a forma como é encarada pode mudar ao longo do tempo e, ainda, com um olhar diferente é possível encontrar um significado relacional evolutivo. O período da traição não é estranho ao jogo relacional do casal, não é possível de ser apagado como se não tivesse acontecido...

Isso é o que nossos clientes muitas vezes pedem de uma forma um tanto ingênua, *para voltar a ser como eles eram antes*. Essa idealização do passado infelizmente se choca com o fato de que o "antes" levou à traição vivida com dor e, portanto, não foi bem a era feliz que parece agora.

Trair, como qualquer outra ação, tem seu significado relacional; pode ser um grito de chamado ao outro, bem como uma vingança por algo que foi sofrido, mas também pode significar a incompreensão do parceiro e o desejo de novidade, o desejo de experimentar até que ponto se pode chegar. A traição pode conter uma série de mensagens comunicativas, pode ser uma forma de nos afastarmos de situações insuportáveis; pode, em última análise, expressar em ações o que não queremos ou o que não sabemos dizer com palavras. A terapia trabalha com esse material relacional e traduz em palavras o que foi ação.

O terapeuta deve estar atento para não se deixar fascinar pela bondade do *pobre* traído, vítima de um *terrível* traidor. A dinâmica vítima/traidor sustenta uma leitura linear; "Você me traiu e por isso cometeu uma ação indigna e não corresponde às premissas da terapia relacional". Se eu defendo a ideia de que a pessoa traída é uma vítima, eu tiro a dignidade de poder me sentir ativa e de alguma forma poderosa, mas também deixo de fora a possibilidade, extremamente frequente, de que ter um parceiro traidor possa ter sido funcional para o traído. A pessoa traída muitas vezes sabe há muitos meses/anos que seu parceiro tem um ou mais relacionamentos e permanece em silêncio... talvez para evitar perdê-lo, para não romper o vínculo conjugal ou porque prefere não se sentir pressionado por pedidos sexuais ou proximidade.

Um exemplo de terapia

Nicola traiu sua esposa Francesca mais de uma vez. De alguma forma, ele havia espalhado indícios aqui e ali da existência dos seus relacionamentos extraconjugais; uma conta de restaurante para dois "esquecida" na cômoda, um lenço de mulher no carro, um suéter impregnado de forte perfume feminino...

Francesca já o tinha descoberto, mas durante anos aceitou as desculpas mais absurdas, ignorando as ausências, incoerências e atrasos do marido... "Eu estava sozinho, ela estava sempre focada no trabalho e na atividade política..." Até que um dia, como costuma acontecer, algo levou Francesca a dar uma olhada no celular do marido, que, aliás, estava sempre à sua disposição em diversos pontos da casa e com a senha que era a data do seu casamento, números que Nicola sempre usou para o cofre e para o alarme da casa. Nesse ponto a tragédia aconteceu; Francesca não queria mais ficar calada e queria o divórcio. A ferida da traição dói mais ou menos intensamente dependendo das circunstâncias da própria vida ou de como se percebe a vida de casal; a dor tem sempre um valor relacional, não absoluto. Você sofre porque, em determinado momento da sua vida e do seu relacionamento, o vínculo com uma terceira pessoa ou com uma situação que, de outra forma, em circunstâncias diferentes, poderia ser emocionalmente aceitável é percebido como insustentável. Nicola e Francesca chegaram à terapia jurando que se amavam e conseguiram provar isso, recuperando a confiança mútua. Penso que foi fundamentalmente a leitura relacional da traição que lhes permitiu enfrentar de forma equânime os outros temas importantes da sua vida; isto é, sem ficar com a postura de um contra o outro.

O mundo dos relacionamentos é matizado e definido por significados extremamente variados e originais; na verdade, cada pessoa tem parâmetros próprios que a levam a sentir que seu relacionamento com o outro é real e válido. A relação extraconjugal por si só não coloca em risco a existência do casal: há pessoas que têm múltiplos relacionamentos e aceitam que o casal tenha outros vínculos; essa situação por vezes é até emocionante, como uma espécie de desafio à monotonia da vida quotidiana. Porém, há um limite que cada um percebe em função da liberdade do outro. "Nunca me incomodou saber que ele flertava com outras pessoas..., mas em nossa casa, isso não..."; "Já estive com muitos outros homens, tenho certeza de que ele percebeu isso..., mas fiz isso longe dos olhares indiscretos. Ele, por outro lado, saiu de férias com ela e nosso filho, foi aí que me senti traída".

A traição, portanto, é a percepção de um pacto violado, a sensação de que o outro esmagou com descuido, indiferença ou malícia um acordo vital para o relacionamento.

A traição se torna uma ameaça muito dolorosa ao futuro do relacionamento, coloca em risco o estar junto e é justamente por isso que a primeira reação muitas vezes é a atividade sexual frenética; surge um turbilhão de acusações e desculpas e logo o casal tem sexo para ter a garantia de existir como casal. Uma atividade sexual que muitas vezes surpreende a ambos, habituados à frieza e à distância, desconcertando até os terapeutas ingênuos que atribuem às relações sexuais o valor do renascimento da confiança mútua.

Porém, fazer sexo não garante a sobrevivência do relacionamento; as pessoas se sentem "juntas" segundo uma definição social externa, mas o código de pertencimento definido no casal se baseia em muito mais. Duas pessoas podem ser casadas legalmente, dividir espaços, fazer bom sexo, mas sentir que seu casamento não existe como vínculo constituinte de um relacionamento. Da mesma forma, o conceito de traição também é subjetivo e se define nas expectativas e significados que os membros do casal dão um ao outro.

As questões sobre o significado de estarmos juntos surgem da dissolução das certezas que caracterizam o nosso século. Para os nossos avós, foi muito mais fácil; se você tivesse namorada/o ou esposa/o, poderia se considerar um casal, o amante não enfraquecia o vínculo oficial. Depois da revolução sexual dos anos 1960, os nossos pais apostaram mais em que os valores emocionais fossem à prova da existência do casal. Assim, o casamento era visto como um bom vínculo se respondesse às demandas pessoais de proximidade emocional: era um bom casamento se você fizesse sexo, se tivesse filhos, ou se se importasse com as demandas materiais do outro ou se um apoiasse ao outro frente a um infortúnio. Não se poderia imaginar uma terapia de casal para dois amantes, como hoje acontece frequentemente em nossas práticas profissionais. Muitas vezes os cônjuges tinham histórias paralelas que não colocavam em crise os valores fundamentais do casal: "Com a outra não é algo importante... Minha esposa é minha vida real, meu porto seguro do qual nunca sairei". Não é por acaso que os casos extraconjugais progrediram tantas vezes durante muito tempo e que a terceira pessoa se consumiu na espera de ascender ao primeiro lugar. Era a época do conselheiro matrimonial, que tinha a função de apoiar o casal estabelecido.

Hoje, o casal pós-moderno valoriza cada vez mais um código de pertencimento pessoal que se baseia nas novas expectativas de cada membro do casal. "Eu te amo, mas não muito", parece ser o imperativo de muitas pessoas que não sabem mais por que querem ou precisam ficar juntas. Surge a necessidade de redefinir continuamente de forma dinâmica — líquida, para alguns — as motivações que nos mantêm unidos a outra pessoa. Um processo fascinante que nos obriga a uma autoanálise constante como casal, mas também é cansativo porque coloca continuamente em discussão as nossas premissas. Na prática, não estamos mais juntos para fazer sexo, muito menos para ter filhos, nem por nada legal ou econômico... Então para quê?

A variável mais forte que identifiquei na dinâmica dos casais que atendo na terapia é o desejo e a necessidade de se sentirem reconhecidos ou vistos.

O reconhecimento jurídico e social perdeu valor, o reconhecimento emocional que levou à absolutização da relação com "aquela" pessoa deixou de ser um valor forte e a incerteza que permanece traz a necessidade de se ter uma confirmação constante da existência do casal. Tendo em conta essa dinâmica, parece evidente como os pequenos contratempos do cotidiano se tornam uma prova clara do desinteresse da pessoa com quem se vive uma relação dual. Frases registradas em terapia: "Estou te deixando porque não aguento a maneira como você coloca os talheres na mesa" não soam mais imediatamente como absurdos banais, são a prova do questionamento contínuo sobre se o outro é uma pessoa legal ou não e se é a pessoa "certa" para se relacionar.

A traição rompe essa dinâmica de confirmação e desconfirmação contínua e, por isso, hoje mais do que nunca é vista como um total desinteresse e, junto com a decepção e o estupor, muitas vezes nos ativamos para continuar sendo vistos, para sermos reconhecidos.

Para muitos, perceber que foram traídos significa perceber que não existem. O que é insuportável não é a decepção relacionada ao projeto de casal, o que é insuportável é a sensação de não valer nada, de deixar de existir. Em muitos relacionamentos, busca-se desesperadamente a confirmação de ser uma pessoa boa que merece atenção.

Num mundo onde tudo é visto como possível, onde existem cada vez menos tabus, nada é negado e os pedidos de vinculação mútua são cada vez mais superficiais, tudo em nome de um pluralismo de ideias, então parece completamente inadequado procurar algo fora do casal. Se antes a traição podia ser vista como prova da inadequação do casal, hoje é vista como desinteresse e falta de compromisso com algo que estava ao seu alcance. O grau máximo de negação do outro. Portanto, as terapias de casal estão inseridas nessa dinâmica: nascem do desejo de serem vistos e se tornam a prova de reconhecimento da existência do casal.

Quando um dos dois membros do casal descobre a traição do outro, quase sempre é acionada a dolorosa curiosidade de querer saber... Como era o sexo com a outra? Ela fazia a sua barba? Que restaurantes vocês frequentaram? O que conversavam? Perguntas inúteis e obstinadas que geralmente surgem do desejo de buscar evidências de que o outro não tem valor, de que é um zero à esquerda ou uma perda de tempo que desestrutura famílias. O desejo de ser importante, de ter valor, é o que alimenta essas questões que assentam no frágil terreno da insegurança pessoal. A terapia se insere nessa dinâmica de perguntas vertiginosas, mas com uma conversa de um tipo diferente. Sem ignorar a materialidade da traição, na sala de terapia, raciocinamos sobre os aspectos relacionais que estão na base da relação do casal. Às vezes, verifica-se que ambos têm expectativas e ideias diferentes sobre o ser a dois, os mal-entendidos são esclarecidos e o silêncio é quebrado.

Há quem afirme que a terapia de casal é inútil em caso de traição: “Na terapia nunca se falará honestamente sobre o amante”. Considero essas objeções inoportunas; na verdade, muito frequentemente na terapia os casais dizem coisas grosseiras e cruéis um ao outro, surgem detalhes íntimos. Lembro-me de uma mulher que disse ao marido que o amante tinha uma ereção melhor que a dele. O tom foi desafiador, destacando que sua traição foi uma vingança, uma forma que ela escolheu para punir seu parceiro. Além disso, na terapia de casal é normal não dizer tudo; também ocorre na terapia individual porque cada narrativa pressupõe a escolha das coisas que queremos narrar. O significado de toda terapia relacional está em trabalhar com o material que os clientes *escolhem* colocar em jogo. Não se trata de uma investigação policial com o objetivo de chegar à verdade, mas sim de uma construção de significados compartilhados que têm uma lógica na vida das pessoas.

Um dos aspectos mais surpreendentes de fazer terapia é que ela evolui ao longo dos anos e diante dos nossos olhos se adaptam às mudanças de costumes e da sociedade em que vivemos. Quando penso nas terapias que realizei há algumas décadas, vejo enormes mudanças em relação a hoje: os conteúdos são diferentes, porque os casais chegam à terapia com problemas diferentes. Por questões de idade, creio, nunca tive que trabalhar com casais para os quais a questão da pureza do outro fosse central, embora tenha visto pessoalmente outros mitos conjugais, como a ideia de que o homem tem o direito de ter uma vida sexual paralela mais exuberante, ou como a já inusitada exigência de ter um orgasmo simultâneo ou de compartilhar todos os momentos da vida cotidiana... No entanto, essas expectativas foram substituídas por novos mitos. Hoje, o que conta é o diálogo, a solidariedade, a corrida para algo indefinido, que é a felicidade. A questão da traição também adquiriu diferentes nuances ao longo do tempo, basta pensar que, na Itália, somente em 1981 foi abolido o crime de honra, que considerava penas menores caso o cônjuge traído matasse o amante ou o marido/esposa que havia traído. A ofensa narcisista infligida à honra pela traição era punível por lei. Normalmente, não acontecia que o traído "fizesse justiça" com as próprias mãos, mas, obviamente, a traição quase tomava a forma de um crime punível. Hoje, porém, parece mais uma escolha, para muitos uma forma de escapar de um cotidiano nada excitante, na busca constante por algo eletrizante.

Porém, hoje, ser traído também dói e pode levar as pessoas a se vingarem ou a reinventarem relacionamentos em agonia e pode levar à terapia de casal a pessoas que até recentemente consideravam que terapia era coisa para loucos ou para charlatões que vendiam fumaça.

CAPÍTULO 3

Conflito

Teresa Arcelloni
Ricardo Rosas

Os laços e correntes de amor e lealdade

Teresa Arcelloni

As discussões dos amantes renovam o amor.

Publio Terêncio Afro (160 a.C.)

Muitas pessoas que afirmam ter problemas de relacionamento solicitam terapia porque vivem uma situação de conflito, sofrem porque não conseguem chegar a um acordo e sentem que perderam uma dimensão serena da sua convivência. Eles dizem que não conseguem mais se comunicar e esperam que a terapia volte a abrir um canal de comunicação mais construtivo. O terapeuta, como sabemos, se considera um mestre do diálogo e atua para restaurar a paz...

O trabalho terapêutico é, na verdade, muito mais complexo: o conflito tem a sua razão de existir relacional e os casais que se definem como conflituosos não estão tão dispostos a ceder e aceitar a posição do parceiro, mesmo perante a ajuda profissional mais especializada. Mais ou menos conscientemente, procuram envolver o terapeuta para fazer parte de sua disputa, ambos mostram seus bons motivos e esperam ser compreendidos e aprovados.

Muitas vezes, as duas pessoas do casal concordam quando dizem que estão em conflito, mas esta definição não dá muitas informações sobre a real situação do casal: cada pessoa tem uma ideia muito subjetiva do que significa viver em conflito.

Ambos os parceiros que se sentem em conflito dizem frequentemente que a sua vida se tornou um inferno de insultos e gritos. É comum que essa percepção de conflito extremo não coincida com uma realidade tão sombria: não existe um termômetro para estabelecer a temperatura de uma conversa e acontece que, o que para alguém pode ser uma troca apaixonada de ideias, pode ser lido pelo outro como uma disputa difícil. Portanto, é importante que o terapeuta esclareça se ambos sentem que estão vivenciando uma situação de conflito para não cometer o erro de defender a definição de um dos dois, ignorando o ponto de vista do outro.

Uma situação conflituosa não se estabelece apenas por um tom agitado e chateado. Ainda que não se aumente o volume da voz, a frieza e o silêncio podem conotar conflito através da hostilidade e da rejeição.

A palavra conflito abre cenários preocupantes, aludindo de certa forma a uma situação de possível violência. Pode se pensar em duas pessoas que se confrontam e tentam se dominar, talvez até fisicamente. A linha divisória da violência é por vezes sutil, mas o conflito ocorre numa divergência de opiniões que não se traduz necessariamente em violência ou em uma tentativa de destruir o outro.

Do ponto de vista relacional, o conflito de casal é uma operação comunicativa, onde cada pessoa tenta fazer valer o seu ponto de vista, tendo dificuldade em aceitar que o outro tenha ideias e comportamentos diferentes.

As diferenças em si não representam um conflito, mas sim a manifesta exasperação da vontade de realizar os próprios desejos a ponto de se sobrepor às exigências do outro, rompendo a harmonia e transformando a convivência num campo de batalha. É muito difícil navegar entre a sensação de ter que dar espaço aos outros e a necessidade de cumprir as próprias exigências.

A relação se desenrola em um campo que tem de um lado a simbiose, onde ambos ignoram as diferenças, e, de outro lado, a imposição violenta de seus próprios desejos. Entre essas duas posições opostas, a relação do casal vive em mil nuances que são reguladas e moduladas também por meio da interação conflituosa.

O terapeuta de casais e os dois "adversários" muitas vezes identificam a falta de atenção às exigências do outro como a causa da discórdia. Inclusive esse mesmo terapeuta, se estivesse atuando no campo da terapia individual, poderia convidar seus clientes a desenvolverem uma boa dose de egoísmo e seguirem o caminho da autoafirmação. Uma atitude terapêutica ambivalente, que nasce da própria ambivalência do conflito do casal que transmite um pedido de mudança e inovação, mas que ao mesmo tempo se centra no "tema" da disputa, perdendo de vista o contexto da relação.

Há casais que se prendem o tempo todo a discussões banais, pessoas que parecem dispostas a desistir de viver para se repreenderem por não secarem o chuveiro ou por não guardarem adequadamente a roupa suja. Isso garante, graças a esse conflito, que o casal permaneça vivo, mas imutável. Eles se esforçam tanto para sofrer com esses problemas que podem se permitir não fazer um balanço de seu relacionamento, evitando abordar outras questões mais dolorosas que poderiam levar à separação. Eles ficam tão presos ao conteúdo que não conseguem escapar da grande questão processual que poderia realmente os ajudar: evitam se perguntar por que discordam e qual é o propósito do conflito para o casal. O conflito se torna, então, uma forma de reduzir o risco da separação e de imaginar novas formas de viver o relacionamento. É ruim estar em conflito, mas você pode aproveitar isso para criar um espaço relacional onde nada acontecerá fora da disputa.

Nem sempre o conflito é aberto e manifesto, com enfrentamentos explícitos, às vezes a disputa permanece subterrânea, mas está presente e continua conseguindo envenenar o cotidiano. As poucas palavras tornam-se cortantes, mas educadas, com uma pitada de sarcasmo aludem às questões que irritam, embora sem nomeá-las. Um clima de guerra fria que parece não ter um objetivo claro, mas que o casal vive de forma autorreferencial, pelo prazer (e o desprazer) de não ceder.

O conflito é quase sempre visto pelos membros do casal como um parasita que ameaça a felicidade do casal e que destrói as expectativas de harmonia e serenidade com que se via o futuro.

Por isso é comum pensar no conflito como algo letal, um veneno que pode ameaçar a existência do casal. Na realidade, o conflito nasce de uma condição em que ambas as pessoas têm expectativas e projetos contrastantes, ou seja, nasce de uma vida de casal normal, até desejável. Faz parte de todos os relacionamentos e impulsos amorosos. A ideia fusional e um tanto ingênua de que os parceiros devem ser iguais para serem bons juntos já fez muitas vítimas ao longo dos anos; primeiramente, matou o desejo sexual, que notoriamente surge da curiosidade sobre uma série de maneiras de ser diferente das pessoas. Matou completamente a possibilidade de expressar a individualidade no casal: se temos que ser iguais, então sinto que devo esconder minhas ideias e emoções que poderiam te machucar, faço isso por amor..., mas como todos sabem que somos humanos, se essa operação não funcionar, então vou tentar mudar você, vou fazer você entender harmoniosamente o que você deve ser para mim. Espero que você se torne como eu. Você deve fazer isso se me ama e me considera, faremos isso em harmonia, sem conflitos: todos os dias trabalharemos para nos fundirmos em uma comunhão total que nos tornará um casal perfeito, nos entregaremos para ficarmos juntos. Essa forma de construir o relacionamento de casais "sem conflitos" faz com que ambos se tornem cada vez mais estranhos, cada um continua tentando se adaptar ao outro e escondendo suas próprias aspirações. Já o conflito manifesto tem origem no desequilíbrio inebriante entre duas pessoas que têm a coragem de não se esconder, porque sentem que o outro e a relação são fortes o suficiente para resistir aos golpes causados pelas desigualdades. Estar em conflito não significa exercer violência; na verdade, expressar ocasionalmente as diferenças e reivindicar em voz alta a própria posição também pode nos proteger de agir com violência: a tensão frequentemente explode depois de se ter abafado sistematicamente as próprias emoções.

Lembro-me de um atendimento com um dos casais menos conflituosos que já vi: ela o traiu com um colega de trabalho, confessou e encontrou compreensão e disponibilidade. Além do mais, o marido traído e magoado imediatamente pediu um quarto de hotel dos sonhos para que pudessem passar uma "segunda lua de mel". Na terapia, me contaram que ele sugeriu diversas vezes que ela ligasse para o ex-amante porque sentia que a esposa precisava da tranquilidade de saber que o colega estava bem. Ela ficou tão surpresa com essa disponibilidade que decidiu agradar o marido, largando o trabalho para evitar o encontro com o outro. Essa modalidade relacional extremamente colaborativa me chamou a atenção, por isso tentei gerar uma crise, sem sucesso: ambos foram coesos ao dizer que trabalhavam para construir um futuro civilizado e solidário. Na verdade, ambos estavam desistindo de expressar as próprias emoções, buscando agradar o outro. A terapia foi interrompida após algumas sessões. Se despediram de mim com o mesmo jeito correto que usavam entre si: muito obrigado, você nos ajudou muito, agora podemos continuar sozinhos. Três anos depois, ela me ligou pedindo terapia individual: eles haviam se divorciado depois que ela descobriu que o marido, dois anos depois de ela ter terminado o relacionamento extraconjugal, havia planejado uma perseguição difamatória contra o amante, envolvendo as duas filhas, contando-lhes sobre a traição com extremo detalhe. A partir desse momento tudo se transformou e o dia a dia virou um inferno. Com muita honestidade, a mulher admitiu que todos os esforços que fizeram para reconstruir o casamento não deram bons frutos. Ela sempre se sentiu culpada pelo que aconteceu e "não vista" pelo que ela era ou queria.

Às vezes, é mais útil se expor, demonstrando sentimentos não civilizados, em vez de se reprimir para agradar o seu parceiro...

Existem definições sociológicas complexas do conflito com duas grandes interpretações contrastantes: por um lado, as correntes marxistas e radicais que idealizam o conflito, descrevendo-o como promotor da renovação revolucionária e, por outro lado, a vertente do funcionalismo que identifica o conflito como um elemento disfuncional e patológico que deve ser removido da sociedade. Além dessas, já conhecemos as definições psicológicas que falam de conflito intrapsíquico e interpessoal e que descrevem comportamentos de evitação e fuga. Por outro lado, numa leitura construcionista, podemos dar sentido a essas visões contrastantes ou ambivalentes: cada casal, ou melhor, cada pessoa tem a sua percepção subjetiva do que é o conflito, dando a ele um significado próprio.

Observando estudantes de psicologia fazendo terapia dentro da formação sistêmica, muitas vezes percebi uma atitude de grande cautela em relação aos conflitos de casal, como se fossem alheios à teoria do conflito que gera inovação. Teoricamente, os seus conhecimentos iam da psicodinâmica à sociologia, mas, confrontados com as especificidades de duas pessoas em terapia, preparavam-se para ajudá-los a fazer as pazes de alguma forma, devolvendo o casal a um nível de cortesia recíproca que muitas vezes se transformava num sentimento opressivo; uma aparente calma, sem possibilidades evolutivas reais. Numa generalização baseada na minha experiência, e claramente tendenciosa, posso dizer que muitos psicoterapeutas procuram evitar conflitos e se esforçam por acalmar as águas e diminuir a tensão entre o casal.

Por que esses terapeutas têm medo do conflito?

Uma das respostas mais frequentes é que o conflito não é compatível com a terapia, pois a terapia utiliza o diálogo e, portanto, para conversar é necessário um grau de integridade e tranquilidade recíproca que lhes permita fazer perguntas, ouvir e responder. Essa descrição da terapia parece não levar em conta as emoções tão esperadas na terapia e ignora a importância da comunicação analógica. A conversa terapêutica é um processo complexo que, além do significado das palavras, inclui o tom com que são expressas, é um encontro de corpos, olhares e gestos. Raiva, ressentimento e ódio, como todas as outras emoções, são partes legítimas da terapia. Ou seja, o terapeuta deve levar em conta a expressão emocional do conflito para formular hipóteses e encontrar novos caminhos em vez de atenuar os altos e baixos. Alguém poderia dizer que para fazer terapia com pessoas ansiosas é necessária medicação ansiolítica preventiva para viabilizar a terapia — uma ideia estranha que exige uma conversa livre de ansiedade e raiva, quando talvez sejam precisamente esses sintomas que trouxeram a pessoa à nossa consulta. Na prática, esse "terapeuta muito cerebral" diz: "Deixem a raiva ir embora / encontrem a harmonia entre vocês e *então* poderemos nos ver!" Mas o que faríamos se nossos clientes vieram para a terapia precisamente motivados pelo peso desses problemas? A ansiedade e o conflito não são como uma caixa que as pessoas têm nas mãos, algo que podem pegar ou largar, são parte constitutiva da sua modalidade relacional, são algumas das formas que a pessoa possui de comunicar algo. O relacionamento e a comunicação são justamente o material através do qual o terapeuta sistêmico entra em ação na terapia.

Em outras ocasiões, o terapeuta vivencia de forma angustiante a possibilidade do conflito se transformar em violência, se agravando após a sessão, quando o casal sai discutindo ou de mau humor. O "terapeuta onipotente" é aquele que imagina poder influenciar o comportamento de duas pessoas sem levar em conta suas premissas.

Quanto maior a responsabilidade e a capacidade de influência que o terapeuta acredita ter, mais se torna irrelevante o peso e o poder dos clientes, que são vistos como dois "pobres coitados" incapazes de administrar as próprias emoções. A verdadeira grande armadilha para o terapeuta de casais é tratar o conflito como um sintoma que deve ser curado, ideia que não é nada relacional se for acompanhada pela ilusão salvadora de ter o remédio necessário para cura dos clientes. O conflito se transforma, dessa forma, em algo que deve ser removido, como se fosse uma secreção pútrida. O "terapeuta cirúrgico" imagina que uma entidade chamada conflito está atacando o corpo do casal e que, uma vez eliminado o tumor, a vida se tornará radiante e, sobretudo, saudável para ambas as pessoas do casal. Um grande inimigo do conflito é o "terapeuta tradicional" que busca tampar o conflito com terra para manter a todo custo a estabilidade do casal. É um terapeuta que tem em mente uma relação dual que deve responder à imagem social do casal feliz na publicidade, ou que idealiza cônjuges que, por razões religiosas de solidez e fiabilidade, conseguem ultrapassar qualquer obstáculo. Em outras palavras, esse é um terapeuta normativo.

Da análise dessas situações em que o terapeuta ignora as emoções, sente que tem nas mãos a possibilidade de mudar os comportamentos dos clientes ou quer curar o casal, talvez normalizando-o, surge um fio condutor que fala do sentimento de incerteza através do qual o terapeuta vivencia o conflito de seus clientes. O problema, em vez de estar no relacionamento desse casal, parece estar entre o casal e o terapeuta. O conflito entre os membros do casal faz com que esse terapeuta inseguro se sinta desconcertado já que gostaria de demonstrar que pode resolver essa tensão que comumente é identificada como um mau funcionamento do casal. Ninguém gosta de se sentir impotente ou de não estar à altura das expectativas de salvação dos clientes, mas a ideia de não ser responsável pelo comportamento dos clientes é de grande ajuda para o terapeuta, para a terapia e, inclusive, para os membros do casal.

Passar o bastão da responsabilidade de decidir como querem ser como casal os obriga a fazer algo, conotando seus comportamentos como uma escolha. Os clientes não ficam esperando por uma solução proposta, mas se tornam ativos na busca por ela.

O terapeuta experimenta, então, uma sensação de liberdade que advém do abandono da árdua tarefa de levar dois contendores a um acordo, especialmente porque esse não é o objetivo da terapia. Você pode observar a modalidade relacional conflituosa de ambos da mesma forma que toma nota de informações e começar a fazer hipóteses justamente a partir do conflito.

Uma leitura relacional do conflito

> *Então você quer se separar!*
>
> *Sim, eu decidi.*
>
> *Estamos diante de duas feras gritando. É a primeira vez que os vemos e com grande dificuldade conseguimos que nos dissessem os seus nomes. Eles entraram discutindo, se sentaram e levantaram a voz um contra o outro.*

Depois de quinze anos de casamento e dois filhos, há seis meses que não trocam uma palavra exceto para recriminar um ao outro por várias coisas...

> *Desde quando tem sido essa situação tensa? Duas outras vezes passaram meses sem conseguir conversar com calma. Não é fácil entender por que eles estão aqui. Eles foram encaminhados por um médico de família que a atendeu porque ela se sentia mal, ele aceitou, mas quem fez a ligação foi ela ("Eu resolvo tudo sozinha!". Não perdendo a oportunidade de gritar).*
>
> *Ele diz que ela não o considera mais desde a chegada dos filhos, "Eu não existo mais porque há filhos!"*
>
> *Uma escaramuça acalorada começa sobre "Ela não cozinha. Não, eu cozinho". "Eu não gosto de fazer comida", diz a ela, "mas nunca falta algo para comer...". "E ele cozinha muito melhor que eu, mas são coisas que só ele come, coisas picantes, ele é siciliano!" "Como que*

só eu como as coisas, o que você está dizendo? Você não faz nada!" "Ah, bom, então eu vou embora agora mesmo, desculpa as senhoras!"

Ele finge que se levanta, fica um pouco em pé... Diz que vai pagar esses cinco minutos de consulta e que vai embora..., não foi.

(TA)[4] *O que os mantém sentados nesta cadeira, mas, o mais importante, o que os mantém unidos no casamento? Se falássemos com mais calma, seria mais difícil para vocês ficarem aqui? Me parece que, de alguma forma, essa maneira forte de censurar um ao outro pelas coisas funciona como uma cola entre vocês. Parece que gera um ringue para uma briga vocal e que não dá para sair desse ringue facilmente...*

(GF)[5] *Você concorda com essa ideia de que os filhos mudaram as coisas entre vocês?*

Eles nos ouvem, mas não nos respondem, na sua frequência de onda parecem partilhar o prazer de atacar uns aos outros e nós "senhoras" não podemos participar deste prazer... só podemos observar.

Eles começaram a namorar por causa de uma forte atração (segundo ele) ... "Uff, claro... atração!" (diz ela, ironicamente).

Enzo diz que se trata de um desequilíbrio hormonal, ele leu sobre isso na internet, ela fica brava, ela não está na menopausa...Ela não faz sexo, eles não fazem desde que pararam de conversar, não é normal ele diz... Eu cozinho... não, você não faz nada!

Ela: *Não temos interesses em comum, não temos nada a dizer um ao outro, trabalho quatro horas por dia, volto e já sei que ele está com o controle remoto na mão, por favor saia um pouco...*

Ele: *Sempre dei tudo a ela!*

A sogra chega uma vez por ano da Sicília, ela fica feliz, pode sair com ela, os pais dela morreram há quatro anos, o seu irmão tem um bom relacionamento de casal... "Bom relacionamento? Mas o que você está dizendo Paola???"

[4] Teresa Arcelloni (TA).

[5] Glória Ferrero (GF).

A mãe dele está convencida de que ela tem outra pessoa, ele não, porque sabe que ela se resiste ao sexo por causa do problema hormonal que leu na Internet.

Não, nunca houve uma traição.

Tentamos entender como eles chegaram aqui. Temos a impressão de que essa censura constante às pequenas coisas tem a função de confirmar que há algo entre eles que faz valer a pena não se separar. Esse conflito faz com que se sintam seguros, paradoxalmente é a zona de conforto onde tudo o que disserem não levará ao colapso. É a salvação do casal.

Jogamos a carta de recursos do casal: O que há de bom no seu relacionamento?

Ele: *Eu a amo muito, gostaria de abraçá-la.*

Ela: *Não, ele não me ama, deixou tudo nas minhas mãos. Mas ele é uma criança, não consegue ficar sozinho, não consegue se separar de mim!*

Ele: *Mas estou longe de casa desde os 18 anos!*

(GF): *Paola, você já pensou em sair de casa?*

Ela: *Mas eu deveria? Se a casa é minha!... Se ele morasse na casa ao lado, eu o deixaria ver os filhos sempre que quisesse, sei que ele não é um criminoso..., mas me deixa ansiosa saber que ele está em casa... Ele sempre foi um "enfeite" em casa.*

Ele recebe o golpe baixo, olha para o céu e reage gritando que ela nem cozinha.

Ela: *Nunca!*

Ele: *Como assim? E na praia?*

Ela: *Na praia ele brinca com as crianças (mas comigo não! — acrescenta Paola).*

Eles estão prestes a sair de férias na Sicília "como sempre". Por que eles estão indo para lá? Eles que respondem que não sabem.

Desde setembro, além das brigas e de não ter nada de sexo, para ele está tudo bem porque tudo é parte de um problema hormonal dela.

Ele: *Antes tínhamos sexo quando ficávamos cinco minutos sem os filhos, agora ela até dorme com eles.*

Ela: *Nós nos aproximamos de uma forma estranha. Dez dias depois da ovulação eu procurava por ele, mas quando acabava o sexo, quando tudo acabava, não sobrava nada entre nós. Se ele passasse as roupas significava que queria fazer sexo...*

Se descobrissem uma traição, o que aconteceria? Nisso eles concordam: brigariam mais...

Bom, isso me incomodaria! Paola suspira.

Faremos uma pausa onde meu colega e eu trocaremos ideias enquanto os ouvimos discutir animadamente na sala onde os deixamos.

Voltamos e por alguns minutos eles nos escutam: "Achamos que vocês encontraram uma maneira de estagnar as coisas... para não correr o risco de se separarem. Vocês têm pouco em comum, mas têm essa forma pessoal e particular de se comunicar, atacando sem rodeios. Agir dessa forma é útil para vocês porque podem dizer tudo um ao outro. A senhora, fala coisas muito duras, por exemplo, que o Enzo não é o que você esperava que ele fosse, que ele é um enfeite na casa onde moram... Que esposa pode dizer isso sem correr o risco de romper o vínculo? Vocês podem gritar tudo um com o outro porque seu casamento parece forte, já que ainda não acabou (ambos acenam com a cabeça). Enzo, você censura sua esposa por não fazer sexo, não se faz muitas perguntas porque segue as instruções do Google, acusa Paola de o trair com os filhos... Você, então, grita. A impressão é que, se não gritasse e dissesse com calma, poderia ferir ainda mais sua esposa, então passa como um desabafo de raiva, pelo menos ela fala algo com você".

Vocês têm a necessidade de discutir dessa forma. Infelizmente, estão tão ocupados gritando que não ouvem o que o outro propõe porque Paola está pedindo para ele ficar mais com ela, para brincar e sair juntos, e Enzo está pedindo um tipo diferente de intimidade... Ele quer abraçá-la apesar dele se parecer um "Orc" e ela uma "Fúria". Se percebe uma tensão erótica que não é afetada pelos hormônios ou pelo hábito de se deitar no sofá.

Nesse momento sentimos um pouco que ficamos de fora porque, obviamente, não podemos nos adaptar a essa forma original de comunicar se insultando, não podemos começar a gritar..., mas gostaríamos de garantir a vocês que nessa terapia poderão continuar gritando e até mesmo se levantando da cadeira. Paola ameaça se divorciar (mas não vai embora). Enzo acha que é tudo culpa dos hormônios (mas ele está aqui conosco, psicoterapeutas).

Nos parece que vocês estão um pouco confusos sobre o que pretendem com essa terapia, talvez seja pela inexperiência em terapia de casal. Nós não oferecemos a vocês uma terapia longa, pareceria um desrespeito às suas preocupações, mas, considerando que vocês dois estão aqui e, portanto, são um casal, propomos que nos encontremos três vezes para esclarecer as ideias, para que reformulemos junto com vocês um objetivo para a terapia e para vocês.

Paola e Enzo se olham por um breve momento, então ela tira a carteira da bolsa e murmura que se ela não tivesse trazido o dinheiro eles não teriam nos pagado porque ela sempre tem que pensar em tudo, Enzo passa o talão de cheques debaixo do meu nariz, paga ele...

Eles vão discutir no corredor, mas temos a sensação de que se sentiram compreendidos e que não vão se lembrar de nós como duas pessoas hostis. Achamos que demos sentido (ainda que provisório) à sua forma de estar juntos.

Analisando a posteriori este primeiro encontro com o casal, me parece que consigo identificar a carta vencedora com a qual lançamos as bases para um bom relacionamento com ambos: não os vimos como um casal disfuncional. Procuramos o sentido relacional da discussão, de se censurar com raiva pelas pequenas coisas da vida cotidiana. Por que eles agem assim? Ou melhor: quais são os bons motivos que os levam a agir desta forma? Em vez de condenar o conflito, queríamos encontrar nele um sentido. Poderíamos ter dito: isso é psicoterapia, aqui dialogamos com serenidade e civilidade, devemos ouvir, portanto, vocês se adaptam a nós, porque se não forem capazes, saiam e voltem quando conseguirem. Teria sido uma atitude desrespeitosa com a sua forma de ser casal e teríamos criado um espaço entre o seu modo de vida e a terapia, culpando-os por não terem passado na avaliação que fizemos para ver se poderiam ser nossos clientes. A mensagem teria sido que eles não estavam à altura da tarefa da terapia de casal, mas por honestidade deveríamos dizer também o contrário e, portanto, que nós e a terapia de casal que oferecemos não éramos adequados para eles... Sim, porque se nós os rejeitamos arrogantemente, dizendo que não havia como trabalhar com eles, como poderíamos imaginar que, em virtude da nossa rejeição, eles poderiam ter se tornado menos conflituosos quando voltassem para casa?

Para um terapeuta sistêmico, a forma como as pessoas se relaciona tem um significado comunicativo, é a forma como os significados são transmitidos no sistema do casal, portanto, um modo conflituoso de interação não deve ser reprimido, mas deve ser *utilizado* na busca de significados.

Se esforçar para acalmar o conflito porque é incontrolável na terapia ou porque supostamente é bom para o casal é uma ação desastrosa, onde o terapeuta não promove nenhum recurso em seus pacientes, mas busca os ensinar a viver com base em suas motivações pessoais. E, portanto, é uma intervenção normativa e linear, totalmente estranha ao paradigma sistêmico.

Na reunião que tivemos com Paola e Enzo, nem mitificamos o jeito deles de serem conflituosos, nem começamos a gritar com eles porque "discutir não tem problema", mas dissemos que a forma de comunicação deles era diferente da nossa, porém, isso tinha um significado para eles. Realizou-se uma intervenção estratégica para positivar o sintoma, não tínhamos a esperança oculta de que eles deixariam de ser conflituosos em virtude do nosso entendimento, *realmente* podíamos aceitar a forma de comunicação deles, mas deveríamos tentar entender com eles o que eles queriam que fosse diferente dentro do seu relacionamento.

Na devolução, destacamos algumas inconsistências: por um lado, a ambivalência de Paola, que gritou que queria ir embora, mas permaneceu, e, por outro lado, Enzo, que manteve a certeza de que a mulher o rejeitou por motivos hormonais e, apesar disso, decidiu enfrentar o tema em uma consulta de psicoterapia em vez de ir ao endocrinologista. Essas inconsistências não significaram uma condenação para eles, mas foram um ponto de partida para uma conversa terapêutica conosco.

Foi importante ler o conflito como forma de transmitir significados. Numa leitura relacional, o conflito não *mascara* algo, mas, antes, *o expressa.*

Ao analisar esse encontro pelas lentes dos três aspectos processuais que ilustrei em minha teorização no primeiro capítulo, identifico nessa sessão alguns fragmentos dos diferentes aspectos. No âmbito da função estrutural da terapia, consigo perceber a magnitude de ter reconhecido essas duas pessoas como um casal de idas e vindas: um casal que choca entre si, mas que tem passado, presente e futuro. A comparação e a identificação foram marcadas como nossas palavras, que evidenciaram os seus diferentes posicionamentos em relação aos temas quentes a respeito das possíveis diferentes leituras de seu desconforto que para um dizia respeito ao cotidiano repetitivo e para outro, às variações hormonais.

A interação conflituosa pode ser lida através da lente do gênero: existe uma forma masculina e/ou feminina de expressar o conflito? Claro que existem estereótipos: a mulher que reclama pela bagunça do marido, que pede mais espaço para si mesma e mais ternura, o marido que pede sexo, poucas complicações e uma vida feliz. No meu trabalho como psicoterapeuta, encontrei muitas pessoas reais que não tinham essa distribuição rígida de papéis padronizados, mas encontrei clientes que sofriam porque viviam num contexto social que esperava deles comportamentos consistentes com os estereótipos de gênero masculino ou feminino. Como Luca, que esperava ternura e carinho da companheira Patrizia, mas ela queria sexo e pedia penetração e orgasmo. E assim eles se esforçaram para construir um clima altamente conflituoso, para viver um conflito manifesto, onde cada um censurava o outro por ser egoísta. Ela se sentia abandonada e por isso tomou a decisão de iniciar a terapia individual: "Ele não é normal, será que pelo menos ele se masturba?" — afirmou a terapeuta Rametti: "Todos os homens fazem isso, para eles é como acender um cigarro!". Foi assim que Luca (que não sentia necessidade de se masturbar) e Patrizia chegaram à nossa terapia de casal com o peso da definição social de serem anormais por não corresponderem a um padrão de gênero.

Ao se encontrar frente à extrema variabilidade dos gostos dos clientes, respeito os seus parceiros sexuais; conheci muitos terapeutas que, como a terapeuta Rametti, procuram enquadrar as pessoas dentro de descrições rígidas. As psicólogas mulheres que se aliam com o lado feminino do casal ficam fascinadas pelas aspirações de autonomia e autodeterminação feminina, perdendo de vista o significado relacional dessas exigências legítimas para *aquele* casal. Assim como existem psicólogos homens que se comportam de forma amigável com o homem que se expressa dizendo "nós homens...".

No encontro com Paola e Enzo, éramos duas terapeutas, mas não favorecemos a descrição da parte feminina, que provavelmente correspondia ao nosso gosto pessoal: é difícil ser mulher e não ficar tentada a silenciar abruptamente alguém que te descreve como um "mecanismo hormonal". Devido a isso, perguntamos a Luca e Patrizia o que significava para cada um deles se encontrarem diante de duas mulheres...

O terapeuta de casais se senta diante dos seus clientes com suas características pessoais: sou uma mulher não tão jovem, com meu jeito de falar "rápido", que dá ritmo à conversa, tentada pela ironia, pouco inclinada a piadas. Imagino que isso e muitas outras coisas possam ser o que meus clientes veem... Não posso modificar isso, mas essas características não devem me impedir de dar espaço a comportamentos, ideias e emoções que nada têm a ver comigo. Ou seja, tenho que cultivar a curiosidade sobre o que é diferente de mim: homens, adolescentes, jovens, pessoas que tendem a descrições ponderadas e meticulosas, pessoas alérgicas à ironia. Essa abertura e curiosidade diante do que me é estranho é importante na interação com casais conflituosos que nos apresentam uma descrição de seu relacionamento dividido com a alternativa rígida de "ou você está comigo ou contra mim". Clientes que obviamente procuram um aliado na sua batalha conflituosa e que imaginam que estaríamos ao seu lado como se fôssemos suas esposas ou mães.

Mitificar ou ignorar o conflito

O conflito não me assusta, o considero uma variável nas relações humanas capaz de gerar diferenças e, portanto, informação e mudança. O casal é um cenário de confronto e discussão, o terapeuta de casal deve estar pronto para trabalhar situações conflituosas sem ceder à tentação de amenizar as tensões.

Uma das razões pelas quais escolhi o paradigma sistêmico foi a descoberta de poder trabalhar com diferenças em vez de trabalhar com analogias. A descrição múltipla da realidade exige uma diversidade de pontos de vista, por isso é mais fácil para mim trabalhar na dimensão do conflito do que na calmaria de uma coesão simbiótica de um casal. Não é por isso que quero mitificar o conflito e muito menos trabalhar com uma atitude provocativa de incentivá-lo. O medo do conflito e sua idealização são polos opostos que não permitem uma análise da situação do casal, mas falam da psicologia do terapeuta. Às vezes, a completa ausência de conflito evidente me faz pensar em um casal que carece de sangue, carne e suor. Na minha opinião, essa dimensão física faz parte da relação afetiva ou erótica que caracteriza a entidade casal. Dessa forma, procurei refletir sobre esse meu preconceito que quer um casal combativo, num confronto aberto. Muitos terapeutas perguntam (ou se perguntam sem encontrar forças para dizê-lo) como duas pessoas podem ficar juntas de uma forma tão abertamente conflituosa. A mim me acontece que pergunto o contrário: "Como vocês colocam em jogo essa extrema disponibilidade mútua no seu dia a dia? Foi uma vantagem ou um obstáculo para vocês serem tão mutuamente benevolentes? Do que abriram mão para se adaptarem tanto ao desejo do outro?".

A curiosidade é o meu antídoto para julgar: se sinto que a modalidade relacional do casal está muito longe das minhas expectativas, então sei que tenho que compreender o que significa para eles serem assim.

As tendências pessoais fazem com que cada um de nós, terapeutas, moldados por nossos preconceitos, nos sintamos mais confortáveis em determinada situação. A desagradável sensação de aborrecimento, raiva ou tédio que um terapeuta pode sentir não pode ser ignorada, mas deve ser aproveitada no relacionamento. Então, diante de duas pessoas em conflito, é preciso pôr mãos à obra: elas são sempre tão veementes assim? Quando não eram assim, estavam melhor ou pior? Se o conflito fosse resolvido, qual seria o destino do casal? O que os faria perceber que já não são conflituosos?... São perguntas destinadas a gerar dúvidas, mas também ideias, porque não condenam o conflito, mas, antes, o levam em consideração. É evidente que, mesmo no caso oposto, o da complacência mútua, as mesmas questões podem ser colocadas se centrando na cortesia mútua e na civilidade de conduta.

O respeito que tenho pelos clientes me impede de tentar mudá-los, senão que me obriga a os observar e a colocar em discussão. Uma das experiências mais frustrantes para uma pessoa em terapia é a sensação de não ser vista. A experiência mais traumática desse tipo foi a que me contou um cliente meu: quando era paciente de um terapeuta freudiano percebeu, pela profundidade de sua respiração, que o psicanalista havia adormecido nas suas costas. Depois de se voltar olhando para ele, quebrando as regras, saiu profundamente magoado, abandonando a consulta e a terapia. O sofrimento dos pacientes que se sentem desconsiderados é mais sutil, mas, muitas vezes, muito mais difícil de enfrentar porque não leva à fuga, mas deixa um sentimento de desamparo. Ignorar a conflitualidade manifesta dos clientes é um total falta de respeito e é uma forma de ignorar o contexto das emoções próprias e dos outros.

Na minha atividade docente no Centro Milanês de Terapia Familiar, tive que observar por trás do espelho uma cena quase surreal: um casal de clientes apresentava tons conflituosos muito incandescentes enquanto o casal de coterapeutas ignorava o conflito. Diante de duas pessoas que se censuravam veementemente por infidelidade, desinteresse, egoísmo e opressão, os terapeutas sorriram gentilmente, um deles disse timidamente "interessante" para uma das duas mulheres que constituíam o casal, que gritou que teria tido vontade de matar a outra enterrando uma faca de cozinha no peito, e depois dessa informação, o terapeuta decidiu perguntar, fleumático, quando elas se conheceram. Não menos importantes foram as observações que ouvi da equipe de observadores que convidei para refletir sobre o significado daquelas interações: "...é normal, nos casais de lésbicas os contrastes são sempre extremos [!]...", "...eu trabalharia o sentimento delas diferente dos casais heterossexuais..."; "eu deixaria elas desabafarem, mas diria que continuaríamos quando elas estivessem mais calmas". Na discussão com o grupo do espelho e com os terapeutas, convidei cada um a refletir sobre suas próprias emoções, perguntei o que sentiam diante daquelas duas mulheres revoltadas. A gama de respostas foi surpreendentemente rica: predominou o medo de que a situação pudesse sair do controle, a ideia de não conseguir conduzir uma conversa terapêutica. Um ficou preocupado com o medo da violência que poderia ser exercida entre o casal, outros permaneceram em dúvida e curiosos sobre as acusações apresentadas, interpretando-as como um pedido de vínculo diferente. Foi um encontro de formação muito produtivo porque trabalhamos a utilidade de ouvir as próprias emoções na terapia para ter acesso às emoções dos nossos clientes: no fundo, as duas mulheres também podiam se sentir assustadas, duvidosas, preocupadas... As terapeutas conversaram com o casal justamente sobre esses temas e conseguiram encontrar novos significados: as duas clientes, em realidade, buscavam uma forma de convivência que lhes desse segurança e liberdade para viver suas próprias aspirações. Na prática, elas queriam calibrar sua distância/proximidade para alcançar um vínculo diferente. Quando uma se afastava muito, a outra se sentia abandonada e gritava seu mal-estar, mas ainda assim a proximidade era vivenciada como excessiva e sufocante, provocando raiva e descontentamento. Muitas vezes, depois dessas brigas furiosas, ocorria um encontro sexual que dissolvia a tensão: não havia discórdia na cama, nos disseram.

O conflito pode ser uma forma de acessar mais diretamente a esfera emocional do outro: a sexualidade muitas vezes se torna mais intensa e viva em situações de conflito. Obviamente, isso não significa que se há conflito há paixão: um encontro sexual expressa uma comunicação de casal que não percorre apenas os caminhos da emoção. Além disso, se faz sexo para confirmar que se é casal, para não se separar, e a situação conflituosa pode revelar a precariedade do vínculo, ativando o comportamento ritualístico de confirmação da relação sexual.

A ausência de conflito não significa por si só o bem-estar do casal, nem garante a possibilidade de desenvolver uma boa terapia.

Conflito e violência

O espectro da violência se insinua na terapia de casal. Aterroriza os terapeutas, que se sentem responsáveis pelo comportamento que os clientes podem ter após a terapia; assusta os casais que, na terapia e às vezes na vida, tentam ser civilizados e corretos, desistindo de pedir algo que esteja longe do alcance dos desejos que são considerados mutuamente aceitáveis. Isso é visto com muita clareza nas questões sexuais, onde a frase "eu não quero isso" costuma ser dita por uma mulher, tornando-se um decreto que deve ser obedecido, e, se o companheiro insistir, é acusado de exercer violência. Obviamente, o terapeuta não trabalha para convencer um dos dois a se submeter a um comportamento imposto, mas a terapia deve colocar em discussão as explicações lineares e encontrar uma maneira de descobrir alternativas em uma situação que parece bloqueada. Portanto, é preciso compreender a relevância de uma rejeição, para dar sentido ao dizer não. Dizer "não" não transforma uma mulher em heroína, mas há terapeutas que sustentam que a autodeterminação está relacionada à capacidade de rejeição. Em vez disso, mantenho que o sim e o não devem ser contextualizados numa análise processual. Como você se sente quando diz/ouve não de outra pessoa? O que aconteceria se o pedido do seu parceiro fosse de vital importância para ele, o suficiente para ameaçar o relacionamento? Esta é a proposta do seu parceiro que não lhe parece ideal, o que você proporia como alternativa? Do seu ponto de vista, por que seu parceiro faz esse pedido?... Se você consegue contextualizar uma rejeição e uma proposta, consegue construir um significado compartilhado e evita se aliar a um dos dois membros do casal. O conflito entre posições opostas não representa violência ou abuso de poder, pode degenerar em violência, bem como numa situação de harmonia construída sobre a repressão sistemática dos próprios desejos. O oposto do conflito não é o diálogo, é precisamente a violência. O conflito, tal como o diálogo, se alimenta das diferenças: em cada casal há, inevitavelmente, diversidades, mesmo quando os gostos e os hábitos são muito semelhantes. A justaposição dessas diferenças pode ser vivenciada de forma apaixonada e impetuosa, mas é o material que dá vida ao diálogo. Conduz à violência quando a linha de um dos dois prevalece contínua e sistematicamente, ou seja, quando o diálogo e as diferenças deixam de ser reconhecidos. Lembro-me da terapia com um jovem casal que solicitou uma sessão porque os ataques de pânico dela afetaram completamente a vida diária deles, gerando sofrimento. A jovem esposa era tratada como uma delicada florzinha do campo, todos os seus pedidos eram atendidos com uma reverência e os pedidos eram sempre em relação a evitar fazer algo para não provocar sua ansiedade. A conversa terapêutica revelou esse padrão de comunicação entre os dois que, na verdade, parecia preceder o aparecimento de sintomas ansiosos. Não houve conflito, o acordo tácito de não ir mais longe para não a prejudicar nem sequer foi discutido. Depois de algumas sessões, chegaram à terapia contando um episódio que surpreendeu a ambos. Enquanto faziam sexo, ela começou a perceber que os sintomas sinalizavam o início de um ataque de pânico e disse ao marido, alarmada: "Pare!" "Não parei", diz ele, "mas foi preciso muito esforço porque naquele momento tive medo de que ela me visse como um estuprador, como uma má pessoa". Eu sentia que podia fazer isso, falava com ela e não pensava no que aconteceria depois. "Foi muito agradável, mas fiquei com um pouco de medo, aí na prática o orgasmo superou os sintomas da ansiedade..."

Comportamento corajoso da parte dele? Grande confiança dela? Claro que este episódio me pareceu como uma oportunidade para refletir com eles sobre a sua forma de viver a dois e me pareceu ainda mais claro, mais uma vez, que a definição de conflito, abuso de poder e violência são extremamente subjetivas e contextuais. Os mesmos acontecimentos poderiam ser narrados de outra forma: ele poderia ter sido descrito como um homem egoísta e ela como uma vítima incompreendida.

Conflito e amor

O amor romântico não contempla conflitos exceto em relação a um terceiro externo ao casal que, de alguma forma, dificulta a sua felicidade. Os dois amantes estão unidos por um vínculo passional, mas harmonioso, que não admite diferenças de ponto de vista. Eles gostam e sofrem juntos, mas nunca estão um contra o outro. Caso surjam obstáculos, os membros do casal se sacrificam, desistindo de projetos e planos pessoais em favor do bem-estar do outro. Muitas vezes, sem perceber, ficamos prisioneiros dessa ideia simbiótica de vida de casal.

O terapeuta não está imune a ser contagiado por essa descrição do amor que transforma dois seres humanos numa única entidade. Quem não gostaria de amar sem conflitos?

O problema é que a realidade é muito mais complexa e ambivalente: o amor se vive na reciprocidade, por isso cada um está atento às exigências do outro e procura satisfazê-las..., mas cada um tem uma série de necessidades que muitas vezes são vividas como vitais. Exigências geralmente abafadas nos casais do século passado, onde tudo se definia a um nível mais social do que individual. Na verdade, o casamento era visto como uma etapa do ciclo de vida que abria as portas para a criação dos filhos, como uma área onde o "sacrifício" pelos filhos era apreciado e esperado. O casamento não incluía o erotismo, a vida fora da família era quase supérflua. Obviamente havia rotas de fuga: amantes, hipocrisia moral, divórcios, depressões, conflitos.

A modernidade idealizou a pessoa que luta pelas suas necessidades à espera da sua satisfação e a situação se tornou ainda mais confusa na era pós-moderna, quando a definição da legitimidade das necessidades se dissolve na exaltação da individualidade. Num casal, nos encontramos entre duas tendências opostas: satisfazer as exigências do outro ou lutar para cumprir as próprias. É inevitável uma certa confusão que gera tensão e raiva.

O conflito é inevitável

Maria Grazia e Federico se amam. Essa é a sua única certeza. Ambos repetem a palavra amor com uma insistência quase obsessiva: ela marca todas as etapas do relacionamento, desde o primeiro encontro, até o casamento e o nascimento dos dois filhos. Eles procuram a terapia porque, há alguns meses, surgiu um assunto espinhoso em sua história de amor, que mudou tudo. Ele decidiu investir todas as suas poupanças numa grande reestruturação da fábrica que herdou e da casa onde nasceu, onde gostaria de ver crescer os filhos. No início, ela concordou, participou com os arquitetos na escolha de várias soluções para a obra, se questionou e se esforçou "por ele", porque queria que Federico fosse feliz, sabia que aquela casa tinha um grande significado emocional para ele. Depois a obra foi prolongada, houve imprevistos e as construtoras não eram confiáveis. O projeto ficou mais caro do que o esperado e agora eles tiveram que hipotecar a casa onde moram, tendo que economizar em muitas coisas. Agora eles brigam constantemente, se atacam por nada. Sentem que não há mais harmonia e sofrem porque — dizem — se amam. Ambos são muito religiosos e o padre que os conhece desde sempre lhes disse que é normal que isso aconteça, a vida de casal não é de rosas e flores, há momentos sombrios, mas que o amor deles resolverá tudo. Na verdade, esta é a sua esperança e provavelmente aqui reside a armadilha. O seu vínculo se baseia no sacrifício voluntário e entusiástico: sempre optaram por renunciar a si mesmos em favor do outro. "Por amor" ignoraram sistematicamente os seus desejos pessoais e minimizaram as questões sobre as quais discordavam. Inicialmente — talvez — escolheram conscientemente, movidos pela alegria de ver o outro sorrir, mas depois nem consideraram o problema, se sacrificar era gratificante.

Há terapeutas que sugerem que o casal foque a atenção apenas nos recursos, nos lados positivos da sua convivência, na ideia de que a terapia pode construir (ou reconstruir) a esperança e uma atitude positiva. Com María Grazia e Federico, a minha intervenção foi exatamente o oposto: tomei a decisão de fazê-los olhar num espelho que refletisse a imagem de tudo o que haviam renunciado.

Fiz uma pergunta que os surpreendeu: "Quais eram as proibições que constituíam o acordo de vocês como casal antes de começarem a discutir?"

"Somos muito democráticos e sempre nos amamos muito, nenhum de nós proibiu nada ao outro!", responde-me Federico, colocando-se como porta-voz do casal.

Ambos falavam sobre seu relacionamento com referência a valores e sentimentos, mas eu os levei a explorar os detalhes das banalidades da vida cotidiana: perguntei quais eram os pequenos e insignificantes hábitos aos quais eles escolherem renunciar desde que começaram a viver junto. Surgiram sem esforço "rios" de pequenos sacrifícios: desde uma forma diferente de pensar sobre limpeza e higiene (não posso mais ler jornal na cama porque ela diz que o papel impresso é sujo... quando entro em casa, preciso imediatamente tirar os sapatos...), sem deixar de lado diversos hábitos alimentares, uso do dinheiro, tempo livre, vestuário, carro, férias.

Entre as regras não explícitas que regulam a condução da psicoterapia está a ideia de que, no espaço da consulta, é apropriado abordar as "grandes questões" da vida, questões que falam mais da ideologia do casal do que de sua vida real. Muitos terapeutas se sentem no direito de perguntar quais são os valores inalienáveis para ambos, mas hesitam em perguntar quem ganha mais dinheiro ou quem faz a limpeza da casa. Se cria uma espécie de distanciamento da psicoterapia da vida real, o que tem feito com que muitas pessoas que passam por dificuldades descartem a ideia de pedir terapia por se sentirem pouco interessadas em uma abordagem filosófica de seus problemas. A psicoterapia sistêmica teve o grande mérito de devolver o lugar de poder aos clientes, desmantelando o papel especialista do terapeuta: os verdadeiros especialistas da própria história são as pessoas que a vivem, não os terapeutas que a observam. Seguindo esse caminho, seria oportuno tentar diminuir o distanciamento entre a terapia e o cotidiano, enfrentando questões que também tenham a concretude da carne e do suor, e não apenas o impalpável das reflexões e análises emocionais da própria posição no sistema. Tudo é relacional, até as coisas mais banais do dia a dia.

Na terapia de casal centrada na idealização do amor, confrontar as diferenças negligenciadas para agradar ao outro comprometeu em parte a visão positiva e positivista do relacionamento amoroso. Assim, amar também foi aderir a proibições, "nunca nos impusemos nada, mas renunciamos demais", disse Maria Grazia. "Talvez isso nos tenha limitado um pouco, e se agora estamos discutindo por causa da reforma, talvez seja bom: poderemos nos sacrificar menos". "No fundo éramos dois estranhos que se conheciam muito bem", ele acrescenta. "Tínhamos como certo que sabíamos agradar ao outro, mas, em vez de propor outras coisas, sempre desistíamos".

O amor cria um vínculo, uma união afirmada por uma corrente feita pela lealdade ao outro e pelo medo de se separar. Se cria no casal uma dinâmica comunicativa rígida: para fazer com que o casal resista, demonstro o meu amor obedecendo às suas proibições. Como você também me ama da mesma forma, não é necessário que você me peça abertamente para ser como você deseja: eu te conheço intimamente, saberei adivinhar suas expectativas.

O conflito que por vezes interrompe este padrão pode ser útil e construtivo, proporcionando ao casal ótimas oportunidades evolutivas. Muitas vezes, os terapeutas não consideram que é possível estar em conflito com o parceiro e amá-lo com ternura, e que uma declaração de guerra pode trazer mais bem-estar do que uma declaração de amor. Outras vezes, porém, o conflito se torna um fim em si mesmo: estamos tão empenhados em competir que negligenciamos todos os outros aspectos do relacionamento. Portanto, o conflito não é nem bom nem ruim, às vezes, é um motor de mudança, outras vezes, bloqueia e fecha as possibilidades de viver o presente e o futuro.

Conflito e comunicação no casal

Conflito é comunicação: cada casal escolhe o tema e as regras linguísticas formais. Já aconteceu de todos nós sermos espectadores involuntários de uma discussão acalorada entre um casal de amigos que formam um casal e pensarmos que eles estão se insultando de uma forma que seria intolerável para nós. Da mesma forma, muitos terapeutas se perguntam como aqueles dois clientes que passam o tempo se censurando por tudo ainda não se separaram.

Na realidade, o conflito muitas vezes une as pessoas, nos impede de separar, não nos permite sair do campo. Tal como o amor, se alimenta da presença de um interlocutor: o conflito constrói e transforma a percepção que temos da outra pessoa, que é vista como diferente de nós mesmos, e que nesse contexto específico é vista como nosso adversário. A luta para fazer triunfar as próprias opiniões nasce de um desejo pouco declarado, mas presente em todos: a esperança de que o outro possa me amar, mas que o faça me aprovando e se adaptando às minhas expectativas.

O conflito nos coloca diante de uma pessoa a ser modificada, que gostaríamos que "entendesse" que temos razão. O outro não é um inimigo distante, mas um adversário que faz parte da nossa vida e que não permitimos que seja livre para viver como quiser.

A força do vínculo criado no conflito é tenaz: me lembro do estado depressivo de uma cliente, cujo marido (de quem ela estava tentando se divorciar) havia falecido recentemente num acidente de carro. O infortúnio ocorreu em meio a uma separação muito conflituosa: todos os dias havia uma competição sobre como lidar com a filha, ligações diárias para advogados, insultos, acusações e vigilâncias. Uma atmosfera incandescente que não dava sinais de encontrar a paz, embora os dois ex-cônjuges tivessem encontrado um novo parceiro. Após a morte do ex-marido, a mulher entrou em um estado depressivo que muitos amigos atribuíram ao vínculo afetivo que tiveram no passado. Na realidade, a senhora sentia que lhe faltava um adversário com quem lutar e me contava que o processo judicial que iniciou antes da morte do marido a fez sofrer, mas a obrigou a "permanecer forte", a ser ativa. No fundo isso a fez se sentir viva, sentiu emoções que hoje não sentia mais... "Agora não tenho mais a possibilidade de provar que estava certa, que não sou a única responsável pelo fracasso do casamento. Perdi a chance de ser validada, pois qual é o sentido de estar em conflito com uma pessoa morta?"

O desejo de ter sucesso ou, simplesmente, de ser visto e validado é o objetivo final de qualquer situação de conflito, mas é também o propósito (menos declarado) de muitos casais, em que cada um sonha basicamente em ter ao seu lado uma pessoa que corresponda ao seu ideal de mulher ou de homem.

O conflito do casal ultrapassa os limites da relação dual, pode envolver pais e amigos que ficam do lado de um dos adversários com argumentos ditados pelo bom senso, pelo carinho por essas pessoas e às vezes até pelo ódio e pela inveja. O contexto em que ocorre o conflito não é apenas uma caixa de ressonância para a tensão do casal, mas é também parte constitutiva do conflito.

> *Franca e Luigi chegaram ao limite da paciência, ela tem outro e neste momento já não esconde: ter uma relação que a faça se sentir viva e feliz é a sua bandeira. Ela fala das famílias extensas, o filho agora sofre, mas terá uma vantagem — diz — porque assim terá uma ideia clara de como é a vida. Ele não sai de casa porque sente que tem o direito de ficar. Luigi não entende, ela lhe parece uma mulher diferente, que ele não conhece, ele a arrastou para a terapia na esperança de que ela recuperasse a razão. A tensão aumentou consideravelmente quando a sua mãe ficou abertamente ao lado do genro: "...um homem de ouro, um pai atencioso. Você o traiu, você nunca foi confiável". O conflito do casal se transformou num embate geracional entre duas formas de compreender o casamento e catalisa as tensões na relação mãe-filha com acusações, censuras e provocações recíprocas.*

A terapia também examina as relações fora do casal: não faria sentido compreender e abordar *primeiro* a relação com o marido (ou mãe). A tensão é alimentada no casal, e no casal se agitam outras tensões que são vividas no externo e que fazem parte da história de vida de cada parceiro.

Cada conflito tem a sua história composta por pedaços da vida comum e pessoal de ambos, mas também tem um cenário que muda constantemente e que condiciona as modalidades de expressão do conflito. Mesmo quando não se leva em conta a presença de amigos ou filhos, a forma de estar em conflito é diferente dependendo do ambiente onde se está. Os terapeutas observam a expressão do conflito "encenado" na sala de terapia, um campo de observação obviamente parcial, porque no próprio quarto ele é discutido de forma diferente em comparação com quando se está no restaurante ou quando se está diante dos especialistas em casal. Muitas vezes, a linguagem é expurgada dos neologismos criados no casal, tenta se mostrar ao terapeuta o melhor de si mesmo, para ter aprovação. Em todo caso, emerge do conflito uma espécie de gramática e sintaxe personalizadas, tantas vezes as mesmas frases se repetem, transformadas em uma espécie de refrão de uma música que pretende marcar o campo: quando eu digo isso, você sabe que eu estou com muita raiva de você, por não poder tolerar mais nada, por estar prestes a explodir. O tom percorre toda a gama emocional: ostentação de frieza, sarcasmo, silêncio, tédio, desafio aberto, insultos, gritos.

No jogo da provocação, o conflito aberto visa desarmar o outro, quer reduzi-lo a um perdedor, evidencia o quão inútil é a presença do outro membro do casal. Inclusive o terapeuta menos sensível ao veneno do conflito pode se sentir sem recursos frente a um âmbito da comunicação conflitiva que põe em discussão a as próprias premissas da terapia: uma das características é a absolutização dos eventos que adquirem limite além do tempo. As frases conflitantes são repletas de "eu nunca/você sempre", gotejam certezas e sublinham a imutabilidade do comportamento do outro, não revelam qualquer possibilidade de mudança. É inevitável que o pobre terapeuta, munido de uma boa vontade de mudar, ou pelo menos com o propósito de aumentar as possibilidades de escolha através da terapia, muitas vezes se sinta frustrado ou inútil. Uma reação pode ser inclinar-se, apoiando a posição do cliente menos rígido, mas isso invariavelmente levaria a ter um cliente aliado e outro que se sentiria incompreendido e teria boas razões para argumentar que para ele as coisas nunca vão mudar. Uma possibilidade libertadora para o terapeuta e útil para o cliente pode ser comunicar sobre o significado da terapia versus a ideia de que nada pode mudar. "É curioso que pessoas tão convencidas de que nada pode evoluir tenham decidido procurar um psicoterapeuta que, como se sabe, trabalha com a ideia de que os relacionamentos são a coisa que mais muda no mundo..."

O terapeuta tem uma responsabilidade da qual não pode fugir: deve atribuir sentido ao que observa. Ele não pode se curvar a aceitar leituras lineares e, por isso, não acata a ideia de que quem sustenta o conflito é um velho rabugento, uma solteirona amarga, um machista, uma pessoa frustrada, um preguiçoso, um hipócrita, uma pessoa violenta, psicopata, carreirista... Essas definições surgem do terreno da leitura relacional e não fornecem elementos úteis para encontrar novos significados. Dessa forma, o terapeuta não se contenta em rotular pessoas ou comportamentos conflitantes, mas, com tenacidade incansável, propõe uma análise processual da situação. Por que esse homem optou por enfrentar esse momento de sua existência de forma tão conflituosa? De que adianta ele se mostrar assim? Que efeito isso tem na sua vida e no seu parceiro?

Me lembro de uma supervisão onde uma psicoterapeuta me contou sobre seu impasse diante de um casal de idosos que entrava em conflito por causa de todas as questões do cotidiano. "*Não sei mais o que fazer, já tentei de tudo. Ele é realmente insuportável, ela me diz, mas provavelmente sempre foi assim. Ele a manteve sob controle durante toda a sua vida. Agora brigam por coisas absurdas: coitada, ela se esforça para cozinhar, mas ele sempre reclama. A terapeuta disse que ele passou metade da sessão atacando a parceira porque ela usa muita manteiga no molho... A terapeuta, ficou tentada a apoiá-la e dizer que a manteiga deixa os pratos saborosos, até porque são mais velhos e se sabe que no passado eram usados mais temperos. Logo pensei que não poderia falar de manteiga como se fosse um chef... então perguntei por que eles queriam arruinar os últimos anos de vida, brigando por coisas triviais. Mas quando disse isso, pensei que, se estava assim depois de uma vida inteira juntos, nada poderia mudá-los. E se sabe popularmente que discutir muito é uma característica de muitos idosos, e até meus avós ficaram mal-humorados com a idade...*"

Tenho respeito pelos clientes que solicitam terapia, mas também tenho grande respeito pelos colegas que gastam tempo e dinheiro conversando com outro terapeuta. Então não pensei: "Meu Deus, temos que fazer tudo de novo! Agora eu explico como você poderia trabalhar melhor!" Em vez disso, me ativei para refletir sobre diferentes contextos. Eu, o terapeuta, os idosos. Tendo acabado de completar sessenta anos, senti a responsabilidade de representar o elo entre a juventude do psicólogo de trinta e poucos anos e a velhice dos dois clientes. Então fiz uma pergunta à queima-roupa: "E os Biscardis da história fazem sexo? O que você acha da vida íntima dele? A vivem através do conflito?" A terapeuta me olhou com espanto e penso que ia dizer que "obviamente" não tinha perguntado..., mas talvez tenha se contido porque não queria me negar, como sou mais velha que ela, a possibilidade de ter uma vida sexual. Ela alivia a tensão com uma risada e me diz: "Eu entendo, estou encantada com o conflito e queria ajudar a ela a reagir contra ele, mas não me perguntei por que ambos apresentam esses comportamentos. Agora tenho muitas hipóteses: talvez a tensão da luta os tenha mantido vivos, lhes tenha dado um impulso de vitalidade... e eu falei que eles tinham que se comportar bem porque lhes restava pouca vida! Talvez ela coloque muita manteiga de propósito, para provocá-lo, para acender a eletricidade entre eles. Mas não consigo pensar se existe tensão erótica... Eles se parecem com meus avós...". Ela decidiu confrontar a questão da grande diferença de idade entre ela e os dois clientes: "...talvez eles me vejam como sua neta... talvez eles sintam que não podem discutir alguns assuntos comigo...".

O terapeuta corre o risco de "explicar" o conflito através de categorias quando deixa de questionar como os seus clientes escolhem se comportar de certa forma e quando decide ficar do lado daquele que considera ser a vítima impotente do conflito.

Os casais que solicitam terapia têm uma relação que vai além de um encontro ocasional e por isso já tiveram que administrar uma situação conflituosa que inevitavelmente leva a algum desentendimento. O terapeuta que trabalha com o conflito está curioso para saber como esse casal chega a um acordo (ou desacordo). As pessoas e os casais têm o direito de serem vistos na sua particularidade e singularidade.

Acabe com o ruído

Ricardo Rosas

Olho por olho e o mundo ficará cego.

Mahatma Gandhi

É interessante compreender os significados que os indivíduos atribuem aos conceitos, não só pelo valor da narrativa de senso comum que possuem, mas também pela ideia relacional implícita que representam a nível abstrato e comportamental nas relações de casal. Existem duas definições que são tanto recorrentes quanto frequentes na descrição do conflito. "oposição ou desacordo entre pessoas ou coisas" e "guerra ou combate resultante de uma oposição ou rivalidade prolongada".

Do ponto de vista do senso comum sobre as relações de casal, a ideia de "desentendimento" é vista como algo negativo, algo que deve ser combatido pelos casais, que deve ser descartado do seu relacionamento, pois pode ser prejudicial à sua permanência; em muitas ocasiões, essa concepção está intimamente relacionada com uma ideia patriarcal romântica, tradicional e complementar de relacionamento, que se expressa na metáfora "você e eu somos um".

Hoje em dia, é cada vez mais aceitável poder pensar de forma diferente, explicar a realidade de várias maneiras e expressar sentimentos e emoções de um jeito pessoal, incluindo a própria identidade como homem, mulher ou outras formas de expressão. Assim, o desacordo pode surgir como resultado da narrativa das relações humanas, mas isso necessariamente leva a um conflito? Provavelmente, a maioria dos que estão lendo esta pergunta pensará que não necessariamente.

No entanto, boa parte dos terapeutas que leem isso, tratam o conflito na terapia, tentando reduzir as tensões com intervenções imediatas desejando conter fortes expressões emocionais que poderiam resultar em discussões abertas.

Vale ressaltar que nestas linhas tratarei da temática do conflito, mas não estou examinando a questão da violência física que não poderia e não deveria ser permitida em um espaço terapêutico.

Descrevo dois casos em que eu explico, de forma geral, não exaustiva, alguns aspectos importantes de como lido com o conflito em psicoterapia.

A importância de "acabar com o ruído" no atendimento de casais, legitimando sem aprovar as razões pelas quais entraram em conflito e, por último, construindo motivos válidos e convincentes para não discutirem. Conceitos que na minha prática considero fundamentais para lidar com casos em que o conflito se tornou um hábito no cotidiano do casal.

Acabe com o ruído. Focados na parentalidade

Pedro e Lucía são um casal de 47 anos, com 5 filhos que vão desde os 12 e os 22 anos. Pedro tinha uma fábrica de roupas em Zapotlanejo que lhe dava um bom nível de vida, mas há cinco anos faliu por motivos diversos, teve que desmantelar quase todo o negócio e ficar apenas com uma parte dele; ele expressa que isso o deprimiu e que não sentiu qualquer apoio da sua esposa. Lucía é uma dona de casa tradicional, faz de tudo pelos filhos: dois deles já estão na universidade; comenta que se divide em mil pedaços para cumprir com todos os compromissos dos filhos.

O casal procurou a terapia descrevendo que discutiam constantemente sobre coisas triviais; essas discussões os levaram a parar de conversar durante duas semanas, a retomar a comunicação durante uma semana e, depois, a discutir novamente e a parar de se falar novamente; ambos dizem que estão cansados dessa situação.

Neste caso, como na maioria dos casos que atendo, procuro observar a narrativa relacional, a forma metafórica como explicam a situação que estão vivenciando, e, com o uso de perguntas relacionais, será evidenciado o complexo entrelaçamento de seu relacionamento, com o objetivo de trabalhar nos diferentes níveis lógicos envolvidos no conflito. Eu utilizo uma variedade de perguntas, como por exemplo: Quando foi a última vez que vocês discutiram? Onde vocês estavam? Quais os motivos mais comuns para a discussão? Você pode me descrever o que aconteceu? Você concorda com o que sua esposa diz? Você tem uma ideia diferente? Como vocês explicam o porquê de terem chegado a esse ponto?

Pedro: *Discutimos na semana passada, porque eu ia ver a luta de box na casa do irmão do meu cunhado e ela me disse que não havia problema, mas, um dia antes, ela me disse: "Eu não irei, porque irão os parentes do meu cunhado e eu não gosto deles, se você for, também vou começar a sair com amigos que você não gosta". Ela começou a me chantagear, me ameaçar, me xingar sem nenhum tipo de raciocínio lógico da parte dela, ela teve uma semana inteira para me dizer que não queria ir, e me chantageou com justificativas baratas e parou de falar comigo.*

Lucía: *As coisas não são como você diz, há duas semanas você disse que deveríamos ir a todos os lugares juntos como antes, que deveríamos fazer esse acordo.*

Pedro: *Não foi assim!*

Lucía: *E aí eu te falei. Por que você quer ir às duas da tarde e não só à noite, pouco antes da luta começar?*

Pedro: *Você não falou assim, você me ameaçou!*

Lucía: *Você sabe que não gosto de ficar muito tempo com essas pessoas, não me sinto bem, e ainda assim você quer me forçar a passar uma tarde inteira com elas. Doutor, eu não gosto de ir! Porque há três anos ele começou a falar para eles que eu sou preguiçosa, que não faço nada em casa, que a casa está sempre suja, ele falou muito mal de mim; além disso, depois que ele fala mal de mim, ele quer que eu segure a mão dele, seja carinhosa, e claro que meu cunhado agora fala que somos hipócritas, ele não me falou isso cara a cara, mas isso é o que ele disse. Desde que estávamos namorando, ele já ficava irritado e nervoso. Era muito difícil para mim conversar com ele.*

Pedro: *Para você ainda é difícil!*

Lucía: *Claro que é difícil para mim! Pedi a ele que me ajudasse, a ter um diálogo, para não me interromper, mas ele me disse: quem tem problema é você, quem tem que resolver isso é você.*

Pedro: *E é verdade...*

Terapeuta: *Quais são os motivos mais comuns pelos quais vocês discutem?*

Pedro: *Por pura bobagem, eu acho; não existem motivos importantes, pura bobagem, mas ela não entende.*

Lucía: *A verdade é que penso que muito das nossas discussões é um disparate, eu tenho dificuldade em conversar, mas nunca existiram problemas reais com o álcool ou com mulheres. Antes passávamos muito tempo sem brigar, até oito meses em que não tínhamos diferenças; as coisas estavam muito bem, mas desde que ele começou a ir mal financeiramente, tudo piorou.*

Pedro: *Claro! Enquanto havia dinheiro e empregadas e eu a levava para todo lado, as coisas iam bem, mas, agora, ela não cuida bem dos nossos filhos, não cozinha bem, todos os dias ela faz uns bifes na frigideira e depois não faz nada mais, ela não passa a roupa, não consegue nem manter duas gavetas das minhas roupas organizadas, a mente dela está em outro lugar, a mente dela está com a família, ela passa o tempo sentada todas as manhãs ouvindo um programa de rádio do seu irmão.*

Lucía: *Isso não é verdade, doutor! É um programa de apenas uma hora, não de um dia inteiro.*

Pedro: *E falo sempre: "Tenho 100 soluções para resolver os nossos problemas", mas o problema é que ela não aceita nenhuma solução, não tem vontade de mudar, já está cansada.*

Lucía: *Doutor, é muito difícil administrar uma casa onde falta tudo. Falta o tomate, faltam as tortilhas, não tem ovo, falta alguma coisa todos os dias. É cansativo ter que pedir cinquenta ou cem pesos todos os dias para completar a refeição ou o café da manhã. Ele não me dá uma quantia fixa por semana. Há cinco anos, ele compra tudo sem mim. Ele me dá apenas 200 pesos por dia para gasolina. Me irrita ter que pedir dinheiro para tudo. Não posso assumir nenhum compromisso para comprar algo porque não sei se ele vai pagar. Agora ele tem uma dívida. Ele ainda precisa pagar duas parcelas da escola das crianças, mas sou eu quem eles procuram para cobrar o dinheiro.*

Pedro: *Claro! e eu digo a ela: "Como é possível que você só reclame e não faça nada?", ela não pode nem ir falar com as freiras da escola para explicar ou pedir prorrogação, tenho que fazer tudo, até isso é difícil para você! Trabalho das sete da manhã às sete da noite, faço compras, aos sábados faço comida e, às vezes, aos domingos também, o que você faz?*

A primeira sessão nos permitiu ter uma ideia do tipo de relacionamento que este casal mantinha. Pedro é um homem que parece cansado fisicamente, com a voz em decibéis altos, muito enfático, passava abertamente o tempo fazendo julgamentos de valor bastante negativos sobre sua esposa, usava muitos ditos irônicos. Lucía tem uma voz clara e de intensidade média e tende a se esconder, abaixando o rosto quando o marido lhe expressa coisas negativas. Ambos são fisicamente bonitos. A conversa toda girou em torno dos tomates, do que falta na geladeira, de como a casa não está limpa, de como os filhos não são bem cuidados, de como ele não dá dinheiro a ela. Se observou que os assuntos abordados são temas que estão na ordem lógica da parentalidade (esposa/marido) e das famílias de origem (sogro/sogra). É interessante notar que eles não puderam falar sobre seu relacionamento, embora tenham sido feitas diversas perguntas voltadas para isso, mas das quais eles se esquivaram; certamente, a intenção era fazer a pergunta diversas vezes, não necessariamente para que respondessem, mas com um propósito reflexivo para levar para casa.

A essa forma relacional dou o adjetivo "excesso de ruído". Segundo definição dicionarizada, o ruído é um som inarticulado, geralmente desagradável. Da semiologia, é uma interferência que afeta um processo de comunicação. Portanto, se não acabar com o excesso de ruído nos diálogos terapêuticos, será muito difícil criar um processo de deuteroaprendizagem, segundo uma ideia batesoniana, nem poderão ser construídas as bases para a criação de diferentes narrativas dentro do próprio sistema de crenças existente, isso desde um ponto de vista socioconstrucionista.

Que situações contextuais e relacionais geram ruído?

Cerca de 40 anos atrás, ou seja, na década de 1980, e imersos na pós-modernidade, os valores e papéis eram suficientemente claros dentro de uma relação dominada por uma cultura patriarcal e por uma sociedade heteronormativa; no entanto, ainda assim os valores já estavam sendo questionados, e já se faziam exceções à norma, mas de alguma forma, eram respeitados certos valores chamados de "verdades", "valores universais" ou "autoridades". A heterossexualidade era vista como uma verdade, por isso os diversos manuais de diagnóstico do DSM ou da CID classificavam as exceções de forma patologizante.

Portanto, o casal tinha um "quadro preciso de referência" de quais eram os limites que definiam os aspectos relacionais do que significava ser "esposa e mulher" e do que era ser "marido e homem"; o que era permitido e o que era proibido, numa estreita relação com o senso comum e os valores sociais vigentes.

Atualmente, estamos imersos na hipermodernidade (sociedade ansiogênica/futurista) pós-covid-19, e já não estão tão presentes os valores absolutos e os quadros de referência claros que serviram de contentores em contextos sociais anteriores, bem como nos diferentes níveis lógicos onde tinham um efeito restaurador e onde eram representados por certas autoridades (um pai, uma mãe, padres, guias espirituais, médicos, psicoterapeutas, professores) que, de certa forma, ajudavam a esclarecer imediatamente certas dúvidas daqueles que se sentiam confusos com determinados acontecimentos ocorridos em suas vidas. Hoje tudo isso é questionado e refutado com extrema facilidade. A hipermodernidade introduziu aspectos de grande confusão nas relações de casal: vivemos em um contexto que se comunica por meio de informações que muitas vezes são desinformação e esse é o primeiro aspecto do "ruído" social.

A hipermodernidade introduziu aspectos de grande "confusão" nas relações de casal; vivemos num contexto que se comunica por meio de informações que, paradoxalmente, são desinformações, sendo esse o primeiro aspecto de "ruído" na estrutura social. Hoje em dia, certos valores patriarcais da família tradicional são defendidos com fervor. Ao mesmo tempo, a "paridade" e a "equidade" são mais do que nunca defendidas nas relações de casal

A sociedade mantém, simultaneamente, duas ideias gerais de "ser um casal", estruturalmente contrárias em forma e substância. Portanto, os casais que apresentam dificuldades, que estão num processo evolutivo de vida, que estão passando por uma crise, ou que já têm um problema, não conseguem se proteger de um sistema social que põe absolutamente tudo em causa, e onde "Sr. Google e o YouTube" servem como uma Bíblia para argumentar e refutar.

Para finalizar esse primeiro aspecto do excesso de ruído, os conceitos que definem o casal são esclarecidos, permitindo que o que parece óbvio se torne um tópico de conversa, sem tomar nada como garantido. Do diálogo terapêutico, devem emergir as diferentes ideias e sistemas de significação que cada pessoa tem no casal, bem como como estes se entrelaçam no conflito. O que você esperava do seu marido/esposa quando se casou. E desse homem/mulher?

O que você esperava de sua esposa/marido quando se casou? O que você esperava desse homem/mulher quando se casou? Por que você acha que um homem e uma mulher podem pensar da mesma forma? Por que você acha que não ter diferenças garante que ficarão juntos para o resto da vida/

serão felizes? O que você esperava que acontecesse nesse casamento? Seria válido para esse casal não concordar constantemente em tudo? Seria admissível ter pontos de vista diferentes sobre como ser um casal/pais? Como deve ser um casal em 2022? Faço muitas perguntas através das quais os casais podem avançar no sentido de assumirem a responsabilidade pelo "seu ponto de vista", pela sua própria narrativa, assim, através das perguntas, é possível os afastar daquele contexto confuso ou os aproximar da sua própria relação de casal.

Terapeuta: *Me contem; o que aconteceu nas suas vidas durante este período?*

Pedro: *Primeiro as damas!*

Terapeuta: *Aqui os senhores também têm o direito de começar uma conversa.*

Pedro: *Passamos do regular ao pior; não nos falamos durante quase todo o mês, até ontem à noite, quando chegamos a um acordo.*

Lucía: *Doutor, é difícil para nós dois conversarmos, não nos aproximamos, quando ele está com raiva de mim, ele não vem para casa comer, e quando ele chega, sobe rapidamente para o quarto para descansar, então conversamos pouco, ele não quer dar o braço a torcer em nada.*

Pedro: *As coisas não são bem assim, o problema é você.*

Lucía: *Então não podemos falar um com o outro, somos muito orgulhosos, muito mesmo, sabe-se lá quanto; ontem cheguei em casa às 22h36; saí para tomar um café com uma amiga e ele não me deixou entrar em casa, me trancou lá fora, fiquei chateada, meu filho Carlos, o mais velho, abriu a porta e falou que era para a gente parar com essas coisas. Começamos a discutir sobre o que precisamos conversar em relação ao que está acontecendo e resolver essas questões rapidamente*

Pedro: *Não vai adiantar nada, isso eu já sei; ela não entende que você tem que se comprometer com alguma coisa, e ela não se compromete com nada, ela apenas fica em silêncio, como eu disse a ela da última vez, tenho 100 soluções, mas ela não quer se comprometer.*

Terapeuta: *De onde vem a ideia de que chegar a um acordo vai fazer vocês se sentirem melhor e serem melhores? E se ela não quiser consertar as coisas no mesmo momento que você deseja, seria possível?*

Pedro: *É por isso que somos assim, ela fica em silêncio de 8 a 15 dias, às vezes mais; se você não se comprometer com alguma coisa, isso vai acabar conosco, bem, já está acabando conosco. Um casamento pode ficar bem sem concordar em tudo!*

Terapeuta: *Depende do que você quer dizer com concordar.*

Pedro: *O que vamos fazer como pais com os filhos, como vamos cuidar da casa, o que temos que fazer para estar bem no casamento, o que ela tem que fazer como dona de casa, o que eu tenho que fazer em casa como homem.*

Terapeuta: *O que a senhora acha disso?*

Lucía: *Ele quer que eu adivinhe todos os dias o que ele pensa, se ele acha que eu deveria fazer isso ou aquilo, e eu não fiz, ele começa a me dizer que sou preguiçosa, que o que eu fiz o dia todo?*

Terapeuta: *Você acha que deveriam concordar em tudo?*

Lucía: *Não sei! Nunca pensei no que você está me perguntando!*

Terapeuta: *Você sabe o que precisa fazer como dona de casa, conforme seu marido diz?*

Lucía: *Ele acredita que as coisas devem ser feitas como ele diz, ele acredita que está sempre certo.*

Pedro: *Não é bem assim, eu digo a ela: "Me proponha uma solução", mas temos que nos comprometer, ela não aceita nada; ontem ela disse: "Acho que não devemos nos exigir mais do que já fazemos e nos acostumarmos com isso. No entanto, ela nunca faz o que eu digo para resolver nossos problemas; ela concorda, mas não faz".*

Terapeuta: *Mas ontem a sua esposa deu uma solução: se acostumar a não se exigir.*

Pedro: *Bem, sim, mas não concordo com essa solução. A solução é o que vamos manter como casal.*

Terapeuta: *E se a solução para os seus problemas fosse uma combinação dos dois pontos de vista?*

Pedro: *Bom, fala com ela!*

Pela minha hipótese, Pedro se apresenta como um homem excessivamente controlador de tudo o que deveria acontecer nos diferentes contextos de sua vida e ela se apresenta como vítima desse marido-patrão, mas em termos de sequência comportamental, depois que ele grita, fica bravo e a humilha, ela para de falar com ele por uma ou duas semanas, e certamente não lhe dá atenção. De alguma forma, ambos fazem coisas para eliminar o outro como homem/mulher de suas vidas. Para ele, esse silêncio o exaspera, o desmonta em relação a aquilo que ele pensa representar como homem tradicional. Ele a faz desaparecer ao criticá-la como dona de casa. Vale ressaltar que esse casal, em 27 anos de relacionamento (desde os 18 anos), nunca se bateu, se empurrou, nem jamais manifestou a menor intenção física de agressão. O que me diz que ambos estão imersos em um conflito crônico.

Neste casal, como em muitos outros, há um erro na representação lógica, pois o "conflito" se desenvolve e alimenta na ordem da parentalidade, cujo nível de representação lógica não é diretamente proporcional à conjugalidade "você e eu".

Terapeuta: *Dona Lucía, quando foi a última vez que você discutiu com seu marido porque ele não lhe deu dinheiro para pintar ou cortar o cabelo?*

Lucía: *Acho que nunca doutor, porque nem isso lhe peço; há sete anos comecei a vender canetas fora da escola dos meus filhos, para ter dinheiro para comprar algum doce para eles, ou algo na papelaria, e para pintar e cortar o cabelo; quase nunca peço nada para mim, sempre compro roupas em promoção no mercado de pulgas e no mercado de Liverpool.*

Terapeuta: *Ele alguma vez negou abertamente alguma coisa para você?*

Há silêncio.

Lucía: *Acho que não! Mas, como ele é muito sovina com dinheiro, sempre penso que devemos primeiro suprir as necessidades dos nossos filhos, e a eles, acredito que ele não lhes negará nada, porque eles são sua responsabilidade. É preciso dar a eles o melhor.*

Terapeuta: *Senhor, nestes anos você proibiu sua esposa de comprar algo pessoal?*

Pedro: *Nunca! Ela não me pede coisas; Às vezes vejo o cabelo dela pintado, às vezes não, ultimamente vejo ela despenteada a maior parte do tempo, às vezes acho que ela não tem interesse em se arrumar para mim; Claro, se você me pedisse coisas caras do Palacio de Hierro e de Liverpool, eu diria que no momento não posso comprar elas para você, porque as coisas são difíceis com cinco crianças em escolas particulares, mas eu compraria, não nego que você compre tudo o que precisa. Pedro se dirige à esposa. Você já me pediu para te levar ao cinema, para jantar, para comer tacos, ou quando você me pedia para ir ao cassino, eu alguma vez neguei?*

Lucía: *A verdade é que não, você nunca me negou, mas nos últimos cinco anos perdi a vontade de pedir para você me levar para comer fora, porque muitas coisas aconteceram entre você e eu, e as coisas das crianças são a prioridade.*

Terapeuta: *Pedro, nas questões de intimidade, não só no âmbito do desempenho sexual com sua esposa, também existem os mesmos conflitos por qualquer besteira como você costuma dizer?*

Pedro: *Você está me perguntando se fazemos sexo?*

Terapeuta: *Sim, mas não só isso.*

Pedro: *Sim, mas ultimamente parece forçado.*

Terapeuta: *Forçado em que sentido?*

Pedro: *Ela faz isso porque é seu dever, mas não faz porque quer.*

Terapeuta: *Mas acontece?*

Pedro: *Digamos que sim!*

Terapeuta: *A sensação de ser forçada é sua interpretação ou você já conseguiu perguntar abertamente a ela sobre isso?*

Pedro: *É a minha interpretação.*

Terapeuta: *E como você explica que aí vocês conseguem concordar sem problemas?*

Pedro: *Bom, bom...! — Ele ficou com a língua presa e não respondeu.*

Terapeuta: *Senhora, o que você acha do que seu marido acabou de dizer?*

Lucía: *Às vezes eu gostaria de ter mais conversas com ele, não apenas sexo.*

Terapeuta: *E como você explica que nesta situação vocês não tem conflito?*

Lucía: *Boa pergunta. Não sei!*

No final da sessão:

Terapeuta: *O que teria que acontecer em suas vidas, para dar um fôlego a vocês dois, já que suas vidas são muito ocupadas devido aos problemas financeiros e à organização da vida de cinco filhos? Vocês estariam dispostos a sacrificar um pouco seus filhos para recuperar espaço como casal?*

Quando observo que, de alguma forma, o ruído vai diminuindo durante as sessões, torna-se mais óbvio que a confusão gerada pelo contexto, juntamente com erros de representação lógica, é um tema de conversa. Intercalo o que chamo de "perguntas-ponte", que vão da parentalidade à conjugalidade, para então focar neles e não em tudo o mais, buscando entrelaçar a narrativa (metafórica) e o aspecto relacional das sequências comportamentais

Quando comecei a perguntar sobre ela, como mulher e sobre sua relação com um homem, percebi que a "mulher" está ausente de suas prioridades. A narrativa dominante é a parentalidade, e todas as queixas são contra esse marido.

O termo "dever" é constante para os dois; ambos o demostram num compromisso indissolúvel. Ela não sabe o que quer como mulher, mas sabe perfeitamente o que os filhos precisam e o que a esposa desse marido precisa para avançar como família. Ela conhece bem os deveres com as famílias de origem, mas não sabe o que quer de um homem.

Por outro lado, ele tem uma ideia um pouco mais clara de que deseja ser cuidado por ela, embora haja um certo grau de confusão com o papel de esposa. Porém, é difícil para ele se expressar sem entrar na parentalidade, portanto, sem entrar em conflito.

É evidente que o casal se encontra num conflito crônico porque, há anos, abandonaram metaforicamente "o namoro". Em termos de espaço de convivência, não têm hábitos relacionais (horas, minutos e segundos) para demonstrar em ações os bons sentimentos que afirmam ainda ter. Através desses sentimentos, podem conversar sobre o que um precisa do outro, trazendo para o diálogo presente as "necessidades" que existem e que, de alguma forma, devem ser atendidas.

Alguns terapeutas sistêmicos considerariam que bastaria os colocar frente a frente para falar de suas necessidades de forma imediata e clara, e que eles próprios chegariam aos acordos necessários, sem tantos rodeios; e, provavelmente, poderia ser uma boa ideia para casais que têm uma relação relativamente nova, em que os conflitos surgem como parte do processo de adaptação e estabilização da relação. Nos casos crônicos, considero contraproducente, pois surge uma ofensa atrás da outra, e os acordos fáceis viram bombas que explodem nas mãos do casal.

O ruído crônico exaustivo requer várias sessões, digamos, em média cinco; não gosto de determinar tempo, mas é uma pergunta comum que os terapeutas fazem. Porém, trabalhar com "o ruído" implica explorar exaustivamente esses padrões de interação, facilitando a transição da discussão explícita em um tema de conversa mais significativa. Ao expressar abertamente "um ponto de vista" que é seu e de mais ninguém, você implicitamente tem que assumir a responsabilidade por parte dele.

Em muitos casais, esse ruído se encontra misturado, sendo expresso como decepção, raiva, ressentimento, traição, frustração, às vezes ódio, um amor ofuscado, um amor que não pode ser expresso. Se esse ruído desaparecer da narrativa, será mais fácil reconstruir um diálogo íntimo que responda a todas aquelas emoções e sentimentos que não encontram uma "dimensão" e um "significado" nessa relação conjugal.

Terapeuta: *Me contem o que aconteceu em suas vidas neste mês que não nos vimos?*

Pedro: *Tudo correu mais ou menos bem durante todo o mês, até domingo, quando brigamos. Essa mulher já perdeu o valor moral, ela não queria preparar o café da manhã da minha filha no domingo; a menina chegou, bateu na porta dela, e disse: "Mamãe, você pode fazer o café da manhã para mim", e ela respondeu: "Pegue cereal com leite e se sirva". Minha filha pediu ovo e presunto e ela disse: "Não temos presunto e acho que só tem dois ovos", e eu falei: "Pois se levante e vá ao mercado comprar as coisas!". E ela respondeu com muita frieza: "Estou cansada".*

Terapeuta: *Existe algum problema em que a sua filha de 11 anos prepare o seu próprio café da manhã?*

Pedro: *Ela é uma criança e pediu para a mãe fazer o café dela. Mas ela não quer fazer nada porque é domingo, parece, então, que*

	eu sou o empregado dela, já que depois tenho que fazer comida para as crianças no domingo
Lucía:	*Porque você disse a eles que faria carne assada.*
Pedro:	*Claro! É mais barato para mim cozinhar sozinho nesta época em que estamos sem dinheiro do que levá-los para comer em algum lugar. Mas ela está exagerando com essa ideia de não ser empregada doméstica aos domingos.*
Terapeuta:	*Ouço constantemente de você que sua esposa não faz nada, mas de segunda a sexta quem faz tudo? Quem faz o café da manhã? Quem faz o almoço? Quem faz o jantar? Quem leva e busca os seus filhos de um lugar para outro? Quem lava? Quem passa? Quem varre? Quem esfrega? Quem mantém uma casa com cinco crianças em pé? Pelo que entendi, seus filhos não fazem nada, eles se acostumaram a que façam tudo para eles.*
Pedro:	*Ela! Mas o esforço dela não é suficiente, é preciso mais esforço, o esforço de 50% dela não é suficiente, devemos dar mais, devemos nos esforçar mais.*
Terapeuta:	*Não entendo. O que você espera como homem desta mulher? Como mulher, não como dona de casa ou como esposa, não como filha ou irmã. Você muito facilmente cai em temas de pais e maridos, válidas sem dúvida em um relacionamento, mas você não me diz o que quer dela, eu não entendo.*
Pedro:	*Que me escute quando eu falo, que se vire para me ver quando eu falo com ela, que saiba que nesta casa quem manda sou eu, que nesta casa nem um lápis se move sem que eu o diga. Essa mulher não se responsabiliza por nada, agora com a modernidade da mulher: que eu não faço isso, que não faço aquilo, que "eu não sou sua serva", e paridade das mulheres lá e a paridade das mulheres aqui. Eu sou um carro velho, ela sabia desde que nos casamos que quem manda sou eu, ela sabia muito bem, eu falei para ela, e falei para ela: "Vou te contar algumas regras que devemos seguir". Eu, doutor, nunca tive ciúmes dela. Ela sempre foi livre para sair e voltar de casa quando quisesse. Sou um homem de verdade: não bebo, não saio com prostitu-*

tas, sempre vou do trabalho para casa. Chego em casa e ela não me atende, não passa a minha roupa, não tem duas gavetas minhas organizadas. Estou perdido por causa disso. Eu fali e o que aconteceu? Ela não me apoiou, nunca me perguntou: "Como posso te apoiar?". Só dizia: "Você sabe das suas coisas, você sabe das suas coisas!". Eu não senti o apoio dela, eu fiquei deprimido. Cansei de ser a coisa menos importante para você, se não gosta de mim, saia de casa. Sou um homem antigo, não existe modernidade no casamento, existe o que existe. Eu sempre digo a ela: "com pouca melancia se deixa a boca vermelha". Ela sabe que tem muitas regras, e elas não são impostas, existem porque são necessárias no casamento, e ela as quebra; ela sabe que, se a gente estiver brigados, ela está proibida de voltar para casa depois das 22h30, eu faço isso para pressionar a que cheguemos a um acordo, por isso fechei a porta para ela no outro dia, porque ela quebrou a regra, quem ela pensa que é? O que é isso?! Sra. Brigona?! Que ela demonstre que quer consertar as coisas com esse velho.

Esse é um *resumo* de tudo o que Pedro disse em 10 minutos, quase gritando; Ele respirou e soltou, dizendo tudo que acumulou em 27 anos; foi muito intenso. Ele estava ofegando enquanto dizia isso, ela, com as mãos no rosto, deixando as lágrimas escorrerem; eu o interrompi quando ele já não conseguia respirar, bastava, ele poderia ter um infarto, mas ele falou com muita clareza o que queria dela, retornei com outra pergunta.

Terapeuta: *Lucía, você sabia de todas essas regras que você tinha? Elas já foram conversadas?*

Lucía: *Todas essas que ele diz, não, eu não sabia sobre ter que chegar em casa num determinado horário se estivermos com raiva, sim, eu sabia disso e de outras duas também.*

Terapeuta: *Então você nunca se sentou abertamente para conversar sobre as regras que você tem.*

Pedro: *Assim como você disse, não, nunca fizemos isso, mas em 27 anos surgiram várias.*

Terapeuta: *Você estaria disposto a conversar sobre elas até a próxima sessão?*

Pedro: *Claro, e se você quiser nós anotamos! E nós as trazemos aqui e as lemos para que vocês vejam que não há nada de exagerado ou maluco.*

Terapeuta: *E se a sua esposa não concordar com elas, o que vai acontecer?*

Pedro: *Bom, já falamos sobre isso, não sou fechado a nada, não sou intransigente, sou um homem que pensa.*

Terapeuta: *Lucía, você está disposta a ouvir as regras e dar o seu ponto de vista sobre cada uma delas?*

Lucía: *Vou tentar, doutor!*

Encerrei a sessão, buscando dar coragem a ela para discordar abertamente do ponto de vista dele, a partir das perguntas que fiz. Bom, ele tinha acabado de expressar pela primeira vez o que queria dela com clareza. Mas, deve ser enfatizado através de outras questões, que o que alguém diz é simplesmente um ponto de vista, não uma "verdade". A ausência de perguntas depois de uma "ladainha" corre o risco de quem o diz acreditar que o terapeuta está do seu lado, e de quem o ouve acreditar que o terapeuta está do lado do cônjuge e não dele. Portanto, considero que é extremamente importante manter a neutralidade em relação a todos os pontos de vista expressos na sessão.

Terapeuta: *Me digam o que aconteceu nas suas vidas durante este mês?*

Pedro: *Está tudo bem, doutor! Me sinto mais relaxado, pela primeira vez nos últimos anos não me sinto com água até o pescoço.*

Lucía: *Estamos mais calmos.*

Terapeuta: *E o que vocês fizeram para ficarem bem?*

Lucía: *Eu, nada, ele tem sido mais carinhoso comigo, sinto que ele é mais condescendente.*

Pedro: *Acho que ela fez várias coisas: não me pressionou, ficou mais comigo, vejo que ela vem mais cedo para o quarto para ficarmos juntos.*

Terapeuta: *Dona Lucía, se lhe fosse concedido um reconhecimento, o que diria que fez?*

Lucía: *O reconhecimento iria para você, doutor, para você.*

Terapeuta: *Por que eu?*

Lucía: *Porque da última vez você perguntou a ele quem em casa faz isso, quem faz aquilo, quem mantém tudo; acho que, pela primeira vez na vida, ele viu que eu também faço coisas; se você não tivesse perguntado isso, eu não teria sido vista.*

Pedro: *Não sei se você tem feito mais coisas neste tempo, mas te vejo muito atenta, me dando mais atenção.*

Lucía começou a chorar abundantemente e nós três ficamos em silêncio por dois minutos.

Terapeuta: *Lucía, no que você está pensando?*

Lucía: *Há alguns dias estava pensando em não vir à sessão; eu pensei que quando ele fala muitas coisas ruins sobre mim para as pessoas, fico triste em depois me encontrar com essas pessoas, porque sinto vergonha dele e de mim, não gosto que ele se expresse assim sobre mim, sou esposa dele e mãe de seus filhos, isso me faz sentir muito mal. E ele nunca tinha ficado tão mal, como ficou aqui.*

Pedro: *Mas se não conseguir expressar o que sinto aqui, onde? Acho que este é um espaço profissional e vocês vão entender o que aconteceu, acho que nunca teria feito isso em outro lugar.*

Terapeuta: *Na verdade, eu estava preocupado que o seu marido tivesse um ataque cardíaco, o coração dele estava quase explodindo.*

Pedro: *Mas eu teria morrido como homem, dando o meu melhor; a verdade é que foi ela quem mais mudou, sinto que ela voltou a ser como antes de entrarmos nesta crise econômica...*

Lucía começou a chorar novamente.

Lucía: *Doutor, este mês ele voltou a me chamar de "bonita", há muitos anos não o fazia e repetiu várias vezes...*

O ruído foi esgotado em cinco sessões. Esse casal passou a conversar apenas sobre os dois, as questões parentais e as questões familiares de origem se tornaram satélites do diálogo terapêutico. Pedro nunca mais tentou humilhar ou insultar a sua esposa nas sessões, procurou inteligentemente a forma como expressar o que pensava e sentia. Da mesma forma, Lucía aprendeu a expressar abertamente a maneira grosseira com que às vezes era tratada por ele. Uma renovada intimidade por parte de ambos pôde emergir no processo terapêutico. O tema da comunicação aberta, clara e concisa começou a ocorrer gradativamente, já que ambos, em 27 anos, não haviam desenvolvido essa habilidade. Era uma parte que estava sendo explorada, eles continuaram tendo suas diferenças, mas, durante o resto do processo, nunca mais pararam de conversar, ficaram surpresos porque não conheciam essa faceta de si mesmos.

Legitimar as razões do conflito

Acredito que hoje as relações de casal estão sujeitas a muito estresse proveniente dos diferentes contextos em que atuam no dia a dia. Dentro do contexto de trabalho, há mais demandas, como mostram as evidências de resultados tanto em instituições públicas como privadas. Aqueles que têm filhos são mais obrigados a satisfazer não só as necessidades formais de abrigo, alimentação e educação, mas também a ideia de que é preciso aprender a ser amigo dos filhos; há uma tendência que leva os pais a se sentirem excessivamente exigidos nesse aspecto.

Um dos aspectos de maior estresse é representado por manter uma clara "individualidade" em relação ao outro, seguindo nossos próprios objetivos, nossos próprios desejos e nos sentindo realizados, para poder, se houver tempo, compartilhar esse bem-estar individualizado com o casal.

Estamos em uma sociedade que explica o bem-estar fundamentalmente a partir de uma posição autorreferencial, egocêntrica, que pode ser expressa com frases do tipo: "Se não estou bem comigo mesmo, não posso estar bem com você; se não me amo a mim mesmo, não posso amar alguém", que são válidas, mas têm etimologia de "eu" e não de "nós". Por outro lado, é estranho ouvir essas frases: "Se você e eu estivermos bem, me sentirei feliz; se você e eu nos amamos, o resto é fácil", que não são frases de moda e que partem de uma etimologia "relacional" ou melhor, de uma experiência "colaborativa", mas que implicaria "dar" em parte a ideia de liberdade. Todas as frases são válidas, são formas diferentes de ver a realidade, mas quando alguém se depara com um casal que vive em constante conflito no seu dia a dia, é importante os lembrar, através de questões relacionais, que existe outra forma de ver a realidade.

Problemas com as sogras

Roberto, 34 anos, e Sofia, 32 anos, são um casal que está casado há sete anos e têm um relacionamento total de dez anos. Eles têm uma filha de 4 anos. Roberto tem uma padaria e está prestes a abrir uma segunda. Sofia trabalha em um órgão público como responsável pela área administrativa. Eles acodem a terapia porque brigavam em média três vezes por semana, principalmente por motivos relacionados às famílias de origem. Eles são originários da Cidade do México, mas, há três anos decidiram que queriam mudar de cidade, para evitar tantas horas perdidas no trânsito da capital.

Terapeuta: *Por que vocês acham que precisam de ajuda?*

Sofia: *Brigamos muito porque ele não me escuta, não presta atenção ao que eu falo: "Isto e aquilo tem que estar feito quando eu voltar do trabalho"; chego e está tudo igual, o que havíamos combinado não foi feito e isso me deixa com raiva, mas se alguém me pede para fazer alguma coisa, sim, eu faço imediatamente.*

Terapeuta: *O que você acha do que a sua esposa está me dizendo?*

Roberto: *É assim mesmo! Brigamos muito por essas coisas, mas ela não entende que, embora eu não tenha um horário fixo, tenho coisas para fazer e às vezes surgem imprevistos, porque no ramo da panificação surgem coisas novas todos os dias: com funcionários e clientes.*

Terapeuta: *Quando foi a última vez que vocês discutiram?*

Sofia: *Hoje, antes de vir para cá! Eu disse ontem para ele: "Pergunte para sua mãe se ela pode cuidar da nossa filha", e ele não perguntou, ele perguntou agora a pouco tempo e a mãe não podia, então deixamos nosso filho com a irmã dele.*

Roberto: *Mas conseguimos resolver onde deixar a menina, qual é o problema?*

Sofia: *Que a sua irmã a deixa fazer o que quiser e eu não gosto disso.*

Roberto: *Mas são apenas duas horas.*

Sofia: *Está bem! Está bem!*

Terapeuta: *Quando vocês começaram a discutir com mais frequência?*

Sofia: *Quando chegamos a Colima; porque queríamos uma vida melhor para a nossa filha; O irmão dele morava aqui há muitos anos e parecia feliz, então decidimos que queríamos a mesma coisa e, de repente, viemos. Dois meses depois, sua mãe, seu pai e sua irmã também decidiram vir e tudo começou a partir daí.*

Terapeuta: *O que é tudo?*

Sofia: *Roberto fez tudo pelos pais, incluindo a mudança lá no México, procurar uma casa aqui, consertar a casa, a mudança para cá, abrir a conta no banco, colocar a lâmpada para eles, ligar a luz, ir ao supermercado. Ele passa o tempo fazendo tudo para eles! E isso me incomoda muito, porque falo para ele que a família dele somos eu e a filha dele.*

Roberto: *Ela está exagerando doutor, sim eu os ajudo em muitas coisas, mas não em tudo, nem teria tempo de respirar. Mas você não vê que o dinheiro da padaria foi emprestado pela minha mãe, e meu pai me emprestou parte do dinheiro para abrir a segunda filial.*

Sofia: *Então você tem que ser escravo deles, pelo resto da sua vida.*

Terapeuta: *Essa situação com a família do Roberto sempre existiu?*

Sofia: *Não, eles estavam a uma hora de carro, não se envolviam tanto na nossa vida, cada um resolvia as suas coisas.*

Roberto: *Mas lá, a sua mãe, desde que a nossa filha nasceu, não saiu da nossa casa; fiquei com ela durante 40 dias, todos os dias, me falando o que eu tinha que fazer e fiz com prazer, por você. Desde que te conheço sua mãe dá ordens a toda a família pelo telefone sobre o que deve ser feito, e eu não me importo muito, pois sei que você quer estar perto deles.*

Sofia: *E eu sempre te digo: "Defina um limite para minha mãe, você não precisa fazer o que ela manda".*

Roberto: *Mas eu faço isso, porque sei que evita problemas com ela.*

Sofia: *Sim, você evita problemas com ela, mas comigo não.*

Nessa primeira sessão, surgiu uma avalanche de motivos intermináveis pelos quais brigam constantemente em relação às famílias de origem. Sofia explicou, detalhadamente, todas as grosserias que disse terem sido feitas, principalmente com ela, pela sogra e pela cunhada, em relação às quais ele não reagiu em defesa da esposa como ela esperava, se tornando esse acontecimento um assunto presente durante semanas inteiras. Roberto respondeu, tentando explicar de forma concisa porque fez uma coisa ou outra, mas suas respostas foram imediatamente refutadas por Sofia. Roberto afirmou que se sentia constantemente frustrado com o comportamento da esposa e decepcionado por não atender às expectativas dela, o que o deixava triste. Da mesma forma, Sofia expressou que estava muito irritada, ressentida e frustrada porque esse homem não era aquele com quem ela se casou, ela não estava mais se divertindo como durante os primeiros cinco anos de relacionamento.

Terapeuta: *Como vocês explicam o fato de que depois que os dois decidiram conscientemente melhorar suas vidas, as coisas pioraram significativamente?*

Sofia: *Como? Eu não entendi!*

Terapeuta: *Por que ao decidir e planejar um filho, por que ao planejar mudar de cidade para melhorar a vida, planejar e abrir negócios para ter mais dinheiro, o efeito foi o oposto?*

Sofia: *Eu nunca tinha pensado nisso da mesma forma que você.*

Roberto: *Eu sim, já pensei: em poucas palavras, por que estamos ferrados, se deveríamos estar bem? Não sei a resposta.*

Encerrei a sessão fazendo algo óbvio: gerei um tema de conversa através dessa pergunta final. Ao não pedir uma resposta correta ou uma verdade, simplesmente perguntei como eles explicam a situação que estão vivenciando. Essa forma de pergunta "explicativa" ativa um processo reflexivo, tornando mais complexas coisas que parecem óbvias a partir do senso comum.

Em geral, quando os casais chegam com um arsenal de motivos pelos quais brigam, apresentando ou manifestando uma narrativa interminável de histórias do passado, uma narrativa que se expande com emoções negativas e gera a ideia de uma dívida interminável de acontecimentos, sem motivo aparente, dou a eles força com essa conversa. Dar força significa continuar perguntando e se aprofundando neles como casal.

Você deve estar se perguntando o que eu faço com isso? Em princípio, legitimo as razões pelas quais ambas as partes brigam. Legitimar, segundo os dicionários, é tornar algo legítimo, algo justo, lícito para o relacionamento. Sempre esclareço aos terapeutas que o termo legitimar não é o mesmo que "aprovar", que tem um valor completamente diferente; aprovar é qualificar ou aprovar algo ou alguém. Legitimar o conflito é dar um "sentido" ao que se passa diariamente na relação, que existem situações contextuais de stress diário, que, de alguma forma, acumulam emoções e experiências desagradáveis e que o "recipiente" desse estresse geralmente é o relacionamento de casal ou é o casal.

Terapeuta: *O que você achou do que conversamos na sessão anterior?*

Sofia: *Que temos muitos problemas e não sei por que, se digo que ainda o amo muito.*

Roberto: *Fiquei pensando nesta pergunta durante todo o mês: por que estamos piores do que antes e não melhores? Ainda não tenho uma resposta.*

Terapeuta: *Este mês, o que aconteceu de diferente em suas vidas?*

Sofia: *Quase nada entre nós; tive uma semana de trabalho muito difícil, e no domingo brigamos de novo, porque ele ficou na padaria para beber com os amigos, e eu falei para ele: "Se você vai tomar mais de três cervejas, então você me leva ao supermercado hoje, porque não quero que você dirija bêbado, comigo e com a menina".*

Terapeuta: *O que você acha do que a sua esposa está dizendo?*

Roberto: *Que não só ela teve uma semana difícil, eu ainda não consegui abrir a outra padaria, no centro comercial. O CFE (Comissão Federal de Eletricidade) ainda não instalou os medidores e estou perdendo dinheiro. Doutor, com meus amigos só tomei três cervejas! Como você me falou!*

Sofia: *Não, seu hálito era de mais cervejas, você bebeu mais de cinco.*

Roberto: *Mas você não estava lá comigo para falar assim.*

Sofia: *Eu te conheço e sei que você não bebeu só três cervejas. Doutor, ele não cumpre o que fala comigo e isso me deixa muito irritada; não fomos ao supermercado e não há nada para comer esta semana.*

Roberto: *É assim doutor, ela não confia em mim.*

Sofia: *Como posso confiar se sei que seus amigos são uns bêbados e como sempre, imagino que você os agradou e bebeu mais.*

Roberto: *Ok, pense o que quiser!*

Legitimar

Terapeuta: *É evidente que vocês têm "motivos válidos para brigarem", porque ambos tiveram uma semana difícil no trabalho. Você Sofia, nessas três sessões me contou o quanto se sente pressionada a cumprir as exigências do seu chefe. E você, Roberto, imagino que, ao não conseguir abrir o segundo negócio, tenha parado todo o investimento, pois todos os equipamentos já foram adquiridos; faço uma pergunta muito simples: com que frequência um de vocês fica em silêncio, mesmo tendo motivos válidos para brigar?*

Sofia: *Como?!*

Terapeuta: *Quantas vezes, mesmo que ele tenha feito coisas erradas, do seu ponto de vista, você fica em silêncio? Ou quantas vezes, mesmo que ela comece a repreendê-lo, você fica em silêncio?*

Sofia: *A verdade é que acho que nunca.*

Roberto: *Tento ficar em silêncio, mas ela insiste tanto que eu responda alguma coisa.*

Terapeuta: *Eu entendo que as situações da vida nos estressam diariamente, nós podíamos conversar durante 20 sessões sobre todos os motivos válidos pelos quais vocês brigam, mas tenho a impressão de que vocês perderam em grande parte a capacidade de "escolher" algo diferente, já que "hoje" não demonstram essa capacidade entre si. Vocês não são como os outros casais, que às vezes brigam e às vezes não, mesmo que haja motivos válidos para isso, vocês sempre acabam brigando, não só com palavras, mas com muitas atitudes negativas um com o outro. Parece que vocês perderam a capacidade de escolher algo diferente para o seu relacionamento.*

Sofia e Roberto permaneceram impassíveis; em um nível lógico, pareciam ter entendido tudo (sistema límbico) e ficaram chocados; em outro nível lógico (racional, neocórtex), ficaram confusos.

Não me aprofundo no conflito na ideia de trabalhar e saldar toda a dívida "kármica" por assim dizer, seria fundamentalmente ficar no "passado" da história, temos que mover o processo narrativo para uma evolução, rumo ao presente e ao futuro, dar mobilidade ao sistema de crenças, uma "atualização". Isso não significa que proíbo o casal de falar sobre isso ou que não continuo escutando, simplesmente não dou força para que continuem fazendo perguntas.

As crenças que estão enraizadas no senso comum das pessoas, um produto da psicologização em massa no século XX, continuam fazendo com que as pessoas pensem que é preciso consertar o passado (infância) para ter bem-estar no presente, e nos casos de casais com conflitos crônicos, ainda mais, porque acham que é preciso consertar e encobrir o vulcão das situações vividas para recuperar o bem-estar.

Às vezes, os casais insistem nessa ideia, que não refuto por motivo algum, mas antes a complico com outras questões, dizendo: "Entendo a sua necessidade de trabalhar situações pessoais da sua história de vida, com a sua família de origem, e entendo que, de alguma forma, você está convencido de que essas histórias impactam diretamente no bem-estar do seu relacionamento, mas esse trabalho pessoal pode levar anos. Quanto tempo você acha que esse relacionamento poderia durar para cada um de vocês, individualmente, consertar seu passado? E se os tempos e as formas como cada um de vocês trabalham sobre o passado não coincidirem, o que será do bem-estar de cada um de vocês e desta relação? Existe a possibilidade desse casal trabalhar apenas sobre o futuro e esquecer momentaneamente o passado, sabendo que ele está aí, mas que, neste momento, decidem colocá-lo em *stand-by*?".

Construir motivos válidos para não brigar

Terapeuta: *Me digam o que aconteceu em suas vidas durante este mês que não nos vimos?*

Sofia: *Temos estado bem, embora tivéssemos tido uma pequena discussão no fim de semana sobre a minha mãe. No entanto, os últimos três anos foram muito tensos.*

Roberto: *Acho que estamos bem; é um ganho não brigar durante todo o mês.*

Terapeuta: *O que você acha que cada um fez para não brigar?*

Sofia: *Não sei exatamente, mas o que você disse no final da última sessão me deixou tensa, me fez pensar uma semana inteira, tentando entender o que você disse.*

Terapeuta: *A que conclusão você chegou?*

Sofia: *Eu não gostaria de saber que quem está ferrada e sozinha na vida sou eu.*

Roberto: *Prestei mais atenção ao que ela me pedia; e naquilo que você disse no final, fiquei pensando que somos escravos do que pensamos.*

Terapeuta: *O que você acha que cada um fez para não brigar?*

Sofia: *Eu fiquei mais relaxada.*

Terapeuta: *Por que vocês tiveram aquela pequena discussão?*

Sofia: *Minha mãe me ligou para avisar que no próximo fim de semana vão nos buscar em Colima, para que possamos passar o fim de semana todos em um hotel boutique com fontes termais em San Miguel de Allende. Mas ele e eu já tínhamos combinado de irmos sozinhos passar um fim de semana na Serra Gorda. Mas minha mãe falou com ele, como sempre, e ele disse que sim, que está tudo bem e que esperamos por eles na sexta. Aí fiquei chateada, porque quando desliguei o telefonema dela, falei com ele que deveria ter dito que já tínhamos um plano.*

Roberto: *É que você está acostumada a fazer o que sua mãe manda, e então eu simplesmente digo que sim para algo que sei que vai acontecer do jeito que ela quer.*

Sofia: *Mas você poderia ter dito não.*

Roberto: *Eu sei, mas ela não é minha mãe, ela é sua, você que tem que falar com ela, por que tem que ser eu, se eu tenho um bom relacionamento com ela?*

Sofia: *Doutor, estou percebendo que minha mãe também está manipulando nós dois, e pensei que fosse só a espertalhona da mãe dele.*

Terapeuta: *Não entendo. Você está dizendo que são os outros que estragam todos os seus planos do dia a dia? Ou que são fantoches dessas duas mulheres?*

Sofia: *Ah, é mesmo! Parece que é isso que dizemos. Não acho que seja esse o caso, talvez eu nunca tenha imposto limites à minha mãe.*

Roberto: *E, claro, você quer que eu os coloque.*

Sofia: *Não, só quero que você me dê meu lugar na frente de todos e me defenda.*

Roberto: *Do quê?*

Sofia: *Bom, não me expliquei bem, não sei como dizer, preciso pensar melhor.*

Terapeuta: *Como você explica que vocês pararam de brigar aparentemente do nada?*

Roberto: *Bom, eu fiz alguma coisa, mas o porquê paramos de brigar, é provavelmente porque já entendemos alguma coisa, porém, ainda não foi digerido.*

Sofia: *Não sei bem, mas estou menos tensa.*

Terapeuta: *Tenho a impressão de que vocês têm motivos válidos e poderosos para brigar, já que isso acontece há alguns anos. Duvido que esses motivos desapareçam da noite para o dia simplesmente do nada. De alguma forma, criaram uma dívida no relacionamento do casal que é frequentemente cobrada. No entanto, me pergunto e pergunto a vocês, como poderiam construir razões válidas e poderosas para não brigar? O carinho que vocês dizem ter poderia ser uma razão válida para não brigar? O amor que dizem ter pelo filho poderia ser outro motivo? A ideia de realizar o sonho de viajar pelo mundo poderia ser outro motivador? O que vocês acham que deveriam fazer não apenas para se concentrarem em redimir suas diferenças ou chegar a um acordo sobre quem está certo e quem está errado? Pensem em quais situações da vida vocês poderiam lembrar de parar, apesar de todo o estresse diário? E quando surgir o impulso de discutir, talvez não sempre, mas decidam escolher algo diferente em suas vidas?*

Focalizo na reflexão da "construção" de motivos válidos e potentes para não brigar, construo uma ponte no presente, para transitar do passado ao futuro do relacionamento. No próprio ato do diálogo terapêutico, coconstruo reflexões que conduzem o casal a outra narrativa abstrata, entrelaçada com diferentes possibilidades relacionais e de ações.

Terapeuta: *Me contem, o que aconteceu em suas vidas durante este mês?*

Roberto: *Estamos muito melhor, acho que conversamos mais do que nunca em nosso relacionamento.*

Terapeuta: *Sobre o que vocês conversaram?*

Roberto: *Entendemos que ela sempre via os problemas no geral e as soluções também, ela só via no geral e eu ao contrário, me envolvia demais pensando no que estava acontecendo.*

Sofia: *Sim, está tudo bem conosco, temos que fazer uma combinação das duas formas de pensar. Acredita doutor, que pela primeira vez ele me defendeu da minha mãe?*

Terapeuta: *Como?!*

Sofia: *Ela começou a falar: "No réveillon temos que ir de férias para Cancún", e ele respondeu: "É melhor falar com sua filha, porque não sei se ela quer ir lá no Ano Novo". Eu me sinto feliz!*

Sofia aplaude.

Roberto: *Eu não te defendi de nada.*

Sofia: *Bem, você não me defendeu, mas me senti apoiada por você, senti que você estava do meu lado.*

Roberto: *Acho que estou sempre do seu lado. Talvez eu já tenha entendido que deveria ser mais claro com você para que você se sinta melhor.*

Em geral, quando se trata de conflito, não costumo banalizar as situações com soluções fáceis como, por exemplo, colocar o casal frente a frente para dizer um ao outro o que pensam e sentem, para que cheguem a um acordo o mais rápido possível ou falar o que devem fazer para resolver sua dificuldade. Em vez disso, tendo a esmiuçar a complexidade do relacionamento do casal, com perguntas que ativam um processo reflexivo de segunda ordem.

Para fazer esse trabalho, às vezes é preciso aprender a trabalhar a própria ansiedade como terapeuta; não é algo espontâneo, é preciso estar monitorando as próprias emoções que surgem da situação conflituosa criada na sessão e quais sensações estamos vivenciando. No primeiro caso que contei, do Pedro, na sessão em que ele explodiu abertamente com voz quase gritante, que estava ofegando muito. Eu sabia que as minhas perguntas o encurralavam, pois ele tinha esgotado toda a sua capacidade argumentativa, a tensão foi sentida na superfície, mas foi a porta que se abriu para a mudança, ele expressou o que sentia, e, mais tarde, isso permitiu que ela também o fizesse. Acabei com uma "dor de cabeça" naquele dia.

As três primeiras sessões com eles foram difíceis para mim, me senti mal por ele, suas supostas expressões entre simpatia e humilhação eram fortes para com ele mesmo, não estava isento de preconceitos pessoais, queria que a sua esposa reagisse imediatamente e o silenciasse, e mais tarde entendi que ela fazia isso quando parava de falar com ele com a mão na cintura por duas semanas, ele desaparecia do mapa. Mas essa forma prejudicava o bem-estar de ambos. Cada vez que ele começava a sentir que ela "abaixava a cabeça" e se escondia atrás dos seus longos cabelos, ele imediatamente fazia uma pergunta para dar existência e valor à sua palavra. Eu a defendi dando um lugar para ela no diálogo terapêutico, dando a oportunidade de que pudesse discordar de certas questões, daquilo que o seu marido, com todas as "boas" intenções do mundo, lhe impunha como verdade.

No caso da Sofia e do Roberto, no início do processo, me desesperei porque ele se colocava numa posição morna, respondia de forma curta e direta. Transformei esse sentimento no impulso de fazer perguntas mais complicadas para ele, para que ele não pudesse me responder um sim, um não ou um mais ou menos, coloquei todo o meu arsenal de perguntas reflexivas e hipotéticas para dificultar que ele banalizasse suas respostas. No final do processo, ele me disse que minhas perguntas foram como um golpe que o deixava pensando durante uma semana inteira, o que me deu satisfação, já que minha frustração deu frutos. Sofia também me deixava ansioso, porque, geralmente, parecia ser ela quem não entendia o que eu estava perguntando e fazia Roberto explicar novamente minhas perguntas para ela; me permitiu pensar a mesma questão com muitos sinônimos e muitos exemplos, mas nunca me dei o luxo de banalizar as questões, ignorando as respostas ou o seu possível significado.

Casais que possuem conflitos fortes e abertos geram tantas emoções em nós, terapeutas, que às vezes não prestamos atenção a elas e a quando agem sobre nós. No ato dialógico, é muito importante monitorar essas emocionalidades nos diferentes momentos do processo para evitar a banalização de nos tornar diretivos em busca de acordos fáceis, rápidos que não levarão o casal a lugar nenhum. É o casal quem deve construir os seus acordos ao longo do tempo, depois de esgotar exaustivamente os seus pontos de vista, tanto no que concordam como no que divergem.

CAPÍTULO 4

Sexualidade e intimidade

Teresa Arcelloni

Ricardo Rosas

Terapia Sexual Sistêmica

Teresa Arcelloni

Bom sexo, apesar do amor.

Ulrich Clement

Ano, 1987. Tenho 28 anos e estou no primeiro ano da Escola de Psicoterapia Sistêmica do Centro Milanês de Terapia Familiar. Meus colegas e eu estamos sentados atrás do espelho unidirecional, somos a equipe que auxilia na terapia e participa da discussão com o terapeuta quando ele sai da sala de terapia para se juntar a nós e compartilhar conosco observações úteis para formular uma hipótese terapêutica. Estou fascinada pela conversa terapêutica que nossa professora está tecendo com os dois clientes: um casal de quase 50 anos. Eles foram para o centro porque querem reencontrar a conexão que tinham, agora sufocada pela monotonia e pelas constantes divergências.

Sou médica e me ensinaram a fazer perguntas para coletar dados e assim poder fornecer respostas. Aqui, porém, tudo é diferente: perguntas levantam dúvidas, trazem reflexões em vez de soluções.

A certa altura da sessão, o terapeuta se afasta do casal e vem nos dizer, com muita cautela, que talvez a questão da relação sexual deva ser abordada. Eu acho isso muito estranho: "Eles têm uma certa idade — penso eu —, estão juntos há vinte anos, então certamente o sexo não é o problema deles...". Parece lógico para mim. Tão lógico que digo isso abertamente na discussão dentro do grupo. Meus colegas me apoiam e respondem: "Afinal, eles não vieram falar de sexo, dizem que não querem mais brigar... Vamos conversar sobre o conflito... Talvez eles estejam em uma situação ruim por causa de um problema com os filhos..." O doutor Cecchin está sentado conosco e fica em silêncio, nos dá espaço para discutir, depois pergunta: "Até que idade as pessoas têm relações sexuais?". Seu tom não traz a menor crítica, é uma pergunta que precisa de resposta, uma pergunta curiosa. Não conseguimos encontrar a resposta... Talvez porque, nesse momento, ele tem 60 anos e é difícil negar a sexualidade do seu professor (!) ou talvez porque a resposta não exista mesmo... "Seria interessante perguntar a eles!" — acrescenta Cecchin, olhando para nós com olhos sorridentes.

"O caminho para o inferno está cheio de boas intenções", diz um ditado popular italiano e de fato a ideia de falar sobre sexo se perde, talvez sufocada por medos e por pudor ou simplesmente ninguém sabe ao certo como e por que seria sensato introduzir o tema do sexo em uma terapia sistêmica que não é sexologia nem psicodinâmica. O sexo é assunto de sexólogos e psicanalistas, os sistêmicos da década de 1980 tratam da dinâmica da comunicação familiar.

Refleti sobre esse episódio tentando lembrar qual foi a "primeira vez" que tive que lidar com a questão da sexualidade em terapia. Me lembrei desse momento que hoje me emociona com aquela ternura e nostalgia que às vezes é reservada para lembranças de experiências importantes de trinta anos atrás. O conceito de sexualidade mudou, a forma de entender a terapia é diferente, eu sou totalmente diferente... Mas alguns preconceitos compartilhados continuam a rastejar sob uma camada de liberdade sexual declarada.

Em primeiro lugar, gostaria de enfatizar que o terapeuta que trata do tema sexo (e todos os outros temas da terapia) se coloca em cena com seu físico e com sua idade. Quando eu tinha menos de 30 anos, obviamente sabia que, tecnicamente, aos 50, poderia haver intimidade sexual entre duas pessoas, mas não "parecia" real.

Encontrei a mesma atitude em muitos dos meus alunos que têm vergonha de falar sobre sexo com pessoas mais velhas do que eles e, essencialmente, acham difícil ter essa conversa porque não acreditam realmente que haja uma sexualidade ativa e que seja importante para essas pessoas mais velhas; muitos dos meus alunos a percebem como algo aberrante, como uma pequena perversão

A cautela com que o sexo foi aludido, sem falar sobre ele claramente, não está morta: às vezes renasce na ideia de que a terapia deveria falar de sentimentos, alegrias e dores de forma abstrata e imaterial... Como se fosse melhor ignorar os aspectos físicos. Alguns temas são privilegiados pela ideia de não serem intrusivos: nos sentimos autorizados a perguntar sobre o conflito, mas não sobre o orgasmo, como se uma briga furiosa fosse menos íntima que uma relação sexual. No entanto, Dr. Cecchin nos mostrou o caminho que nos levou à leitura relacional da sexualidade ao sugerir que pedíssemos aos nossos clientes que superassem nossas perplexidades. Ele nos disse que ter ou não ter relações sexuais é simplesmente uma escolha das pessoas. Você não pode considerar que "está bem" porque faz sexo com frequência: o que importa é a ideia que as pessoas têm sobre a sexualidade e como elas desempenham essa premissa dentro dos seus relacionamentos.

Se penso em como nos sentíamos no passado ao lidar com o tema sexo em terapia, poderia dizer que o sentimento mais frequente era a incerteza, porque não nos sentíamos totalmente autorizados a abrir a porta dos quartos dos nossos clientes. Ainda não entendíamos o significado relacional da sexualidade. Hoje, é evidente que a sexualidade é uma das formas pelas quais as pessoas comunicam algo ao casal e os terapeutas sistêmicos que adotaram essa premissa abordam o discurso da relação sexual dos clientes com maior confiança.

Eu conduzi muitos seminários de formação sobre Terapia Sexual Sistêmica e alguns alunos me escreveram depois, agradecendo porque descobriram a oportunidade de abordar em terapia o tema da sexualidade de seus clientes. Acho que esses encontros formativos deram sentido à possibilidade de abordar esse tema na terapia: se você acredita que o sexo é uma questão individual e um exercício mecânico, então não pode tratá-lo em uma terapia relacional, mas se você vê o sexo como uma forma de comunicar algo, então ele se torna uma parte essencial da terapia.

Ano, 1991. Último ano da minha formação no Centro Milanês. Minha professora é Dra. Gabriela Gaspari Boi, uma pessoa a quem devo muito porque me ensinou a refletir sobre o sentido processual da ação terapêutica, a privilegiar a relação. A primeira professora que me pareceu realmente interessada no discurso sobre o casal e sua dinâmica comunicativa, com ela aprendi a abandonar definitivamente a descrição vítima-opressor, aquela descrição rígida que a maioria dos casais em crise propõe ao seu terapeuta. Mais uma vez me vejo observando uma sessão de terapia atrás do espelho: naquela época, eu não falava muito, gostava de participar observando. Conseguia refletir com mais calma do que quando me sentia pressionada na sessão de ter que encontrar perguntas inteligentes e sensatas; então vejo a professora e um jovem estudante sentados na frente de duas pessoas de trinta e poucos anos. Um casal heterossexual, como diríamos hoje, antes eram entendidos simplesmente como marido e mulher. "Como está a temperatura no quarto do casal?" — pergunta a Dr. Boi. Percebo que minha colega enrijece imperceptivelmente em sua cadeira. "Quente!" — ele diz. A esposa baixa os olhos e permanece em silêncio. Quando questionada, ela diz, sem muita convicção: "Com certeza!". Passamos para o próximo tópico.

Atrás do espelho, antes do retorno final, há uma discussão acalorada sobre seu comportamento não-verbal: "Para mim ela não estava tão de acordo com a resposta 'quente'", diz um colega, enquanto outro se pergunta: "Quem sabe o que realmente acontece entre eles na cama?". Os terapeutas voltam a entrar e propõem uma releitura da dinâmica comunicacional do casal, na qual conversamos sobre o que ambos evitam dizer para se protegerem. Ninguém pensou em perguntar de forma mais aberta e específica sobre a sua sexualidade, de forma que as curiosidades manifestadas pelo grupo sobre aquela cama ficam atrás do espelho.

Agora sorrio ao pensar no quanto o discurso sobre sexualidade mudou ao longo do tempo, tudo está mais fluido e acessível, mas ainda hoje vejo timidez e relutância em muitos terapeutas que preferem não falar sobre sexo na terapia, ou falam sobre isso de forma alusiva.

Quando um terapeuta aborda o tema do conflito ou da parentalidade, ele geralmente faz perguntas diretas, perguntando "quem faz o quê": poucos pensariam em perguntar qual é a temperatura da "sala de estar" para abordar o tema do conflito e certamente a resposta "quente" não seria considerada exaustiva na descrição dos termos da discórdia. Já no tema do sexo, as perguntas tendem a ser maliciosas, com um tom que parece esconder um voyeurismo rastejante.

Perguntas alusivas geram respostas alusivas, então, no final, ninguém entende o que você está falando, mas todos demostram que entendem perfeitamente. A palavra "quente" dita pelo cliente em terapia, paradoxalmente tem o efeito de esfriar a conversa, deixando a ilusão de compartilhar a ideia de que o sexo é bom, que não é o problema, mas, na realidade, não acrescenta nada ao quadro do relacionamento deles. Os terapeutas acreditam ter tratado o tema da relação sexual de maneira educada e marcada por um pudor antiquado, as palavras masturbação, vagina, impotência e relação sexual parecem proibidas. Porém, a sexualidade é o corpo, o sangue e o suor através dos quais o casal comunica algo.

Hoje, muitas coisas mudaram, a forma de fazer terapia evoluiu e a relação sexual e a forma de lidar com ela na terapia de casal também mudou, mas a tentação de abordar o sexo com cautela continua à espreita, como se fosse algo que é melhor manusear com cuidado. Na realidade, a psicoterapia trabalha com material humano que deve ser manuseado com cuidado, mas essa atenção nunca deve se traduzir em relutância ou recusa em se aventurar nos caminhos da relação sexual.

Ano, 2010. A façanha da minha vida profissional dá certo: proponho a uma importante editora italiana a publicação de um livro que descobri, traduzi e editei; minha proposta é recebida com interesse.

Esse livro é *Terapia Sexual Sistêmica*, um texto escrito por Ulrich Clement, um professor da Universidade de Heidelberg que conheci enquanto fazia estágio na Escola Sistêmica daquela cidade. Não é uma publicação que saiu da minha caneta, mas, certamente, vem da minha experiência profissional e do meu coração: estou entusiasmada porque consegui introduzir o tema da sexualidade na terapia sistêmica italiana. No final dos anos 1990, a Alemanha estava mais aberta à experimentação, a terapia de casal se abriu ao tema da sexualidade em termos relacionais, pude respirar um pouco de ar fresco. Frequentei a Escola Sistêmica de Heidelberg através de um estágio prático de alguns meses e fiquei fascinada por seu impulso inovador. No entanto, senti que tinha atrás de mim a minha Escola de Milão, o Instituto que tinha sido o ponto de referência para muitos pioneiros alemães: senti que tive o privilégio de fazer parte do Centro Milanês que já era um símbolo no estrangeiro naquela época, um como o Coliseu ou o grande canal de Veneza. Mas, como se sabe, o peso de uma tradição tão importante pode travar a inovação e, de fato, quando voltei entusiasmada a Milão, alguns dos meus colegas do Centro me disseram claramente que o foco na sexualidade poderia ter nos distraído de questões metodológicas mais importantes. Ninguém estava contra o argumento da sexualidade, mas muitos o consideravam como algo secundário. Lutei durante anos contra essa ideia que me perseguia mesmo longe da Itália. Num país da América do Sul, onde fui convidada para lecionar, rejeitaram educadamente o tema da sexualidade na terapia de casal: queriam algo que tivesse maior relevância social, por exemplo, teria sido mais útil — disseram — apresentar um discurso sobre a dinâmica dos familiares em famílias de pacientes esquizofrênicos. Um preconceito negativo que reduziu a sexualidade a algo supérfluo e elitista, quase como dar um croissant em vez de pão a uma pessoa faminta. Porém, a sexualidade transmite emoções que fazem parte da vida de todos, o direito à vida sexual é igual às demais exigências da vida de qualquer pessoa, incluindo, obviamente, as das pessoas com diagnóstico de esquizofrenia. Distorções e mal-entendidos nas relações sexuais transformam os casais e até as famílias em pequenos infernos domésticos.

O tema sexualidade no início dos anos 2000 ainda era considerado marginal, mas as solicitações de seminários e cursos de Terapia Sexual Sistêmica eram tantas que não conseguia atender as solicitações. De 2010 até hoje, posso dizer que realizei mais de cem seminários sobre sexualidade e que observei grande interesse pelo assunto. Conheci terapeutas italianos e estrangeiros que me enriqueceram com as suas observações e, por vezes, com as suas críticas, mas a maior satisfação foi ter notado nos meus interlocutores uma espécie de "alívio" por terem conseguido adquirir novas ferramentas que lhes permitiram integrar a sexualidade na terapia sistêmica. Estava faltando essa peça... "Não fazia ideia se podia me sentir autorizada para falar sobre relações sexuais, sentia medo e vergonha de falar tão diretamente sobre o tema. Agora eu sei acima de tudo *por que* tenho que fazer isso..." Assim disse um terapeuta de um grupo brasileiro, destruindo com um só golpe meu mito do Brasil sem tabus.

Ano, 2019. Treinamento no Centro Milanês, mesma sala de 1987, poucas mudanças no mobiliário, mas faltam os dois Mestres Fundadores, que nos deixaram seus ensinamentos, e um grande vazio.

Agora sou a professora e meu tema é pornografia. Gostaria que os alunos se sentissem autorizados a falar de sexo com a mesma serenidade e transparência com que falam entre si no bar, mesmo que seja num contexto terapêutico que deveria privilegiar a reflexão relacional. Não gosto de me repetir, mas digo uma frase que já disse muitas vezes: segundo algumas estatísticas, na Itália, quinze por cento das pessoas entre os 20 e os 55 anos usam pornografia para se excitarem sexualmente. Pois bem, nos quinze anos em que conversei com terapeutas sobre sexo, em tantos encontros de treinamento, *nunca conheci* um terapeuta que me dissesse que sim, a pornografia faz parte de suas estratégias para reavivar a sexualidade. Normalmente esta minha afirmação provoca pequenos sorrisos ou olhares irônicos, olhos voltados para o chão... mas, desta vez, um jovem terapeuta levanta a mão. Ele vai me pedir esclarecimentos, eu acho... "Aqui estou — diz ele —, minha namorada e eu, quando fazemos sexo, às vezes ficamos excitados com pornografia... nem sempre, mas acontece...". O silêncio dos colegas se torna pesado, assim como o do meu grupo, quando trinta anos atrás acompanhávamos a terapeuta que falava de sexo de forma alusiva com pacientes em terapia. É um grande dia — digo com emoção — não tanto porque um parceiro nos conta sobre os seus hábitos sexuais, mas porque hoje o treino sistêmico superou o pudor e a vergonha, mas, sobretudo, essa abertura nos permite compreender que a evolução do contexto sobre o tema da sexualidade é contínua, rápida e inesperada: o que ontem era uma área que devia ser evitada com medo, já não o é hoje. Tenho agora 60 anos e devo ter cuidado para não me apegar a descrições de sexualidade que já não são atuais. A minha experiência de vida profissional e pessoal é uma riqueza, mas não deve me impedir de ver as mudanças.

Queria contar a minha trajetória pessoal como terapeuta atenta às questões da sexualidade com o prazer de compartilhar alguns momentos significativos da minha evolução profissional, mas também querendo destacar o quanto as ideias sobre o sexo e a forma de abordá-lo na vida das pessoas mudou ao longo dos anos, nos contextos de treinamento e terapia. Devemos sempre estar atentos a essas mudanças que muitas vezes desconhecemos. Nós gostamos das descrições do mundo que parecem inovadoras, na contramão, mas que, na realidade, não fazem mais parte do mundo complexo que existe fora da sala de terapia. Por exemplo, conheço colegas que atribuem à sexualidade um valor de protesto: uma instância de autodeterminação em relação à família de origem. Era o mito de 1968, a ideia de fazer sexo para ir contra uma norma estabelecida. Para alguns, isso ainda acontece hoje, mas a maioria dos adolescentes tem a permissão dos pais para se aventurar em uma relação sexual, eles podem ter sexo, mas muitas vezes não sentem desejo.

Além do chamado à atenção sobre a mudança contínua da ideia do que é sexualidade, há um aspecto que considero o pilar da terapia: o terapeuta, com sua história e sua pessoa, é parte ativa da terapia. Isso é verdade em todos os aspectos da relação terapêutica, mas ainda mais se abordarmos a questão da sexualidade, que se refere diretamente à dimensão física dos corpos que comunicam algo através de ações.

Se o tema da sexualidade é proposto por um jovem terapeuta que encara a experimentação nas relações sexuais com serenidade e curiosidade e que também não julga a pornografia como algo sujo a ser evitado, gera-se um clima que permite a construção de um sistema terapêutico único com o casal, possibilitando leituras bem diferentes daquelas de um terapeuta sexagenário mais experiente, mas um pouco mais atrelado a ideias mais rígidas.

A maioria dos terapeutas se sente imune ao preconceito sexual, um grupo seleto que não julga e não condena os costumes sexuais das pessoas, que tem a ideia de que vive em um mundo pudico e atrasado. É um sentimento onipotente e superestimador, de pouca utilidade na terapia. Todos temos preconceitos, precisamente porque todos temos preferências e expectativas no domínio da sexualidade. Em vez de negar ou ignorar os nossos preconceitos inevitáveis, devemos aprender a usar a nossa posição no mundo diversificado da sexualidade como ponto de partida para o confronto aberto com os nossos clientes. Diante de uma mulher que diz se sentir incompreendida pelo parceiro, que não entende por que, para se sentir sexualmente satisfeita, tem que usar jogos eróticos da linha BDSM (Bondage e Disciplina, Dominação e Submissão, Sadismo e Masoquismo) e chegar ao limite entre a dor e a opressão, cada um de nós tem sentimentos pessoais inevitáveis, relacionados com as nossas experiências sexuais pessoais. Na terapia, não faz sentido apaziguar a questão com o politicamente correto "cada um faz o que pensa"; é preciso construir sistemas de significação que abram a essa mulher a possibilidade de viver seu perfil erótico de forma harmoniosa e satisfatória. Um terapeuta normativo, digamos, um psiquiatra tradicional, descartaria a questão precipitadamente: estamos no campo das perversões e a sexualidade é uma doença. Muitos terapeutas que se declaram livres e sem preconceitos ainda podem ficar tentados a entender "o que há de errado", que trauma/experiência negativa levou aquela mulher a seguir esse caminho. É evidente que essa atitude tem os mesmos pressupostos daqueles que diagnosticam a perversão e talvez cause mais danos porque, de forma menos explícita, agem para mudar de alguma forma as preferências sexuais daquela mulher, negando que a escolha seja dela.

Qual poderia ser a atitude do terapeuta sistêmico nessa situação? Partimos do pressuposto de que o assunto me parece inusitado e que não se enquadra nas minhas preferências sexuais: nesse caso a "originalidade" da escolha da mulher abre múltiplos cenários. Como ela se sentia nas relações sexuais e, principalmente, com seu parceiro quando expressou essa gama de desejos? Havia harmonia entre a vida afetiva dela e de seu companheiro como casal e essa forma de se relacionar um com o outro na relação sexual? Será que ela sempre se sentiu à vontade para expressar ao seu parceiro a gama de suas demandas sexuais atuais ou houve um momento em sua vida como casal em que se sentiu no direito de solicitar? Seu relacionamento sexual com seu parceiro melhorou depois de deixar seus pedidos explícitos? Obviamente, se estivermos em terapia de casal, a conversa envolve a pessoa que tem a oportunidade de expressar suas necessidades sexuais como alternativa aos pedidos da mulher. Na prática, não tem sentido se aliar a ele para devolvê-la a uma sexualidade mais tradicionalista, mas também não é terapêutico enfatizar seu comportamento como inovador e satisfatório. Na terapia, conheci Antonella, uma mulher tranquila de quarenta e poucos anos que descrevia possuir interesse por uma série de práticas sexuais com jogos eróticos extremos, enquanto seu parceiro, Marco, dizia que: "Ele queria fazer isso de uma forma mais normal". Um casal coeso, onde ambos conseguiam expressar com clareza suas expectativas e demandas sexuais, sem medo de serem julgados ou, na pior das hipóteses, abandonados. Digamos que foi uma terapia "fácil", que possibilitou a ela a oportunidade de viver a sua sexualidade com serenidade e a ele a capacidade de nomear as suas necessidades que depois estavam ligadas ao desejo de se sentir valorizado no casal sem ter que recorrer a meios que ele definiu como mecânicos que ele via como uma ameaça à sua capacidade de dar e receber prazer como homem.

Às vezes, meus alunos de psicologia me dizem que estão preocupados porque sentem que é difícil falar abertamente sobre questões de intimidade sexual; dizem sentir vergonha ou medo de serem inadequados, de não conseguirem encontrar as palavras para se expressar. Pelo contrário, acredito que esse sentimento de inadequação e de desconforto é uma grande força. O reconhecimento desses medos é uma autorreflexão útil que pode ter um efeito evolutivo na terapia se o terapeuta conseguir se colocar numa dimensão de curiosidade e respeito: se conseguir ouvir o seu desconforto, dando a este um significado que possa ser conectado à terapia, evita-se ignorar o tema da sexualidade ou, pior ainda, banalizá-lo. Quando, por exemplo, um jovem terapeuta tem vergonha de falar sobre sexo com um casal mais velho, ou pelo menos bem mais velho que ele, pode se concentrar no seu problema e se deparar com uma série de aberturas na conversa terapêutica. Uma aluna minha, em situação semelhante, por exemplo, disse: *Sou terapeuta de vocês, e vocês confiaram em mim. No entanto, existe uma grande diferença de idade entre nós, e me sinto um pouco desconfortável em falar sobre sexualidade com vocês. Isso é algum problema? Vocês podem me ajudar a compreender melhor a sua intimidade*? No relato de acompanhamento do caso, a psicóloga relata que admitir esse desconforto alterou o clima emocional da terapia e marcou o momento exato em que ela realmente se sentiu "escolhida" pelo casal e confirmada como terapeuta. "Se eu tivesse negado a mim mesma esse sentimento de vergonha, teria enrijecido ao abordar a sexualidade dos idosos, ou talvez tivesse evitado falar sobre o assunto", disse ela ao comentar esse fragmento de diálogo terapêutico.

O que ajuda o "terapeuta envergonhado" é entender *por que* faz sentido conversar sobre sexo com o casal. A conversa terapêutica difere da "conversa de bar" porque o terapeuta tem consciência processual de suas questões: na prática ele pergunta por que faz sentido perguntar dentro do processo terapêutico. Exploramos a sexualidade porque é uma das áreas em que o relacionamento se desenvolve.

Uma vez no trem, numa longa viagem pelo sul da Itália, me sentei ao lado de um casal de estranhos com quem improvisamos uma conversa educada e superficial; após algumas horas de viagem, eles começaram a me contar sobre seus encontros sexuais de maneira educada e espirituosa, com a mesma facilidade com que teriam me mostrado suas melhores receitas culinárias. Percebi que estava morrendo de tédio e me perguntei por que tais conversas na terapia despertavam minha curiosidade e me faziam levantar hipóteses, analogias e reflexões. Os dois, obviamente, não sabiam que eu era terapeuta de casal, haviam decidido conversar sobre si mesmos com uma estranha por motivos que eu desconhecia, talvez só quisessem se distrair. Naquele contexto, aquela conversa foi completamente inútil para mim porque o sentido da escuta não era o da terapia. Obviamente, eu poderia ter tido aquela curiosidade que se manifesta no contexto das fofocas e do conhecimento dos hábitos de outras pessoas. Não é uma curiosidade "má", repreensível, porque quando falamos de curiosidade em terapia estamos nos referindo a uma atitude de interesse respeitoso que o contexto da terapia torna legal e sensata. Um terapeuta não é um intrometido que olha pelo buraco da fechadura do quarto dos seus clientes, mas entra nessa sala para explorar o território relacional da sexualidade juntamente com os seus clientes e com a sua permissão. Não ajuda muito se sentir obrigado a resolver o problema ou abordá-lo sem saber como.

Reconhecer um preconceito inevitável em matéria sexual, saber que temos preconceitos sobre muitos aspectos da esfera íntima, não significa expressar os nossos gostos contando preferências sexuais pessoais. Porém, nossa aparência, corpo, atitude, tom de voz e expressão são lidos e julgados como partes erótico-sexuais do relacionamento. O não verbal comunica algo que está ligado às nossas premissas em relação à sexualidade, embora às vezes fiquemos tensos porque preferimos proteger a nossa esfera privada e gostaríamos de parecer neutros. O terapeuta mantém seu foco em como e o que falar sobre sexo... Mas não deve perder de vista que sua pessoa entra na relação terapêutica a partir de aspectos de corporalidade.

Quando, como e por que falar sobre sexo na terapia

Muitos terapeutas acreditam que para falar sobre sexo em terapia é necessário ter alcançado um clima de intimidade e confiança com o casal e fantasiam que essa atmosfera fantástica pode ser criada magicamente após apenas algumas sessões. Assim, atribuem os primeiros encontros ao que alguns chamam de "pesquisa cognitiva", um termo quase detetivesco que certamente não parece ser o pré-requisito adequado para construir aquele desejado vínculo de confiança íntima. Os temas para iniciar a terapia parecem ser diferentes: muitos perguntam sobre seu histórico de relacionamento, sobre seus filhos, sobre como administrar seu dia a dia... Mas por quais critérios você imagina que esses temas são menos íntimos para o casal do que o que que acontece no quarto? Conheci jovens terapeutas que se sentem extremamente livres e abertos no exercício da sua vida sexual, que defendem o seu direito de fazer sexo no primeiro encontro ou talvez apenas por uma noite... No entanto, essas mesmas pessoas hesitam quando se deparam com seus clientes em terapia. Esta discrepância entre a vida real e a vida profissional cria uma distância não natural entre a terapia e o mundo real, produzindo terapias anacrônicas.

Um casal que faz terapia pode ter uma vida sexual ativa e satisfatória, pode ter passado anos sem fazer sexo e sentir indiferença ou arrependimento, pode até não ter o problema de fazer muito ou pouco sexo... mas é certo que, ao se sentarem diante do terapeuta, esperam que o tema da sexualidade seja abordado.

Às vezes, são os clientes que nos falam diretamente sobre a sua sexualidade, que nos apresentam como um nó difícil na sua relação, outras vezes é o terapeuta quem traz a conversa para este tema. No decorrer da terapia de casal, não existe um momento fixo concebível em que falar sobre sexo se torne lícito: às vezes começo a terapia com esse tema. Faço isso quando as duas pessoas do casal me parecem pouco envolvidas na questão do seu relacionamento, e muito ocupadas ilustrando teorias psicológicas intelectuais sobre a vida de casado. Quando as pessoas falam sobre o casal, mas não sobre eles, geralmente fico muito entediada. É o alarme que me leva a entrar de forma mais decisiva na conversa: nesses casos o tema da sexualidade surge como uma chicotada. Estamos falando do *seu* desejo, *do seu* suor e *do seu* corpo, não de epistemologia da relação íntima entre os humanos. Pode ser na primeira sessão, ainda nos primeiros cinco minutos da conversa terapêutica: o tema sexo coloca o seu relacionamento novamente no centro do nosso diálogo.

O que está em jogo na esfera sexual do casal não é em si mais íntimo do que outros aspectos da sua relação: conheci casais que evitavam falar sobre a gestão financeira do dinheiro, mas que achavam extremamente fácil falar detalhadamente sobre aspectos de sua vida íntima.

Muitas vezes, é o terapeuta quem coloca uma barreira sobre o assunto do sexo, enquanto o casal fala sobre isso livremente.

Analisemos brevemente um trecho de uma terapia com um jovem casal: "*O que você acha que seu marido procurava nesta relação clandestina?*". A pergunta deste terapeuta é uma excelente pergunta: é aberta, permite expressar a raiva, mas também o que o outro sente que falta na sua relação com o seu parceiro e, acima de tudo, fala de um terapeuta que não tem medo de abordar o tema da traição. Mas qual é a resposta que um terapeuta imagina e, de certa forma, espera? Coloquei essa questão em uma reunião de supervisão de grupo pedindo para dar asas à imaginação sem pensar em conduzir a terapia. O que esse casal responderá?

As fantasias dos colegas mostravam muito claramente os seus preconceitos. Na verdade, a maioria dos presentes tinha em mente respostas totalmente sintonizadas com as premissas culturais de um psicoterapeuta. Aqui estão alguns deles: Ele dirá que não se sentiu reconhecido em suas necessidades profundas ... Ela estava tão apaixonada pelos filhos que o negligenciou ... Ele tinha um modelo cultural familiar autoritário e sexista sem perceber, ele procurava uma maneira de ser leal ao pai. Ele dirá que queria conhecer outra mulher ... Se apaixonou pela amante... A resposta da jovem esposa traída, embora não tenha descartado as hipóteses formuladas pelo grupo, foi muito mais concreta: "Ele queria coisas no sexo que eu nunca dei para ele: ele me pedia para me masturbar na frente dele, para ele se excitar queria assistir filmes comigo em que duas lésbicas faziam sexo, tenho certeza de que aquela puta aceitou esses pedidos". Por sua vez, quando questionado, disse: "Sim, aquela mulher era uma tigresa no colchão. Eu pensava a coisa mais estranha e propunha... ela se arriscava e dizia que sim. No armário, em vez de roupas, ela tinha brinquedos sexuais... coisas incríveis! Eu estava drogado de sexo, ela era insaciável, percebi desde a primeira vez!".

Nossos clientes não têm medo de falar sobre sexo, mas dada a cautela do terapeuta ao discutir o tema, muitas vezes eles se adaptam e aos poucos a sexualidade se torna um tema deixado de lado, embora muito aguardado. Um tema diferente de todos os outros, com uma atribuição de significado diferente. Mais importante? Mais sujo? Mais íntimo? Mais o quê?

Na minha forma de entender a terapia, todas as questões da vida de casal têm a mesma importância para o terapeuta, tenho que manter aberta a possibilidade de abordar todas as questões porque cada casal vive valorizando certos aspectos do relacionamento e ignorando outros. A escolha do que é importante fala da relação entre os dois. A sexualidade é também relacionamento, é uma das áreas em que as pessoas comunicam expectativas, sonhos, desejos e até raiva, vontade de se impor, de vingança.

O terapeuta concentra sua atenção no significado relacional da sexualidade. Qual é a sensação de saber que ele perdeu a cabeça por causa da tigresa no colchão? Como é que ele fala tão abertamente com ela sobre a outra? Será talvez confiança por se sentir compreendido ou é um desafio, uma forma de punir a esposa? É a primeira vez que estas coisas são ditas ou estas frases se tornaram o refrão de uma contínua troca de acusações e desculpas?

Se o terapeuta deseja criar um clima de intimidade, deve ter o cuidado de manter aberto, desde o primeiro momento, o canal de comunicação sobre o tema sexualidade, não fechar este tema nas primeiras sessões como se fosse uma torneira que pode ser aberta ou fechada.

Os psicoterapeutas em formação se preocupam em *como* falar sobre sexo na terapia. Meu conselho, em vez disso, é esclarecer os próprios pensamentos sobre *porque* você deveria falar sobre sexo na terapia. Embora seja verdade que é um absurdo fazer do sexo uma espécie de área privilegiada que talvez seja abordada na quinta ou sexta sessão "depois de nos conhecermos bem", é igualmente inútil falar sobre a dinâmica e a mecânica das relações sexuais apenas para parecer aberto e desinibido...

Durante uma formação de pós-especialização propus trabalhar com o Duograma Sexual, uma forma de refletir sobre o casal que criamos junto com Gloria Ferrero. Um participante é convidado a contar e representar graficamente as histórias reais de sua vida de casal, neste caso, as histórias de casal em que vivenciaram, ignoraram, desejaram ou temeram uma relação sexual. O objetivo principal desta atividade é refletir sobre os próprios preconceitos e pontos fortes em relação à sexualidade no casal, um trabalho experiencial que se desenvolve abordando os preconceitos que cada terapeuta possui na relação com seus clientes. Uma terapeuta, que chamarei de Dra. Laretti, se ofereceu com entusiasmo, dizendo que não tinha nenhum problema em falar sobre a sua sexualidade com os colegas presentes que já conhecia de atividades formativas anteriores ou que havia conhecido pela primeira vez durante a manhã deste mesmo dia. A doutora era uma menina linda, muito confiante, vestida com bom gosto e bem maquiada, e logo disse que preferia ser chamada de Sofia, o nome dela. Ela relatou relações sexuais ricas em detalhes físicos, descrevendo a sensação de sua vagina sendo penetrada, o pênis do primeiro parceiro como algo de mármore que ela havia confundido com uma fivela de cinto, a consistência do esperma em uma relação oral... Todo o grupo olhou para ela como se estivesse hipnotizado e quando todos foram convidados a fazer perguntas sobre os vários relacionamentos descritos, ninguém fez perguntas, muitos agradeceram abertamente à colega pela sua grande franqueza. Estamos falando de terapeutas que já tinham experiência pessoal consolidada e que lidavam com a terapia sistêmica com habilidade e competência. O que aconteceu? Me pareceu que o imediatismo das imagens sexuais tinha anestesiado a curiosidade relacional de todos, como se a própria mecânica do sexo tivesse esgotado o tema. Resolvi trabalhar nesse aspecto. Pedi à psicóloga que havia contado suas histórias que ouvisse a conversa sem intervir e criei um espaço de conversa com o grupo.

O que emergiu da descrição? Quais são as diferenças entre as histórias contadas? Quais eram os mitos do terapeuta? Seus preconceitos? Os colegas admiravam sua capacidade de falar sobre sexo sem alusões ou meias palavras, ela sem dúvida se sentia à vontade na terapia de casal quando o assunto era sexo e talvez fosse compreensiva com quaisquer dificuldades, vergonhas e constrangimentos de seus clientes. Mas que sistemas de significados implicava este "falar claro"? Ninguém podia especular sobre a relação do colega com a sexualidade, ninguém tinha ideia das emoções que acompanhavam a mecânica dos encontros sexuais.

Como ela se sentiu com os diferentes parceiros? A primeira relação com encontro sexual pleno foi aos 17 anos: por que com este parceiro e não com o anterior? Agora ela tinha 28 anos... Seu conceito de sexo mudou ao longo dos anos? Como? Logo percebemos que não tínhamos ideia do que o sexo significava para a colega ou mesmo do peso que ele tinha nos relacionamentos dela... Na prática o grupo ficou hipnotizado pela franqueza com que ela havia falado explicitamente sobre os detalhes físicos do relacionamento e isso foi suficiente para entorpecer a curiosidade relacional. No final da discussão, perguntei a Sofia se ela tinha algo a acrescentar. Ela disse que se sentiu um pouco emocionada e confusa: "Eu não tinha pensado nisso, mas se você tivesse me perguntado como eu me sentia ou como me sentia com meus parceiros, eu deveria ter pensado nisso... É uma pergunta constrangedora. Venho de uma origem muito puritana e só agora reflito sobre o que significa, para mim, poder falar tão abertamente sobre sexo... Meu pai certamente não aprovaria... Bom, se você tivesse me perguntado sobre meu pai e minha educação *não sexual* talvez eu tivesse mentido sobre alguma coisa..."

Nesses trabalhos grupais que envolvem o terapeuta de forma tão explícita, a última palavra vai para o interessado... Ninguém tem o direito de aconselhar ou julgar a vida pessoal de uma pessoa que se expõe com a sua história, o objetivo é refletir sobre a terapia e as diferentes formas pessoais de realizá-la. Voltei, então, para a minha reflexão sobre o ocorrido: havíamos perdido a oportunidade de dar um sentido relacional ao conteúdo que a colega nos trouxera. Algo semelhante acontece em muitas terapias: se os nossos pacientes nos dizem que fazem sexo, que o fazem bem e, por exemplo, que têm um orgasmo, se divertem e se sentem bem depois, como terapeutas ficamos satisfeitos e passamos para o próximo tópico, por exemplo, abordamos o tema do conflito ou da paternidade.

Trabalhar focando nos problemas em vez de nas coisas que funcionam é uma tentação muito forte para um psicoterapeuta, mas a nossa especificidade como terapeutas sistêmicos é perguntar *como* as coisas funcionam, *por que* e *para quem* nos comportamos de determinada maneira. Ou seja, não nos deixamos encantar pelos conteúdos, levamos em consideração, mas trabalhamos realmente com os aspectos processuais, os significados.

Porque eles fazem sexo não é uma questão inútil... É uma questão que fala de cuidado e respeito por esses dois clientes que estão na nossa frente, nos preocupamos com o que os move. Faz-se sexo por vários motivos: por tédio, para confirmar o vínculo de casal, para não perder o outro, para ter certeza da sua feminilidade/virilidade, para se divertir, para ter filhos, para se impor ao outro, para demonstrar valor aos outros, ao casal, para corresponder às exigências sociais, a favor ou contra as expectativas da família de origem... Se as pessoas em terapia me respondem que o fazem porque é normal, dizendo que é a regra de convivência, ressalto para eles que minha atenção está sobre *seu* mundo específico como casal, no que *sentem*, até porque ter uma vida sexual intensa não é algo normal para todos: quem tem alguma experiência em terapia de casal sabe que existem muitas pessoas que optaram por desistir de ter intimidade, talvez desde os primeiros dias de relacionamento. Nenhum terapeuta teria problemas em perguntar por que eles não fazem sexo, embora muito mais útil seja perguntar por que eles fazem isso: mudando o foco do que é definido como um problema (não fazer sexo) para o que é visto como um recurso (fazendo), abrindo a reflexão sobre os sistemas de significado de cada membro do casal.

Normalmente, fazer sexo será equiparado a se sentir bem, saudável e feliz como casal, e é por isso que muitos terapeutas perguntam sobre sexualidade, para ter certeza de que está tudo bem ou para investigar o que está errado. Em vez disso, deveriam prestar atenção processual à sexualidade, interpretando a interação sexual como uma das muitas maneiras pelas quais um casal comunica algo.

Ter muitas relações sexuais não é indicativo de um casal feliz: os adolescentes, por exemplo, costumam fazer muito sexo, mas muitas vezes não têm uma sexualidade satisfatória; nem mesmo fazer sexo satisfatório é garantia de bem-estar pessoal e/ou de casal. Tem gente que faz sexo muito bom, mas não está satisfeita com a vida de casal. *Estávamos bem só na cama*... "Havia brigas e insultos, tínhamos desconfiança mútua, sempre fazíamos as pazes fazendo sexo. Era a maneira de continuarmos vivendo esse inferno juntos. Sempre tive vergonha dele, não me separei porque na cama ele me fazia sentir uma mulher de verdade". Trechos da vida de pessoas que saem do esquema um tanto retrógrado que diz que, se você faz sexo, supera a tristeza e a infelicidade. Histórias de vida que zombam do repetitivo refrão sexista que diz que mulheres mal-humoradas são amargas porque não transam...

Afinal, não é o ato sexual que faz com que alguém se sinta bem, não é a quantidade de orgasmos ou o envolvimento erótico que deixa os homens e mulheres satisfeitos, o que importa é o significado que cada um dá à sexualidade. Não fazer sexo não é um problema em si, mas se torna um problema pelo significado patológico de não o praticar. Não ter relações sexuais se tornou um sintoma para a psiquiatria que descreve a síndrome do desejo frágil, mas também é um sinal de mau funcionamento para muitos psicoterapeutas que "investigam" o casal para repará-lo. Nosso papel como terapeutas sistêmicos não é ser facilitadores do sexo, reacender o desejo em casais cansados, mas sim tentar dar sentido relacional à sexualidade. Para isso, primeiramente destacamos qual o significado das relações sexuais para essas pessoas, o que elas comunicam através da relação sexual, o que aconteceu que as levou a se sentirem mal sexualmente e no relacionamento. As premissas de cada um são o material com o qual trabalhamos, por isso, ao compreender ou alterar as premissas, é possível conseguir que as pessoas façam uma mudança na sua vida e na sua intimidade.

Obviamente, há pessoas que colocam a insatisfação sexual como o ponto central do seu relacionamento e que pedem ajuda por esse motivo específico. Nesse caso, na terapia de casal, é fundamental não assumir que ambos desejam que o sexo seja animado e atraente novamente. "Ela não se interessa por sexo, é fria e desapegada... deve ser a idade dela", disse Antônio no início da primeira sessão de terapia de casal. Meu coterapeuta, um jovem psicólogo da escola de especialização, aderiu a essa definição que tanto o agradou. Ele então disse que, como homem, entendia seu paciente e que, como psicólogo, achava que era uma descrição equilibrada que abria o caminho para uma boa terapia. Depois disse: "E como podemos garantir que haja mais calor entre vocês e que a senhora redescubra a paixão?". A esposa olhou para ele em silêncio, enquanto o marido estava animado. Fiz meu trabalho como coterapeuta e disse para a mulher: "Continuando na área de relacionamento sexual, você tem algo a dizer *sobre* seu marido?". "Claro", ela respondeu com mais alegria, "não gosto da maneira como ele se aproxima de mim sexualmente, parece que ele quer ver se estou excitada, me toca só para isso...". Minha pergunta permaneceu deliberadamente na área da sexualidade porque eu não queria transformar abruptamente a terapia em uma área diferente daquela que meu colega havia identificado. Sem dúvida, eu tinha mais experiência pela idade e pelo cargo, e se tivesse perguntado à senhora, por exemplo, se ela queria abordar outros assuntos, teria prejudicado meu colega, o fazendo parecer incompetente, dando a ele poucas oportunidades de ser um bom terapeuta nessa terapia. Pior ainda, teria dado a impressão de que o sexo era irrelevante, que procurávamos um tema melhor e, acima de tudo, teria deixado intacta a frase "ela não gosta de sexo", que teria pesado como uma sentença na nossa relação terapêutica.

Aproveito este breve trecho da terapia para enfatizar, antes de tudo, que nunca devemos presumir que o objetivo de todos é fazer mais sexo ou fazer sexo de melhor qualidade. Além disso, um bom terapeuta deve ter em mente que muitas vezes não há falta de desejo por sexo em geral, mas sim falta de desejo de fazer sexo com *aquela* pessoa ou *dessa* forma.

Se um terapeuta tiver clareza sobre porque pergunta sobre o relacionamento sexual de seus pacientes, certamente encontrará as palavras certas para perguntar facilmente.

Por exemplo, se o princípio norteador da pergunta é compreender o significado comunicativo e relacional de fazer sexo, a pergunta "Quantas relações sexuais você tem numa semana/mês/ano?", por si só, não faz sentido. É certamente uma questão que vai ao encontro dos gostos sexuais do terapeuta que, ao definir o período, estabelece indiretamente uma frequência que considera normal, sugerindo também que os dados têm alguma relevância.

Faria mais sentido perguntar a cada pessoa do casal se gostaria de ter mais ou menos encontros sexuais e porque, ou o que aconteceria se um dos dois exigisse mais ou, pelo contrário, recusasse.

Como seu relacionamento mudaria se ela de repente pudesse decidir quando, como, onde e com quem fazer sexo? Se o seu marido decidisse, na sua opinião, haveria condições diferentes? Perguntas desse tipo entram no jogo relacional entre os membros do casal, revelando expectativas mútuas. Esta revelação não ajuda o terapeuta a ter uma visão mais profunda da situação, mas, antes, ativa um canal de comunicação dentro do casal sobre questões sexuais. É normal, mesmo para casais de longa data, ter dificuldade em falar sobre a própria sexualidade: embora seja muito fácil dizer claramente o que não se quer, é mais complicado fazer pedidos e pedir abertamente que os encontros sexuais tenham diferentes especificidades ou aspectos. Desejos e fantasias muitas vezes colidem contra o muro da vergonha ou são silenciados pela ideia de que podem decepcionar, ofender ou perturbar o parceiro. Para não perder a aprovação do outro, aquela parte do desejo sexual que é considerada fora do espectro sexual do casal é silenciada e assim se adapta a uma sexualidade "complacente" e, muitas vezes, enfadonha. Uma questão hipotética do que poderia acontecer se ela pudesse decidir como fazer sexo abre a possibilidade de se expressar é, na verdade, um apelo ao casal. O terapeuta garante que ambos possam expressar seu desejo e trabalha os sistemas emocionais nos quais essa revelação ocorre. "Como você acha que seu marido se sentiria ao ouvir suas palavras? ou Como você se sente ao ouvir sua esposa fazendo esse chamado?".

Muitas vezes, o medo de que seus pedidos sejam ridicularizados ou rejeitados pelo parceiro se transforma em alívio quando se percebe que os desejos não são um veneno que destrói o parceiro, mas podem se tornar a força motriz para se aventurar em novas descobertas. "Isso é tudo?", disse Marco, atendendo aos pedidos de Clara, que disse imaginar fazer sexo de uma forma menos terna e delicada: "Gostaria que você fosse mais decidido, gostaria que você não me pedisse permissão para me penetrar como se eu fosse uma eterna virgem", "E quero dizer que estava tentando te fazer feliz do meu jeito, embora também gostasse, estava me controlando para não te assustar... Nunca entendi, mas senti que havia uma espécie de zona de silêncio entre nós, sentia isso quando estávamos ali nus..."

Na terapia de casal, quando se trata de sexualidade, pode ser útil abrir o mundo das fantasias sexuais. O mundo das fantasias é um mundo irreal e permite expressar desejos que não se traduzem em pedidos explícitos: uma pessoa pode ter a fantasia sexual de ser levada à força, mas isso não significa que queira conhecer alguém que a possa violar. Contar uma fantasia sexual ultrapassa o obstáculo de pedir sexo diretamente de uma maneira diferente, ao mesmo tempo que destaca como o sexo pode ser vivenciado e pensado de maneiras inesperadas.

Nas relações de longo prazo, acontece que a familiaridade, a ternura, a confiança mútua e até a intimidade aumentam, mas, na proporção inversa, costuma acontecer que a satisfação sexual diminua progressivamente e com ela o interesse sexual pelo parceiro. Com o tempo, ocorre uma dinâmica através da qual os membros do casal tentam demonstrar que não desejam nada diferente um do outro e se conformam progressivamente com o que acreditam ser o espectro sexual do casal. "Se eu fizer o que você gosta, posso te fazer feliz e você ficará feliz comigo". Por gentileza e cortesia recíprocas, para apoiar o outro sem o contradizer, para não se expor e assim ser rejeitado, cada um renuncia à parte de sua sexualidade que é considerada diferente da do outro. A operação de suavizar as arestas do que é sexualmente diferente leva a uma sexualidade repetitiva e sem imaginação, limitada a comportamentos e modalidades eróticas que excluem os ápices da diferença sexual saudável. A base desse comportamento reside também na base cultural generalizada que considera que num encontro sexual a regra do não é válida: se alguém indica que não gosta de uma determinada abordagem sexual, deve se conformar, caso contrário, entra no campo do abuso e violência. Em nenhuma outra área do relacionamento a opinião de quem *não* quer fazer algo sempre vence, mas um pedido para não implementar um comportamento ou para evitar uma forma específica de compartilhar a vida a dois dá origem a uma discussão, uma negociação para encontrar uma solução justa para ambos. No campo da sexualidade, porém, um não fecha a discussão, não se faz assim, ponto final, senão é abuso.

Se um dos parceiros, por exemplo, diz: "Não, eu não quero estar sempre na companhia de amigos, quero mais momentos de intimidade só nossa", ou ainda: "Não gosto quando você para tomar um aperitivo com suas colegas", não é comum que, sem qualquer negociação, o pedido seja aceito e o "não" se torne a regra do casal. Porém, na sexualidade, contradizer o "não quero" ou questioná-lo é visto como uma imposição e geralmente se evita tal comportamento ou performance.

Dado que toda relação sexual surge da encenação de dois espectros sexuais diferentes, cada um dos dois deve ter o direito de existir e uma negação não deve ser forçada pela violência, mas deve dar origem a discussões, explicações, negociações e talvez até a tentativas de experimentação.

A Terapia Sexual Sistêmica leva os casais a enxergarem suas modalidades de relacionamento sexual e, ao mesmo tempo, dá grande espaço à individualidade do perfil sexual e à legitimação do desejo. Às vezes, como casal, entramos num campo minado de silêncios, relutâncias, desejos não expressos que gradualmente se extinguem. Muitas vezes, na terapia, acontece que um deles não teria realmente rejeitado o desejo diferente do seu, talvez, em vez disso, o tivesse excitado e estimulado de maneiras diferentes...

Raciocinar sobre fantasias sexuais, delineando o espectro da sexualidade de alguém através da expressão de desejos concretos, permite a revelação mútua e favorece o ressurgimento de partes do desejo sexual que haviam sido ignoradas e, portanto, esquecidas.

Cada desejo tem sua razão de ser e por isso é valorizado. Muitas vezes percebemos que não adianta eliminar o próprio desejo, sendo muito mais sensato colocá-lo em jogo para dar origem a um diálogo com o parceiro. O sexo é (quase sempre) feito em casal e o perfil sexual de cada um dos dois tem direito de se expressar. Parece uma operação impossível, mas não é a mesma modalidade que nos permite viver juntos como casal mesmo sendo diferentes?

O terapeuta que trata do tema sexualidade se relaciona com múltiplos sistemas de significados: além da sua história e dos seus preconceitos que se combinam com a história e os preconceitos das pessoas que conhece, ele deve levar em conta o contexto social predominante sobre a sexualidade que, inevitavelmente, entra na sala de terapia. O significado da relação sexual mudou muito ao longo dos anos, basta pensar na erotização do casamento, por isso na união conjugal hoje é dado como certo que existe um desejo de realização sexual, enquanto até os anos 1960 nem sequer se levantava o problema da compreensão sexual entre marido e mulher, especialmente em países com uma forte base católica, onde os padrões duplos queriam uma esposa pura e devotada em casa e uma amante saudosa e desenfreada fora. Existem descrições compartilhadas da sexualidade mais sutis, que atraem o terapeuta para a armadilha de assumir que os dois membros do casal que acodem à terapia de casal, seguem uma ideia de sexualidade proposta pela maioria das pessoas e em particular das tendências das redes sociais. Por exemplo, muitos terapeutas são tentados a equiparar beleza a bom sexo. É uma atitude perigosa para o terapeuta porque o leva a pensar que, se um dos membros do casal é bonito, o outro certamente o deseja. Ou pior, o terapeuta corre o risco de negar o potencial erótico de pessoas que não considera particularmente atraentes. Os cânones da beleza propõem corpos que pareceriam indesejáveis há algumas gerações, mas a atração erótica não segue os cânones e medidas do corpo propostos como modelo estético atual. Já Schnarch em *Casamento Apaixonado* (*Apaixonado Casamento*), em 1977, argumentava que a satisfação sexual não corresponde ao tônus muscular e raramente é alcançada no início da juventude. Ao contrário da crença comum de que o sexo está relacionado aos *hormônios,* ele afirmou que a boa sexualidade é determinada mais pela maturação sexual do que pelos reflexos fisiológicos e chega a argumentar que o potencial erótico e a celulite estão altamente correlacionados. É a rejeição do modelo do sexo como um "pedaço de carne" que leva a idolatrar nádegas firmes e pele lisa como o máximo em atração sexual, reverenciando a juventude como a essência do erotismo.

Octavio Paz, poeta e ensaísta mexicano, descreve claramente a intensidade erótica humana, diferenciando-a do sexo repetitivo de outros animais. O erotismo é uma prerrogativa exclusivamente humana, é a sexualidade que vive da imaginação e da vontade de homens e mulheres. Atua no campo da imaginação e da inventividade, muda com a sociedade e a história e com o temperamento individual. É claro que a forma como um cão ou um leão fazem sexo não evoluiu ao longo do tempo e que todos os animais de uma determinada espécie fazem sexo de uma determinada maneira. A sexualidade humana, por outro lado, tem o valor acrescentado do erotismo que torna cada relação única e potencialmente em constante evolução. Frequentemente, os terapeutas de casais limitam sua observação ao ato sexual animal e veem seus clientes como tendo um resultado positivo ou negativo na sexualidade mecânica. Perguntam se fazem, quanto fazem e se está tudo bem, mais ou menos como verificariam o sucesso de uma pecuária, com a única exceção de que, nesse caso, o objetivo é a procriação, enquanto para o casal, é o bem-estar ou a manifestação do amor.

Uma técnica da terapia sexual sistêmica: o Cenário Sexual Ideal

A Terapia Sexual Sistêmica utiliza algumas técnicas nas sessões e uma delas é o Cenário Sexual Ideal, um dos procedimentos que melhor foca nos conceitos básicos da leitura relacional e sistêmica da sexualidade.

Eu ilustro aqui essa técnica como um convite a compreender o sentido dela, sem pretensão de que seja reproduzida em terapia: ter uma compreensão clara do significado do Cenário Sexual Ideal abre uma nova perspectiva da sexualidade do casal e constitui uma possibilidade de crescimento profissional para um terapeuta de casal. Tentar reproduzir a técnica sem a ter compreendido realmente pode levar, no entanto, a algum fracasso e a "queimar" o compromisso terapêutico com o casal: é um "exercício" que envolve o casal de forma integral, uma espécie de reviravolta na evolução do relacionamento. Existe o risco de banalização ou, pior ainda, de o terapeuta conseguir se envolver com as duas pessoas do casal, mas ficar preso em um beco sem saída. Para o casal e para o terapeuta, o Cenário Sexual Ideal é uma proposta a ser realizada somente quando você sentir que é capaz de lidar com ela com muito profissionalismo. Acredito que todas as técnicas só fazem sentido quando o terapeuta tem clareza sobre a teoria que as sustenta e as propõe, aí então o momento certo para aplicar uma técnica, não com a ideia de tentar algo novo ou agitar as águas de uma terapia um pouco chata ou inacabada. Para alcançar esse domínio, é fundamental se involucrar no treinamento direto para o aprendizado das técnicas, realizado por terapeutas especialistas nas mesmas.

Nada é mais prejudicial na terapia do que propor uma tarefa, uma técnica ou um ritual sem deixar claro por que ou como a colocar em prática.

Normalmente não sugiro que o casal se comprometa a trabalhar o seu Cenário Sexual Ideal no início da terapia: é necessário que eu sinta que ambos confiam não em mim, mas no processo terapêutico, porque a técnica pressupõe que ambas as pessoas se sentem comprometidas em trabalhar em seu relacionamento.

A proposta parece trivial: peço que descrevam qual é o melhor encontro sexual para cada um deles. Na realidade, este pedido dos casais esbarra nas barreiras do pudor, do silêncio e da recusa de expressar as suas expectativas na relação íntima. A ideia crucial da Terapia Sexual Sistêmica é que nos casais existem barreiras de silêncio por medo de demonstrarem seus desejos sexuais que podem não se harmonizar com os do parceiro, por medo de serem julgados como perversos ou abusivos, para não perderem a outra pessoa ou para agradá-la, ou por amor... Assim, cada um se adapta à sexualidade do outro, ou melhor, ao que acredita ser a sexualidade do outro, renunciando progressivamente a uma parte do seu próprio potencial erótico, para tentar diminuir as diferenças entre o casal. Chegamos a uma sexualidade que reproduz repetidamente partes partilhadas, sem possibilidade do desejo que é alimentado pela diferença, pela curiosidade sobre o que não sabemos e não temos.

O convite para participar do Cenário Sexual Ideal é disruptivo porque exige que os dois revelem seu perfil erótico e se comparem.

Aqui está um exemplo de proposta: "Gostaria agora de propor uma tarefa que pode ser desafiadora para vocês, mas acredito que seu envolvimento e comprometimento nesta terapia indicam que vocês podem se aventurar por esse caminho. Peço que quando estiverem em casa, cada um de vocês reserve um tempo para descrever e escrever em um pedaço de papel onde e com quem é seu encontro sexual ideal. Gostaria de uma descrição específica da modalidade, local e pessoa. Parece fácil, mas todos a quem perguntei demoraram um pouco para entrar nos detalhes... É importante que cada um de vocês escreva pessoalmente sua ficha (digamos, não mais que uma página) e a traga aqui na próxima sessão sem mostrar isso para o outro".

É uma proposta exigente, não é uma brincadeira... Quando se refere a um encontro sexual, é muito fácil dizer o que não se quer, enquanto dar corpo e concretude ao próprio desejo é mais difícil justamente porque somos treinados para esconder o que queremos e, dessa forma, não ser desagradáveis para o outro.

Na terapia, é importante falar sobre os medos e dúvidas que a nossa proposta suscitou. Por isso é reservada uma sessão inteira ou até mais para poder discutir como fizeram a tarefa quando trazem (ou não trazem) a ficha exigida. Obviamente, não existe um comportamento correto e desejável, se um casal não quis ou não conseguiu descrever o seu Cenário Sexual Ideal, o porquê é pensado através de questões circulares e hipotéticas que tentam evidenciar os padrões de comunicação sexual do casal.

Há pessoas que não conseguem escrever sem partilhar com o parceiro antes da sessão ou pedir a ajuda do outro: estamos num contexto de fraca diferenciação do casal, cada um vive a sua sexualidade a partir do outro, ignorando o seu próprio desejo.

O terapeuta não se interessa imediatamente pelo conteúdo do artigo de cada parceiro, mas, antes, trabalha para trazer à tona o que não é dito entre os dois, o que cada um imagina que o outro quer: *O que você acha que seu marido teria escrito de forma diferente se vocês não tivessem feito a lição de casa juntos? Qual cenário sexual escolhido pelo seu parceiro teria sido intolerável a ponto de te levar a detestá-lo? Se ele tivesse escrito este cenário há cinco anos, o que você acha que ele teria escrito?*

Neste ponto da sessão, cada um dos dois pode decidir se quer ou não ler o que escreveu e há discussão sobre a previsão que cada um faz sobre a escolha do outro e não sobre o conteúdo que cada um imagina. Optar por não ler o seu Cenário Sexual Ideal não é menos valioso do que compartilhá-lo; pode ser um teste de autonomia e diferenciação: "Minha esposa disse que tem certeza de que vou ler, ela diz que nunca escondi o que penso sobre o nosso relacionamento privado. Bom, decidi que desta vez não serei o que ela espera que eu seja. Quero guardar essas reflexões para mim, mas vou me certificar de esquecer o que escrevi na próxima vez que fizermos sexo". Essas são mais ou menos as palavras de um homem que se queixava da total ausência de desejo e que redescobriu a possibilidade de praticar a sexualidade, deixando de lado a preocupação com o que imaginava que a sua parceira desejava. "Entendi que poderíamos fazer um bom sexo não porque nos amamos — disse — e estou convencido de que nos amamos... Mas o amor nos levou a perder a nossa individualidade, agora gostaria de um bom sexo, apesar do amor".

Quando se chega ao confronto aberto, muitas vezes o casal percebe que o parceiro queria algo diferente, mas que era uma expectativa que poderia ser vivida na relação sexual com satisfação de ambos.

Através do Cenário Sexual Ideal são transmitidas emoções e comunicações muito diferentes entre o casal: pode ser uma forma de desabafar agressões, de repreender o parceiro ou pode ser um passeio romântico com fortes doses de sublimação e falta de transparência. É uma espécie de espelho no qual cada membro pode finalmente ver o alcance da sua própria sexualidade, da do outro e da deles como casal. Cada Cenário é útil na terapia, não existe um bem-feito e outro errado, o terapeuta deve estar ciente disso, podendo, eventualmente, verbalizar esse aspecto na terapia. A competência do terapeuta reside em destacar os aspectos da comunicação sexual que são mobilizados pelo cenário, utilizando perguntas sobre a relação dirigidas a ambos os membros do casal.

O Cenário Sexual Ideal, assim como todas as demais técnicas de intervenção da Terapia Sexual Sistêmica, nunca é uma proposta unilateral recomendada pelo terapeuta, mas sim é um assunto de discussão com os clientes, com grande atenção processual por parte do terapeuta. São os clientes que assumem a responsabilidade de quererem ou não avançar no desenvolvimento pessoal e do casal.

A leitura sistêmica da relação sexual se insere no panorama pós-moderno, evitando uma leitura normativa: o esforço é aumentar os graus de liberdade (a multiplicidade de sentido), mas sem perder de vista a assunção de responsabilidades que faz das pessoas os arquitetos de suas próprias decisões. Uma premissa que Ulrich Clement resume com maestria: "A liberdade não se caracteriza por manter constantemente abertas todas as possibilidades, mas pela possibilidade de escolher entre a abertura e os limites. O terapeuta sistêmico não cai na armadilha de tomar partido de uma posição 'pró-sexo', mas, antes, atribui um significado relacional a emoções e situações não aceitas socialmente e aparentemente contrárias a uma relação sexual e de casal 'saudável'". Ele não quer que os casais mudem, nem que os dois parem de discutir ou que se esforcem para fazer exercícios dentro da privacidade, mas foca nos recursos que capta até nos aspectos mais perturbadores do relacionamento de seus clientes. Ao atribuir à ansiedade um valor positivo e regenerador no desenvolvimento sexual do casal, leva ao extremo o conceito de diferenciação proposto por Schnarch: se adaptar às expectativas do outro "por amor", para não o perder ou não o prejudicar, leva inexoravelmente à redução das opções de sexualidade. Um terapeuta pouco convencional, que não aceita nenhuma definição pré-estabelecida, que questiona as premissas do cliente e muitas vezes as suas próprias. Aqui reside o potencial inovador do pensamento que fundamenta a proposta da Terapia Sexual Sistêmica: a transgressão não tem tanto a ver com a originalidade dos vínculos do casal, mas com a banalidade do mal no cotidiano.

Intimidade virtual, intimidade cara a cara

Ricardo Rosas

O sexo é uma armadilha da natureza
para não se extinguir.

Friedrich Nietzsche

A pandemia da covid-19 deixou muitos casais vulneráveis que, se vendo demasiado próximos por "obrigação" e não por opção, tiveram uma perda inesperada do seu bem-estar. Parece que a proximidade "físico-espacial" do contexto vital dos metros quadrados que podemos partilhar diariamente mostrou a muitos casais o quão distantes estavam um do outro, na "intimidade".

Nos casos que chegaram ao meu consultório nos últimos dois anos, observei, na maioria deles, um grau de "ansiedade" difícil de evitar. Geralmente, esses estados ansiosos têm dado origem a uma dinâmica de "conflito", como mais um elemento de falta de intimidade, talvez em grande parte perdido na história do casal ou, noutros casos, ainda não criada e, portanto, quase inexistente.

A intimidade é definida como: "A área espiritual íntima e reservada de uma pessoa ou de um grupo"; do ponto de vista etimológico, é definida como "uma qualidade de se introduzir no afeto do outro".

Sexualidade e intimidade andam de mãos dadas, uma não se explica sem a outra, têm uma relação indissolúvel. A sexualidade é definida como: "O conjunto de condições fisiológicas e anatômicas que caracterizam cada sexo... apetite sexual, propensão ao prazer carnal". A Organização Mundial da Saúde tem colocado considerável interesse em definir a sexualidade como uma parte fundamental da saúde mental. A sexualidade para a OMS[6] é um aspecto central do ser humano que está presente ao longo da vida; abrange sexo, identidades e papéis de gênero, orientação sexual, erotismo, prazer, intimidade e reprodução; é sentida e se expressa através de pensamentos, fantasias, desejos, crenças, atitudes, valores, comportamentos, práticas, papéis e relacionamentos. Embora a sexualidade possa incluir todas estas dimensões, nem

---

[6] Organização Mundial da Saúde e PNUD/UNFPA/UNICEF/OMS/Banco Mundial. Programa Especial de Pesquisa, Desenvolvimento e Treinamento em Pesquisa em Reprodução Humana. (2018). Saúde sexual e sua relação com a saúde reprodutiva: uma abordagem operacional. QUEM. https://apps.who.int/iris/handle/10665/274656.

todas elas são sempre vivenciadas ou expressas. A sexualidade é influenciada pela interação de fatores biológicos, psicológicos, sociais, econômicos, políticos, culturais, éticos, legais, históricos, religiosos e espirituais (OMS, 2018, p. 3).

A definição da OMS reflete a complexidade que isto implica nas relações humanas.

Quando os casais chegam por problemas que definem como "sexo (condição orgânica, masculina ou feminina, de animais ou plantas)", costumo fazer uma pesquisa de como eles construíram sua "intimidade", pois, na minha perspectiva pessoal, a intimidade é a ponte entre o sexo e a sexualidade.

Construir uma ponte narrativa entre estes três níveis lógicos (sexo, intimidade e sexualidade) implica para um terapeuta trabalhar a complexidade destes três aspectos que estão interligados, mas, ao mesmo tempo, cada um tem a sua dimensão. Na maioria das vezes, me concentro na intimidade, como um ponto central que de alguma forma interliga os outros dois.

Intimidade é um conceito difícil de explicar. O bom senso nos faz identificar a intimidade com o "romantismo" ou com as ideias da "Disneylândia". Intimidade, em parte: é a forma como percebemos essa realidade e como comunicamos aos outros essa realidade complexa de emoções, sentimentos, percepções, pensamentos, permeada pelos cinco sentidos físicos.

Os sentidos físicos têm um processo de "censura", omitem parte das informações que percebem para facilitar o movimento nesta realidade coconstruída e, por isso, nos censuramos, criamos, metaforicamente falando, uma "intraintimidade". A forma como partilhamos o que percebemos, quando o partilhamos, com quem o fazemos e que elementos incluímos ou deixamos de fora dessa narrativa, constitui em parte a intimidade da "interintimidade" de um casal; finalmente, mantemos certas informações sobre nós mesmos e sobre o nosso parceiro fora do alcance de outros níveis relacionais significativos; cria-se uma "extraintimidade". Da minha perspectiva como psicoterapeuta, a censura é algo "útil", nos serve para manter uma coerência narrativa que dá "sentido" à construção do "eu", do "nós" que nos permite criar uma linha do tempo, uma narrativa que possua uma lógica recursiva (passado, presente, futuro).

Em qualquer caso, a intimidade está envolvida num processo evolutivo do "contexto" em que nos desenvolvemos. A intimidade não é estática, é dinâmica. Quando nos narramos "intimamente" sempre da mesma forma, corremos o risco de cortar aquela ponte entre sexualidade e sexo, nos afastamos desse vínculo.

Nos três casos que descrevo a seguir, foco na intimidade e na "ponte", o que vai me ajudar a unir os outros fios que estão soltos (sexo, sexualidade); eu faço isso com perguntas em eixos circulares, que abordam diferentes níveis lógicos (intra/inter, extra-intimidade/intraintimidade), que movem esses processos narrativos de como comunicamos o que está acontecendo em nossas vidas e como, através da censura, os corrigimos para dar sentido e coerência a essas relações significativas.

Vítimas da covid-19

Iris, 32, e Luís, 34, são um casal que se casou em março de 2020; O casamento deles foi o último evento naquele salão de festas, como disseram: "Nos casamos por um triz". Eles representam um casal modelo *da geração millennial*[7]: ele, um engenheiro de sucesso, ela, uma *headhunter*[8] de sucesso. Bem-vestidos, fisicamente bonitos, atléticos, representam uma imagem ideal da hipermodernidade dos relacionamentos.

Eles namoravam à distância há oito anos; Ele é de Monterrey e ela de Guadalajara; nos primeiros quatro anos eles se viram a cada 15 dias, mantendo um papel igualitário nas viagens; nos quatro anos seguintes, a função foi expandida para três semanas. Ao final do sexto ano de namoro, ela terminou com ele porque estava cansada de ir e vir, sem a existência explícita de um compromisso definido. Após seis semanas eles voltaram com um anel de noivado e data marcada. Eles se viam de sexta à tarde até segunda de manhã e viajavam juntos duas vezes por ano durante uma semana.

Faz uma semana que completaram três meses de casados, na mesma época em que começou a pandemia, voltavam de uma reunião *do petit committee*, apenas três casais. Mal fechavam a porta de casa quando ele disse a ela: "Cansei de você sempre me contradizer, parece que você não gosta de quem eu sou, acho que deveríamos nos divorciar". Essa frase a atingiu como água fria, ela não conseguiu dormir por três dias seguidos; limitou a conversa ao essencial; no quinto dia, ela ligou e solicitou uma sessão individual dizendo que se sentia abalada.

---

[7] Millennial refere-se às pessoas pertencentes à chamada geração Y, nascidas aproximadamente nas duas últimas décadas do século XX.

[8] Headhunter é o responsável pela seleção de pessoal.

Durante a primeira sessão, Iris basicamente chorou, não sabia como explicar como ele havia pedido o divórcio, não tinha a menor ideia do porquê de tudo isso estar acontecendo. Agendei para dez dias depois, deixando aberta a possibilidade de o marido dela vir para podermos entender melhor a situação.

Terapeuta: *O que a Iris disse para você vir à terapia hoje?*

Luís: *Ela me disse que tinha vindo em uma sessão com você, que estava muito chocada com o que eu disse a ela, que não sabia por que tudo isso estava acontecendo; eu disse a ela que me pareceu algo bom, porque assim poderia expressar o que penso, com um mediador.*

Terapeuta: *E o que você pensa?*

Luís: *Eu me sinto bloqueado, acho que tomei uma decisão precipitada; achei que quando casássemos tudo seria muito legal, como vivíamos há oito anos; talvez devêssemos ter vivido juntos antes de nos casarmos.*

Terapeuta: *O que você quer dizer com bloqueado?*

Luís: *Bloqueado... Sinto que não vou para frente e não posso voltar.*

Terapeuta: *Mas você expressou abertamente a ela que queria o divórcio, isso não é um passo para trás?!*

Luís: *Não, pelo contrário, é a única coisa que penso que pode me ajudar a sair deste bloqueio.*

Terapeuta: *Iris, o que você acha do que seu marido está dizendo?*

Íris: *Você não me disse que se sentia bloqueado, você me disse que estava cansado de sofrer com a minha oposição, então não sou o seu único problema?*

Terapeuta: *Quando você decidiu se casar, como você achou que seria a história de vocês?*

Íris: *Que ele iria ser o homem atencioso e cavalheiresco que eu sempre quis.*

Luís: *Que ela seria a mulher com quem eu construiria a família que nunca tive, uma companheira para a vida, não um fardo.*

Terapeuta: *Me contem como vocês descreveriam o seu dia a dia nestes três meses, incluindo a sua interação como casal?*

Íris: *Raramente nos vemos, mas nos escrevemos o dia todo, ainda vou ao escritório, das 10h00 às 18h00, porque os patrões americanos querem que estejamos lá, pelo menos os patrões de três áreas. Não comemos juntos, ele chega muito cansado da obra, eu preparo o jantar, faço o que nós dois gostamos, assistimos o noticiário enquanto jantamos, vamos para o quarto, eu tiro minha maquiagem, saio do banheiro e ele quase sempre está dormindo.*

Luís: *Eu morava em Monterrey. Comecei a trabalhar em uma construtora há três meses, então acordo às 6h, vou imediatamente ao banheiro, depois verifico as obras pendentes, depois faço café para nós dois, às vezes tomamos café juntos, chego no trabalho, aí tudo corre com pressa, chego às 19h, o que ela fala acontece mais tarde e às 22h30 estou morrendo de sono, mas ela quer continuar falando.*

Terapeuta: *Tenho que fazer algumas perguntas que considero difíceis; vocês têm o direito de não responder, mas sinto que tenho o direito de perguntar.*

Luís: *Não tem nenhum problema.*

Terapeuta: *Com que frequência vocês fazem sexo?*

Luís: *Uma vez por semana, aos sábados de manhã, embora há duas semanas, nada!*

Terapeuta: *Com que frequência vocês faziam sexo quando se viam antes de se casarem?*

Íris: *Diariamente; isto é, três vezes em um fim de semana.*

Terapeuta: *E essas relações eram satisfatórias?*

Luís: *Sim muito!*

Íris: *Eu concordo com ele.*

Terapeuta: *E durante estes meses?*

Iris: *Estou preocupada porque não pode ser que aconteça só uma vez por semana.*

Terapeuta: *Quantas vezes teria que ser para que você se sentisse tranquila?*

Íris: *Pelo menos três!*

Terapeuta: *Luís, o que você acha do que Iris diz?*

Luís: *Também acho que deveria ser mais, mas durante a semana me sinto morto, à noite não me sinto confortável e nos finais de semana, quando espero que aconteça, há muito estresse entre ela e eu, ela começa a me contradizer em tudo, e isso me incomoda.*

Terapeuta: *Uma curiosidade, quando eram solteiros, quando aparecia a oportunidade de ter relações?*

Luís: *Sexta à noite, sábado e domingo de manhã.*

Terapeuta: *Luís, vou te fazer uma pergunta difícil, quando você descreveu o que faz durante o dia, observei que você enfatizou que se levanta e vai imediatamente ao banheiro, há algo de especial nisso?*

Luís: *Ele fica quieto por alguns segundos, respira. Fico triste em dizer isso, é algo que nunca compartilhei com ela em profundidade. Ele permanece em silêncio novamente. A última parte do meu intestino é mais larga que o normal, então de manhã fico um pouco no banheiro, porque faço questão de evacuar bem; se não, o resto do dia tenho vontade de ir ao banheiro.*

Terapeuta: *Você acha que de alguma forma essa condição afeta parcialmente a sua intimidade como casal em outros momentos?*

Luís: *Sim muito!*

Terapeuta: *Íris, o que você acha disso?*

Íris: *Eu sabia que ele tinha intestino irritável, mas não tinha entendido por que ele fica tanto tempo no banheiro, agora várias coisas fazem sentido para mim.*

Luís e Iris estavam sendo "vítimas", metaforicamente falando, da pandemia, que os estava submetendo a uma maior pressão para ficarem muito juntos, sem nunca terem estado juntos por um período maior que uma semana. A lua de mel deles havia sido cancelada, seria nas Maldivas. Eles construíram um relacionamento à distância, construíram uma "intimidade virtual" significativa e uma sexualidade cara a cara bastante satisfatória. Mas a "intimidade cara a cara" ainda era superficial na área de compartilhar seus "modos de ser", digamos que foi sendo atualizada ou cocriada no próprio processo de interação.

A primeira sessão permitiu o surgimento de uma condição física que Luís possui, que gera modos específicos de ser para se sentir bem, mas ainda não havia "intimidade" suficiente para compartilhar essa condição com a mulher que amava. Até aquele momento, não estavam reunidas as condições para contar à esposa que às vezes sofria de um pequeno prolapso retal que lhe causava desconforto agravado pelo estresse e pela ingestão de coisas irritantes. Pelo fato de a pandemia ter começado, ter arranjado um novo emprego e tudo relacionado com o seu recente casamento, estavam reunidas as condições para que surgisse esse desconforto, que certamente estava prejudicando a relação do casal (A sua condição física foi explicada para mim por sua esposa em uma ligação).

Terapeuta:	*Me digam, o que aconteceu nas suas vidas nestes 15 dias?*
Luís:	*Nos sentimos melhor, conversamos sobre coisas simples, sobre o que fazíamos em nossas casas quando éramos solteiros, coisas bobas talvez, que não sabíamos um do outro.*
Íris:	*Eu não sabia que ele sempre dormia nu e com a porta do quarto fechada, por isso ele sempre fechava todas as portas. Ri.*
Terapeuta:	*E o que aconteceu com a ameaça de divórcio?*
Luís:	*O meu melhor amigo de Monterrey veio com a mulher, fomos tomar umas cervejas no terraço do prédio, isso me relaxou muito e vir aqui também. Embora eu ainda esteja chateado porque ela sempre está contra mim em tudo.*
Terapeuta:	*Não consigo entender, o que significa estar contra você em tudo?*
Luís:	*Outro dia eu disse a ela: "Acho que devíamos andar com as máscaras KN95 para todo lado, também com os amigos", e ela respondeu: "As outras dobráveis também servem para tudo, podemos usar com os amigos"; em outras palavras, ela não acredita no que eu digo.*
Terapeuta:	*Iris, o que você acha do que Luís está dizendo?*
Iris:	*Por que usar o KN95 o dia todo, se são muito duras, os outras são mais fáceis; e já li na internet que te cobrem quase da mesma forma, eu também pego informações, não só ele.*
Luís:	*Eu te propus porque me informei! Quero o melhor para nós dois! Não quero que peguemos covid!*

Íris: *Eu sei, mas as dobráveis também nos cobrem e não machucam minhas orelhas s, as outras sim.*

Luís: *Você vê doutor! Ela é contra tudo, é cansativo conversar com ela.*

Terapeuta: *Não entendo, Iris diz abertamente que discorda ou que é contra o que você está dizendo?*

Luís: *Assim como você diz... Não, mas sinto que ela discorda de mim.*

Terapeuta: *Como você explicaria esse sentimento para si mesmo?*

Luís: *Não sei, é uma pergunta difícil, mas as conversas não eram assim antes.*

Terapeuta: *Como eram essas conversas, Iris?*

Íris: *Conversávamos muito sobre o que aconteceu nos dias em que não nos víamos, conversávamos muito sobre como nos sentíamos com a família, o trabalho e os amigos, ele me aconselhava e eu o aconselhava.*

Terapeuta: *Vocês perguntavam a opinião um do outro?*

Íris: *Sim, em geral, no final ele ou eu, nos perguntávamos um ao outro, o que você acha?*

Terapeuta: *Nestes últimos meses, quando você conversa com o Luís, ele pede a sua opinião?*

Íris: *Não, mas estou habituada a dizer o que penso quase sempre.*

Terapeuta: *O que você acha do que sua esposa está dizendo?*

Luís: *Estou pensando em muitas coisas.*

Terapeuta: *Mudo a pergunta para você, como Iris se comporta com seus amigos mais próximos?*

Luís: *Tende a ser muito competitiva nos tópicos de conversa que surgem.*

Terapeuta: *Interessante!*

Terapeuta: *Durante a primeira sessão você me disse que a decisão mais difícil foi deixar sua mãe e suas duas irmãs em Monterrey, porque, desde que você tinha 13 anos, quando seu pai morreu, você disse que o substituiu. Quão acostumado você está a tomar decisões importantes em sua vida e a ser seguido por três mulheres, que aprovam facilmente essas decisões?*

Luís: *Nunca tinha pensado nisso!*

Terapeuta: *Pense nisso!*

Encerrando a sessão:

Terapeuta: *Tenho a impressão de que vocês são um casal que se ama, que esse amor os levou a tomar a decisão de se casar. Se você não a amasse, duvido que teria se afastado de sua família de origem. Mas, de alguma forma, nesses oito anos, você criou um relacionamento à distância muito sólido; vivenciaram fundamentalmente os aspectos do bem-estar, com excelente química sexual, restaurantes, tempo com amigos, idas ao cinema, férias, criaram um namoro ideal, entre aspas. Mas nestes três meses estão enfrentando a "realidade cara a cara", onde começam a se vivenciar em seus modos de ser, em parte desconhecidos, e em seus valores, colocados na interação cotidiana; esse é um trabalho que leva tempo, infelizmente esta pandemia nos faz confrontar intensamente a essa realidade; vocês estão criando outro tipo de "intimidade", não apenas sexual, não de namoro, mas de personalidades que devem encontrar um espaço para se acompanharem em seu modo de "ser". De alguma forma você está acostumado a ser seguido e a debater, são aspectos que levam tempo para encontrar seu espaço vital em sua história de amor.*

Fiz apenas três sessões, porque queria entregar uma mensagem de cura a esse casal, uma mensagem de que é necessário um tempo razoável para construir uma identidade diferente daquela que já existia; se eu tivesse continuado com as sessões, passaria uma mensagem ambígua de que eles têm um "problema". Esclareci que eles tiveram uma crise, produto de informações desconhecidas em seus sistemas de crenças, mas que poderiam fazer esse trabalho sem a presença de um terapeuta, que era uma situação de vida, que precisava seguir seu curso. Se algo travasse, eu os receberia com prazer novamente.

O casal nunca mais voltou, recebi o pedido de amizade dela no meu *Facebook*. Eles tinham uma linda menina, que acabava de completar um ano; O casal aparece sempre muito feliz e sorridente nas fotos, suas mensagens são de amor e felicidade. Parece que eles conseguiram construir a intimidade necessária.

Uma dúvida muito comum que surge em grupos de supervisão e *coffee talks* é quão "real" é a intimidade virtual? A resposta é que todos os dias surgem muitos relacionamentos a partir de aplicativos (*Tinder, Bumble, Grindr*) e algum tempo depois, temos vários casos que chegam à terapia devido a essa forma de se relacionar, casais com essas mesmas questões. Acho que ambos os tipos de intimidade são "reais", entre aspas, mas distingo algumas diferenças na forma como são construídas e nos efeitos relacionais e narrativos de quem as vive.

A intimidade que surge da virtualidade tende a exigir tempos mais curtos para construir aquele afeto personalizado para com uma pessoa, condizente com essa cultura do imediatismo que, de alguma forma, faz com que as conversas sobre "quem você é" fluam mais rapidamente, "como você pensa", "o que você quer e o que você sente". Pois bem, a virtualidade tem a característica de gerenciar um grau "menor" de ansiedade, você está sempre a um botão de distância de fazer a pessoa desaparecer. Essa baixa ansiedade em tempos "hipermodernos: hiper (excesso)", desencadeia uma série de emoções e sentimentos intensos, cheios de adrenalina, dominados por processos do neurocórtex (o córtex cerebral fornece o substrato neural para a experiência consciente dos estímulos sensoriais) relacionados ao ser capaz de imaginar, perceber e criar o que queremos.

Por outro lado, a intimidade "cara a cara" tende a demorar mais na construção de um afeto personalizado por alguém. Assim, você necessariamente passa e vivencia a "ansiedade" em uma sociedade ansiosa (o que contribui para criá-la). Também desencadeia uma série de emoções e sentimentos fortes, não apenas produtos do neurocórtex, mas também mediados pelo sistema límbico, onde se localiza a memória emocional, que está intimamente relacionada às informações fornecidas pelos cinco sentidos físicos. Portanto, quem você é, como você pensa, o que você quer e o que você sente emergem da informação relacional (em ato) que ambas as pessoas vivenciam em nível sensorial.

Muito sexo

A Lupita e o Ernesto me procuraram porque há uma semana Lupita começou a bater no Ernesto por ciúmes; houve sangue devido a arranhões e eles já estavam há um mês discutindo duas vezes por semana, ela terminava o agredindo com um tapa. Eles namoram há cinco meses. No primeiro mês, o relacionamento foi apenas virtual; eles relatam que, naquele mês, se sentiram tão confortáveis que decidiram morar juntos. Ernesto morava em Aguascalientes e decidiu se mudar com ela para Guadalajara. O primeiro mês foi como uma lua de mel, porque ele não trabalhou, de manhã faziam amor, depois ele fazia todo o trabalho doméstico, Lupita chegava e ele já tinha feito a comida. Entre 19h e 23h faziam amor duas vezes, até ficarem exaustos para o dia seguinte.

No segundo mês, ele conseguiu emprego com um amigo como entregador de produtos na cidade. No final do mês, começaram os problemas porque a casa estava começando a ficar bagunçada; as brigas melhoravam somente após um bom sexo. Na metade do terceiro mês, Ernesto descobriu que Lupita havia enviado mensagens para o ex-namorado e eles haviam prometido não se comunicar com os ex-parceiros. Ela argumentou que, por serem colegas de trabalho, era um assunto único e específico. Quase duas semanas depois, ela encontrou mensagens, dele com uma ex-namorada, nas quais ele pedia que ela devolvesse um celular que havia emprestado e perguntava se ela já tinha outro namorado; naquela noite, os tapas começaram.

Terapeuta: *Por qual motivo vocês decidiram estar aqui hoje?*

Lupita: *Estamos muito mal, temos problemas de ciúmes e isso nos levou a nos bater.*

Ernesto: *Você me bate! Eu só cubro o rosto com os braços... Estou aqui porque quero saber se vale a pena continuar com esse relacionamento.*

Lupita: *Se você não me provocasse, não aconteceria nada; o doutor vai pensar que eu bati em você do nada.*

Terapeuta: *O ciúme é o único motivo de todo esse mal-estar?*

Ernesto: *Não estamos nos dando bem, tudo entre nós vira atrito.*

Terapeuta: *Qual é o motivo de atrito mais comum além do ciúme?*

Lupita: *Ele não me conta o que está fazendo durante o dia, sai e volta às 19h; quero saber o que ele está fazendo!*

Ernesto: *Como?! Se eu saio e te digo: "Já cheguei"; estou comendo, ainda estou entregando coisas, o que mais você quer saber?*

Lupita: *Os detalhes do que você está fazendo, é muito difícil fazer isso?!*

Terapeuta: *Quando vocês chegam em casa, o que fazem?*

Ernesto: *Ela imediatamente quer sexo e eu digo a ela: "Me dá um minuto para beber água", e os problemas começam.*

Terapeuta: *Quais problemas?*

Ernesto: *Ela começa a me dizer: "Com certeza você já teve sexo com outra mulher ou se masturbou assistindo pornografia entre uma entrega e outra".*

Lupita: *Eu conheço bem ele, ele adora sexo, nós conversamos sobre isso quando nos conhecemos, ele me disse que precisava fazer todos os dias e que quando ele estava com a ex e ela não dava para ele, ele se masturbava.*

Ernesto: *Sim, eu te disse, mas te disse que sexualmente com ela era "mais ou menos" e com você foi algo incrível; mas eu não ando implicando com as mensagens que você exclui do seu ex, mas: você apagou mensagens que eram obviamente comprometedoras, caso contrário, não as teria apagado.*

Lupita: *Nós apenas nos perguntamos o que estávamos fazendo com nossas vidas; contei a ele sobre você e ele me contou sobre uma nova namorada, sem intimidades; você inventa coisa!*

Ernesto: *Ah!*

Terapeuta: *Ultimamente tudo gira em torno da desconfiança que vocês dois sentem?*

Lupita: *Parece que sim.*

Ernesto: *Não só isso..., não a conheço completamente, ela é outra mulher; às vezes acho que ela está louca quando me pressiona... Ela toma medicação psiquiátrica para ansiedade.*

Terapeuta: *Vou fazer algumas perguntas difíceis, que vocês não são obrigados a responder, qual foi o motivo do fim das suas relações anteriores?*

Lupita: *Meu ex estava com outra mulher e comigo ao mesmo tempo; eu me vinguei e dormi com um amigo dele.*

Ernesto: *Traí minha ex, com uma qualquer, nada de importante! Isso me fez sentir mal e resolvi terminar com ela porque a amava muito, mas o sexo não era bom.*

Terapeuta: *Qual a importância da sexualidade nesta relação?*

Lupita: *Muito importante; às vezes não consigo dormir pensando nisso.*

Ernesto: *Nunca tive relações tão incríveis como com ela; é emocionante que ela me diga para continuar até que sua vagina queime.*

Terapeuta: *Além de terem um desempenho sexual nunca vivido antes, o que partilham no dia a dia, do seu presente, das suas expectativas para o futuro como casal?*

Ernesto: *Não sei..., no primeiro mês, conversamos muito sobre isso, a ponto de queríamos encontrar alguém que nos fizesse sentir seguros e que nos apoiasse, desfrutando do amor.*

Lupita: *Eu queria me sentir segura em um relacionamento com um homem trabalhador e cavalheiresco.*

Terapeuta: *E quanto a isso agora?*

Ernesto: *Muito pouco!*

Lupita: *Não sei!*

Terapeuta: *Vou fazer outra pergunta difícil a vocês dois. Se não tivessem feito aquele sexo maravilhoso, se encontrando cara a cara, ainda estariam juntos hoje?*

Lupita: *Não sei!*

Ernesto: *Provavelmente não.*

Terapeuta: *Tenho a impressão de que vocês se mostram como um casal que tem emoções de alta intensidade, que essas emoções chegam ao ápice nessa sexualidade que vocês descrevem como incrível. Mas não é fácil ficar nessa "montanha-russa", porque, depois do sexo incrível, que não pode durar o dia todo, vocês continuam na montanha-russa do ciúme e da desconfiança. Mas, mais cedo ou mais tarde, é preciso descer dessa montanha; gostaria que vocês refletissem: o que vai sobrar desse relacionamento, quando vocês descerem daí?*

Eles permaneceram em silêncio.

A terceira sessão foi cancelada porque ele estava em Aguascalientes, remarquei para uma semana depois e um dia antes a Lupita me ligou e disse que ele não tinha voltado de lá, que haviam terminado o relacionamento por videochamada. Ela me disse que se sentiu relativamente aliviada. O Ernesto, por sua vez, me mandou uma mensagem perguntando se ele me devia dinheiro pelo cancelamento da sessão, eu disse que não. Ele respondeu: "Obrigado doutor"; entendi que mesmo sendo o melhor sexo do mundo, não nos deixa feliz.

Eles haviam construído um relacionamento virtual de "alta voltagem que, quando atualizado para um relacionamento presencial, gerou um relacionamento com "*muito sexo*", mas com "*pouca intimidade*". De certa forma, tenho a hipótese de que ambos mantiveram uma certa comunicação com os ex-namorados, porque provavelmente com eles construíram um grau de intimidade significativa criada ao longo do tempo, tendo durado anos, e que, de alguma forma, para eles existia e tinha uma alma (uma narrativa) além do sexo; eles existiam como pessoas não objetivadas.

Muita intimidade, pouco sexo

Sabrina de 38 anos, e Alejandro de 40, moram juntos há quatro anos, embora se conheçam há 20. Eles se tornaram bons amigos no ensino médio. Sabrina sempre gostou de Alejandro, embora ela só tenha confessado isso aos 28 anos, quando estava bêbada. Ele se dedica à publicidade, nunca tinha sido casado. Sabrina é advogada, se casou pela primeira vez aos 26 anos e aos 30 se divorciou; aos 32 anos, manteve um relacionamento lésbico por dois anos; seis meses após o término do relacionamento, eles começaram a namorar.

Sabrina me ligou dizendo que queria terapia de casal, mas que primeiro queria uma sessão individual comigo para me dar um panorama da sua vida para que eu pudesse entender melhor a situação em que ela e o casal se encontravam. A minha resposta foi que não estava habituado a dar sessões individuais, que, em geral, sempre gostei de ver o casal junto; ela insistiu, eu aceitei, dizendo que qualquer informação que ela me contasse naquela sessão e que eu considerasse importante dizer enquanto estivéssemos juntos, eu ia usar. Ela aceitou.

Nessa sessão ela me confessou que se sentia confusa quanto à sua sexualidade, pois diz não encontrar prazer nas relações sexuais, as quais tenta evitar ao máximo; ela disse que nunca sofreu abusos ou algo parecido, mas sabe que para manter um relacionamento com Alejandro deve fazer sexo com ele.

Depois de uma semana, os dois participam de uma sessão juntos.

Terapeuta: *Por qual motivo vocês decidiram vir aqui hoje?*

Alejandro: *Há quase dois anos que não temos relações sexuais; é muito raro que isso ocorra.*

Sabrina: *É exatamente isso que acontece e penso que está gerando mal-estar para ambos; além disso, queremos constituir família logo, pois tenho 38 anos, meus meses estão contados para ser mãe.*

Terapeuta: *Essa situação sempre foi assim?*

Alejandro: *Sim, acho que tivemos relações sexuais oito vezes em quatro anos.*

Terapeuta: *E que impacto isso tem na sua vida emocional?*

Alexandre: *Às vezes não sei o que pensar, porque tenho a certeza de que nos amamos, somos melhores amigos; eu sei que ela passa por momentos difíceis, mas às vezes penso: "É demais!"; conheço a história dela, entendo quase sempre, mas me sinto um pouco confuso nos últimos meses, por ela expressar essa necessidade de ter filhos, por que como isso pode acontecer se não temos relações sexuais?*

Sabrina: *Me sinto mal porque não sei o que fazer e sei que tenho que fazer alguma coisa.*

Terapeuta: *Quando dizem que não têm relações sexuais, o que devo entender?*

Alejandro: *Que não há relação sexual.*

Sabrina: *Exatamente! Não chegamos lá.*

Terapeuta: *Então, existe outro tipo de abordagem erótica?*

Sabrina: *Sim, mas se não houver penetração, não considero que sejam relações sexuais.*

Terapeuta: *Do seu ponto de vista, para você, a ideia de relações sexuais deveria incluir a penetração para determinar que sim aconteceu*

Sabrina: *É assim mesmo!*

Terapeuta: *Então, neste momento de relacionamento, que outro tipo de abordagem erótica vocês têm, já que não há relação sexual?*

Alejandro: *Às vezes eu pergunto a ela se me ajuda a me masturbar com a mão, enquanto nos beijamos. Mas em geral, duas vezes por semana pela manhã, eu me levanto e vou ao banheiro assistir um pouco de filme pornô e com isso fico bem. Ela sabe disso e concorda. Em geral, a gente ri porque às vezes ela me pergunta: "Como foi a peituda de hoje, ela era loira ou morena?".*

Terapeuta: *Vocês consideram ter uma sexualidade satisfatória?*

Alexandre: *Sinceramente não sei; durante três anos pensei que sim, mas ultimamente não tenho certeza.*

Sabrina: *Individualmente sim, mas como casal penso que não cumpro com o que deveria ser; para mim os beijos e toques nestes anos foram suficientes para ficar bem; com ele me sinto feliz, contamos tudo um ao outro com os olhos, ele sabe do que gosto e do que não gosto, me sinto muito protegida pela presença dele; em outros relacionamentos, me sentia excessivamente exigida.*

Terapeuta: *Então, como é que cada um explica a perda de bem-estar que tem sentido nos últimos meses?*

Alexandre: *Como explico? Não tenho uma resposta clara; talvez, não tenho certeza, isso tenha passado pela minha cabeça duas vezes, se sou atraente o suficiente como homem. — Abaixa o rosto.*

Sabrina: *Não sei!*

Terapeuta: *Tenho a impressão de que estão passando por um processo evolutivo, em parte produto da idade cronológica que ambos têm e que, de alguma forma, gera pressão para cumprir certos valores e crenças tradicionais que em maior ou menor grau vocês querem honrar. Por outro lado, vocês também representam um casal não tradicional em outros aspectos, já que você Sabrina teve um relacionamento lésbico durante dois anos e desde o início Alejandro estava ciente disso. A sua história de amor é baseada na "cumplicidade" de amigos próximos. O que teria que acontecer no seu relacionamento, para entender que "sexo" não é algo determinante, nem para ter família e nem para manter o seu amor? Que valores teriam que mudar?*

Como terapeuta, nas sessões não tenho como objetivo que os casais que me procuram por falta de relações sexuais as tenham. Não me apresento como terapeuta pró-sexo, os ajudo para que reflitam porque para eles as relações sexuais são importantes aconteçam ou não. É importante complexificar (fazendo perguntas) a partir de uma narrativa relacional, aproximando-se ao significado que eles podem dar a essa necessidade não atendida e como isso impacta as expectativas que eles têm do relacionamento.

Sabrina e Alejandro pareciam um casal perfeito, vieram vestidos como se tivessem combinado, pois o que os dois vestiam combinava muito bem; descreveram sua história com muita cumplicidade, bastando apenas dizer que praticavam telepatia.

Minha hipótese era que ambos tinham um histórico de controle. Uma necessidade contínua de controlar cada uma das coisas que aconteciam tanto na vida individual quanto como de casal, mas a falta de "relações sexuais" começava a gerar muito ruído, era algo que nenhum dos dois conseguia aceitar. Eu também entendi isso, porque na sessão que tive a sós com ela, descobri que as relações anteriores haviam terminado quando ela, do meu ponto de vista, sentiu que estava perdendo o controle na esfera erótica. Eles me deram a impressão de ser duas pessoas que não se davam permissão para gozar, para aproveitar, para transgredir.

Terapeuta: *Me contem o que aconteceu nas suas vidas nestes últimos dias, desde que não nos vimos?*

Alexandre: *Acho que ambos nos sentimos mais tranquilos; de alguma forma, a tensão que sentíamos nos últimos meses diminuiu.*

Sabrina: *Concordo com ele, embora não tenhamos realmente nos dado a oportunidade de discutir o que foi dito aqui na sessão.*

Terapeuta: *E você acha que era importante ter feito isso?*

Sabrina: *Acho que sim!*

Terapeuta: *O que você acha que Alejandro refletiu na sessão?*

Sabrina: *Estranhamente, não consigo imaginar.*

Terapeuta: *Alejandro, você teve algum impulso de compartilhar com ela o que refletiu?*

Alexandre: *Não!*

Terapeuta: *Então não sabiam tudo o que o outro pensava ou sentia neste tempo que passou; que efeito vocês acham que isso teve no seu relacionamento?*

Alexandre: *Nunca tinha pensado nisso, mas este mês me sinto melhor, pensei em muitas coisas sobre mim e sobre a nossa história.*

Sabrina: *Tive curiosidade em perguntar a ele, mas respeitei o seu silêncio e, no geral, estamos bem.*

Terapeuta: *Então, além de toda a confiança que vocês têm, vocês guardam alguns pensamentos exclusivos para vocês?*

Alexandre: *Parece!*

Sabrina: *Sim, às vezes sim; eu não percebia isso há muito tempo.*

Essa terceira sessão revelou que Sabrina e Alejandro não contavam tudo um ao outro, que, de alguma forma, ambos guardavam ideias, emoções e sentimentos um do outro, mas, naquela ideia perfeita de relacionamento, tiveram dificuldade em aceitar que isso poderia acontecer; essa pequena diferenciação teve o efeito de fazer com que se sentissem menos pressionados. Aquelas personalidades que pareciam muito controladoras estavam tendo uma ou outra fissura.

Identidade do casal

A identidade de um casal vista de forma tradicional era aquela que era confirmada pelo "outro"; era o outro que confirmava essa existência com frases como: eu te amo, você é a coisa mais importante da minha vida, ficaremos juntos a vida toda, você e eu somos um, sem você eu não saberia o que fazer, a gente conta tudo um para o outro, ele sabe tudo sobre mim, eu sei tudo sobre ele, para mim ele é como um livro aberto, não escondemos nada um do outro.

Metáforas que funcionaram bem durante muitos anos, fizeram com que ambos sentissem menos ansiedade, os ajudaram a partilhar responsabilidades, a sentir menos dor, menos angústia. Embora houvesse menos autoconsciência, produto de uma individualidade mais restritiva, porque a proximidade emocional não permitia vivenciar essa liberdade.

Hoje, com uma abordagem epistemológica que leva em conta a complexidade e o "pluriverso" na identidade de um casal, o terapeuta se compromete a gerar um processo reflexivo onde as perguntas feitas direcionam o casal para um diálogo terapêutico e reflexivo, fazendo convergir as narrativas em direção a novas ideias e crenças. Pretende-se ter um efeito diferenciador, entendendo que Um casal são dois indivíduos, duas unidades que decidem convergir para doar parte da sua individualidade e, assim, construir uma unidade chamada "casal, na qual permanece com um certo grau de individualidade".

E o bem-estar da vida recai em parte sobre a relação do casal e outra parte sobre o indivíduo, pois o bem-estar da vida não pode ser atribuído apenas ao outro, mas também a si mesmo, ou seja, a ambos.

Terapeuta: *Já se passaram seis meses desde que vocês me procuraram, o que vocês acham que fizeram para melhorar?*

Alejandro: *O que você diz no final das sessões me deixa muito no que pensar e ao longo dos dias e meses reavaliei a nossa relação, acho que para melhor; valorizo e acredito muito o que penso.*

Sabrina: *Sou menos obsessiva com tudo o que acontece no dia a dia, principalmente com a ideia de que tenho que ser mãe, à força; isso me faz sentir mais leve, em geral, mais leve conosco.*

Terapeuta: *Alejandro, o que você valorizou no relacionamento?*

Alexandre: *Que ambos precisávamos estar juntos, ambos precisávamos de alguém que precisasse de nós e isso foi cumprido. Mas tinha esquecido que não penso igual à Sabrina, temos algumas diferenças em alguns pontos de vista.*

Terapeuta: *Sabrina, quando você fala mais leve, o que devo entender?*

Sabrina: *Engraçado, mas pensei algo parecido ao que disse Alejandro, embora não acredite como ele que tudo teria sido completamente igual se não tivéssemos chegado até você.*

No meio da sessão:

Terapeuta: *Você acha que algo mudou nas suas sexualidades nestes meses?*

Alexandre: *Não tivemos relações sexuais propriamente ditas, na medida em que continuamos iguais, mas, emocionalmente, quando estou perto dela nos beijamos e nos acariciamos, me sinto mais relaxado, não sinto mais necessidade de ela me dar algo mais sexual como antes.*

Sabrina: *Me sinto melhor, já pensei até que poderíamos ter um filho através de inseminação artificial, ter dois numa única gravidez, seria perfeito.*

Terapeuta: *Alejandro, como você viveu sua sexualidade, nesses meses, se Sabrina não te dá mais uma mão como antes?*

Alejandro: *Melhor, faço minhas coisas individualmente, embora ela e eu não conversemos mais sobre isso.*

Terapeuta: *Quando foi a última vez que vocês falaram sobre uma fantasia sexual ou um sonho com conotações abertamente eróticas e que não compartilharam um com o outro?*

Alexandre: *Eu contei uma para ela quando ainda éramos apenas amigos.*

Sabrina: *Fantasias sexuais, nunca!*

Terapeuta: *Você acha que poderia se permitir falar sobre essas intimidades de sonhos e fantasias?*

Alejandro e Sabrina estavam numa encruzilhada, por um lado, tinham aquela intimidade idílica que os fazia se sentir fundidos, que de alguma forma, essa fusão diminuía aquelas personalidades que eram muito controladoras; por outro lado, tinham o ruído daqueles valores e crenças de que o sexo é algo muito importante na estabilidade dos relacionamentos, embora fosse evidente que nenhum deles queria violar o outro para satisfazer necessidades "próprias ou egoístas". Embora ambos fossem muito perfeccionistas, Sabrina tinha uma personalidade muito expansiva, muito autoconfiante, enquanto Alejandro tinha uma personalidade mais modesta, pode se dizer, mais introvertida.

Na sexta sessão fiz essa pergunta sobre fantasias, com o único desejo de atirar uma pedra num lago que reflete quietude e paz, que não se move, mas permanece água.

Terapeuta: *O que aconteceu em suas vidas neste mês que não nos vimos?*

Alexandre: *Muitas coisas... boas e não tão boas.*

Sabrina: *E outras piores.*

Terapeuta: *Com qual vocês querem começar?*

Alexandre: *Com as não tão boas. Fizemos o dever de casa que você nos deu há duas semanas, voltando do jantar na casa de uma amiga e a Sabrina tinha bebido umas oito tequilas e eu umas três, eram duas da manhã, ela me disse: "Vamos fazer a lição de casa que tínhamos que fazer, a que o doutor nos deixou"; eu disse a ela: "Ok, você começa". Bom, acredita que em duas ocasiões sonhei com um homem, que estávamos de madrugada em Los Colomos, que eu estava correndo, ele me alcançou e me despiu e fez sexo anal comigo, mas enquanto isso acontecia, uma mulher nos observava, sonhei isso duas vezes. Até aí tudo bem.*

Sabrina, enquanto Alejandro fala, age indiferente.

Terapeuta: *O que você contou a ela?*

Alexandre: *Bom, sim, tenho a fantasia mais comum de todos os homens, ter relações sexuais com duas mulheres ao mesmo tempo, uma loira e outra morena, como ela diz, gosto de mulheres peitudas.*

Sabrina: *Mas não era só fantasia, havia realidade envolvida!*

Alexandre: *Três dias depois, enquanto ela tomava banho, seu celular tocou e ela me pediu para atender para que ela soubesse quem era, era sua melhor amiga, que queria falar com ela. Desliguei e vi que havia enviado um WhatsApp para ela que dizia: "Você contou a ele que o sonho tem nome e sobrenome?" Explodi!*

Sabrina: *Sim, omiti uma parte importante dos meus sonhos, pedi desculpas mil vezes, mas esse foi o único pecado da minha vida, que ainda carrego, pensei que estava enterrado, mas não, há duas semanas decidi começar terapia individual.*

Alejandro: *Ela omitiu que o homem que a perseguia em seu sonho era seu vizinho 23 anos mais velho que ela e que quem a vê em seus sonhos é sua esposa. Ela não contou que aos 16 anos aquele vizinho com quem ela frequentava a boate e que era amiga dos dois a beijou na sala de sua casa e a sua esposa os descobriu.*

Terapeuta: *Como você se sentiu com essa informação?*

Alexandre: *Como um idiota total e ele foi o maior idiota da vida. Faz quatro anos que me sinto mal porque acreditei que tudo sobre sexo a deixava incomodada, que ela não gostava de nada, me senti mal, porque acreditei que a estava atacando toda vez que pedia para ela me ajudar a me masturbar e acontece que quando*

	jovem procurava um homem casado; ela aceitou que ninguém a obrigava a beijar ele, ela gostava dele desde criança.
Terapeuta:	*Sabrina, o que você acha de tudo o que ele está dizendo?*
Sabrina:	*Em parte vergonha e em parte... como posso explicar...?*
Terapeuta:	*Sem pressa!*

Houve silêncio.

Sabrina:	*Me sinto estranha, desde aqueles dias em que tudo isto foi revelado, me sinto como se andasse nua na rua, me sinto frágil; O estranho é que não consigo entender e ainda não consigo explicar, sinto que peso dez quilos a menos; ele também omitiu que a fantasia não era apenas uma fantasia, que em duas ocasiões ele tinha ido a Cuba com seus amigos e a fantasia se tornou realidade.*
Terapeuta:	*O que há de bom e de pior nesta situação?*
Sabrina:	*O pior é que não sei o que vai acontecer com o nosso relacionamento, não acho que seremos os mesmos novamente, talvez acabe.*
Alexandre:	*O melhor é que agora, creio eu, já contamos um ao outro tudo sobre "tudo".*
Terapeuta:	*Ambos, depois de contarem toda essa história, pareciam fisicamente em paz. Tenho a impressão de que nestes meses vocês demonstraram uma grande capacidade de mudança. Você Sabrina, nesses meses, sem perceber, minimizou a preocupação de saber o que Alejandro faz e o que não faz, vocês não estão mais adivinhando o pensamento um do outro. Senhor Alejandro, você assumiu a responsabilidade por sua sexualidade sem colocar isso em Sabrina; de alguma forma vocês dois aprenderam a estar relaxados e ao mesmo tempo próximos, vocês mesmos já mencionaram diversas vezes que se beijam e se acariciam, aparentemente a sensação de se sentirem excessivamente exigidos foi desaparecendo. Terminou o primeiro capítulo da vida de casal, onde os dois se esforçaram ao máximo para ser o casal perfeito; hoje possuem informações confiáveis de que nenhum dos dois*

é perfeito, de que todos os seres humanos, por alguma necessidade difícil de explicar, omitem informações que consideramos talvez não relevantes, nem para o nosso presente, nem talvez para o nosso futuro. Pensem nisso!

O lançamento da pedra deu frutos, embora os dois me contassem algo de valor muito íntimo de suas próprias histórias de vida que gerou neles raiva e decepção. Meu sentimento era que esses dois indivíduos precisavam de um testemunho de seus próprios pecados e omissões. Eu era a pessoa certa para entregar essas histórias, enterrando-as para que eles pudessem continuar com as suas vidas.

Houve mais duas sessões de terapia em três meses; na penúltima sessão eles conversaram sobre o quanto se amavam e pretendiam ficar juntos, formar um casal. Os dois haviam chegado a um acordo espontâneo de abrir a possibilidade de manter relações sexuais com outras mulheres sem envolvimento afetivo, pois ela dizia que não queria negar a ele a possibilidade de gozo; embora eu também esperasse que a terapia individual pudesse desbloquear algo nela.

Aquele discurso narrativo do casal romântico e perfeito desapareceu completamente, as abordagens eróticas de beijos e carícias aumentaram, foram espontâneas, não programadas como antigamente.

Na última sessão, fisicamente ela estava diferente, ela mal se sentou na cadeira e me disse: "Tenho duas novidades para lhe dar doutor: a primeira é que me deram um cargo de juíza associada em um tribunal fora de Guadalajara, já esperava isso há 10 anos, estamos felizes, mas daqui a quinze dias teremos que mudar de cidade". Alejandro intervém e me diz: "E a segunda, doutor! Estamos grávidos, temos um mês". Na sessão, falaram sobre o futuro da sua vida como uma família completa e feliz, ambos irradiavam alegria, o tom emocional monótono e controlado das primeiras sessões tinha desaparecido, hoje se mostraram como dois indivíduos renovados no compromisso de construir, por livre arbítrio, um relacionamento diferente, eles iniciaram o segundo capítulo de suas vidas. Não perguntei como ocorreu o milagre da sexualidade, obviamente, porque queriam manter isto privado, o omitiram deliberadamente da narrativa.

Não ter detalhado como aconteceu esse salto de qualidade na sexualidade me deu muita satisfação, pois, além de se diferenciarem um do outro, também o fizeram sobre quais informações pertenciam ao casal e quais informações pertenciam única e exclusivamente a cada um, individualmente. Eles censuraram as explicações. Para mim, isso indica que eles estavam construindo um novo capítulo como "casal". Pensei em algumas hipóteses depois que eles saíram do consultório. O acordo o libera para a sexualidade extraconjugal e, portanto, para a possibilidade de perder o relacionamento. A declaração dela de que o relacionamento poderia terminar. De muitas maneiras, as frases e ações os libertaram da continuação do relacionamento. Isto talvez lhes tenha dado a "liberdade" para se reelegerem.

Em geral, os terapeutas têm preconceitos sobre o que pode acontecer com os casos que chegam até nós, emocional racionalmente, seja por experiência ou intuição terapêutica. Alguns terapeutas dizem que ter uma imagem positiva do caso ajuda a melhorar e que se você tem uma ideia negativa, também influencia. Eu, pessoalmente, acredito que não temos o poder unidirecional de marcar o sucesso ou o fracasso dos processos terapêuticos.

Com Iris e Luis eu confiei que eles poderiam construir essa intimidade acurto prazo, e foi assim que aconteceu. No caso de Lupita e Ernesto, havia um prognóstico não positivo, por causa da violência, apesar de terem feito sexo incrível, e assim se separaram. Com Sabrina e Alejandro minha previsão de uma sexualidade plana sem erotismo não foi boa, e me enganei, eles são muito bons.

Perguntas frequentes

Durante as reuniões de formação que temos em relação ao tema da Terapia de Casal, são muitas vezes colocadas questões, sobretudo de natureza metodológica, que nos têm feito pensar nas *FAQs* que, nos sites de algumas empresas, fornecem respostas para mostrar a qualidade de seus produtos.

De forma absolutamente não exaustiva, queremos propor aqui algumas reflexões, que constituem respostas parciais e provisórias. São produto da nossa experiência clínica comum, com exceção daquelas em que temos opiniões diferentes.

1. **A terapia de casal faz sentido e é eficaz, mesmo que ambos os parceiros não digam a verdade? Porque, certamente, muitas coisas não são ditas na frente do parceiro...**

A Terapia Sistêmica de Casal não é uma investigação cognitiva, o terapeuta não assume o papel de especialista, que ouve uma resposta, avalia e dá um resultado exato. Numa leitura relacional do casal e da realidade, é importante o que cada um dos dois clientes decide partilhar. O terapeuta propõe compartilhar as hipóteses, utilizando o "material substancial" que o casal escolhe compartilhar, essa escolha constrói a realidade relacional. Às vezes, "contar tudo" pode ser disfuncional porque pode ser um indicador de má individuação pessoal, comportamento que limita as diferenças ao longo do tempo e leva a uma baixa intensidade emocional no relacionamento.

Gostaríamos de acrescentar que muitas vezes são os terapeutas os mais reticentes e temerosos dos seus clientes: há casais que todos os dias, fazem acusações gravíssimas, e que narram os detalhes das suas próprias infidelidades, talvez, com a intenção de ferir ou punir a outra pessoa.

2. **Quando vocês fazem terapia de casal, vocês alternam sessões de casal com reuniões individuais?**

Geralmente, não! Procuramos evitar encontros separados para não criar uma relação preferencial com nenhum dos membros do casal. Pois bem, relacionamos com a nossa resposta anterior: não nos interessa conhecer a história de cada um deles separadamente, fazemos uma terapia da relação, do que entra em jogo "entre" eles.

Teresa: *Já me aconteceu algumas vezes concordar em encontrar os dois separadamente, antes de vê-los juntos; fiz isso porque percebi que seria a única forma de ter acesso à terapia, que um dos dois sentia que era ameaçadora e difícil por ter que se confrontar como casal; assim, pedia um acesso mais fácil às sessões. Estabeleci algumas condições: eu veria os dois, e eles teriam que me autorizar antecipadamente a dizer o que eu quisesse, sobre o que fosse dito individualmente. Infelizmente, mesmo fazendo uma introdução no início do trabalho terapêutico, referindo algumas coisas importantes da sessão individual, sempre encontrei algumas dificuldades em gerir essa situação. Em primeiro lugar, não era possível "mencionar" tudo, mesmo que tivesse conseguido registrar na íntegra, não se pode transmitir, as sensações, as alusões, os olhares, o tom e os cheiros que fazem parte de um encontro terapêutico. Eu me encontrava, às vezes, em armadilhas irritantes, como quando um dizia para o outro: "Eu já tinha contado isso para a doutora...", mas, na verdade, não era verdade, ele não tinha dito isso antes, ou, às vezes, um dos dois queria, de forma amigável, com uma piscadela, ou com um sorriso, tentar enfatizar que havia, talvez, uma informação secreta.*

Ricardo: *Uma terapia de casal, por definição, prevê a presença de ambas as pessoas, se alguma das duas for encontrada separadamente, não é uma terapia de casal... Não faz sentido saltar de um contexto para outro, seria como se um médico psicoterapeuta prescrevesse um medicamento para um dos dois em terapia de casal. Também já me aconteceu encontrar um deles antes de iniciar a terapia de casal, mas depois tive alguma dificuldade, porque, na primeira sessão, agia como se estivesse do seu lado.*

3. A coterapia deve ser com um casal "misto", ou seja, os terapeutas têm que ser um homem e uma mulher?

Esta questão é apoiada pelo preconceito de que o casal dos clientes tem de ser um casal heterossexual. Além dessa consideração, gostaríamos de enfatizar que a base da nossa psicoterapia é "a curiosidade e a valorização das diferenças". Não devemos ter preconceito de ser iguais aos nossos clientes, mas se formos diferentes deles, podemos aumentar a curiosidade terapêutica e ser mais úteis ao processo. A identificação de pertencer ao mesmo gênero dos terapeutas não garante o fluxo da relação, pois ser "homem ou mulher" se desenrola e se expressa em diversas nuances, que não são necessariamente equivalentes.

Teresa: *Sempre pensei que o mundo das "psicoterapias" é uma área que privilegia a esfera feminina. A maioria dos psicoterapeutas são mulheres, que muitas vezes correm o risco de serem coniventes com propostas românticas ou com a autonomia feminina, ignorando as necessidades da masculinidade. Trabalho com uma coterapeuta mulher e já me aconteceu de dizer ao homem do casal: "Você está aqui na frente de três mulheres, isso é um problema para você? Se te parece que caímos num discurso demasiado feminino, que de alguma forma você acha estranho, nos fale sem problemas…".*

4. Se você acha que um dos membros do casal tem problemas pessoais, você recomenda terapia individual?

Teresa: *Não, quando faço terapia de casal, sou a terapeuta do casal e dos dois clientes. Levo em consideração ansiedades, traumas, sintomas de cada pessoa e coloco em relação ao casal; quero mostrar como esses problemas fazem parte do relacionamento, que utilidade cada pessoa dá a eles e que ideia tem sobre isso. Não recomendo nenhum outro processo. Mas se você me perguntar se é contraindicado fazer um processo individual, eu respondo que não, eles podem fazer; tenho confiança nos recursos dos meus clientes e na sua capacidade de encontrar caminhos que possam ajudá-los. Mas se fosse eu quem sugerisse um processo psicoterapêutico, a apenas um dos dois, sinto que o rotularia como um paciente designado, como o elo fraco do relacionamento.*

Ricardo: *Não aconselho nenhum deles a fazer terapia individual, mas se um deles manifestar a necessidade e me pedir conselhos sobre com quem fazer, sem problemas o recomendaria a alguém. Embora tenha o preconceito e algumas experiências anteriores, de que isso pode ter um efeito desequilibrador no casal, a curto ou médio prazo, se a terapia individual promover demasiadamente a autonomia. Em algumas ocasiões, se considero que o estado mental de um dos membros do casal corre evidente risco de ficar psicotizado, não sendo eu um psiquiatra, o convido a fazer uma interconsulta, correndo o risco de que não voltem.*

5. Se nos parece que um dos dois vem à terapia para suprir a necessidade do outro "por fazer um agrado ou não perder o outro", e parece que essa pessoa está presente apenas fisicamente, você interrompe o processo?

Ricardo: *Não tenho problema em interromper uma terapia se um dos dois mostrar que não está preparado para seguir o caminho terapêutico, já que trouxe somente o seu corpo à minha consulta porque se sentiu obrigado pelo outro, ou para agradá-lo. Acredito que a minha decisão de interromper constitui uma espécie de freio nesta dinâmica relacional, é a minha declaração de firmeza e vontade de não ser triangulado neste jogo de casal.*

Teresa: *Não me importo de "perder clientes", não creio que seja imprescindível para ninguém, mas esta situação não é motivo para interromper a terapia, mas sim um incentivo para sermos mais ativos. Se detecto uma atitude de "falsa participação", peço primeiro a confirmação dos meus sentimentos, e depois utilizo isso para construir hipóteses e ativar a minha curiosidade. E se tudo mudasse e sua esposa se interessasse mais por essa terapia? Se ela não tivesse essa atitude, quem entre vocês poderia sofrer mais? Quando essa atitude foi útil no seu relacionamento? Essas são apenas algumas das perguntas que eu faria aos membros de um casal nessa situação. Depois, tentaria identificar uma motivação partilhada, a partir da qual a terapia pudesse ser interessante para ambos: talvez os objetivos que estabelecemos para nós mesmos não sejam os da pessoa que parece completamente desligada. Eu não esqueceria de colocar o tema da separação no tapete: "Talvez você esteja aqui para ter mais um motivo para terminar ou para encontrar uma maneira de fazer isso?"*

6. O que fazer com os casais que falam, falam e falam, e não escutam e com os casais em que ambos estão quase sempre em silêncio?

Ricardo: *Quando o blá, blá, blá do casal se torna um problema; ou seja, se os dois trocam palavras sem parar, às vezes, com todo o respeito, eu os interrompo e imediatamente continuo fazendo perguntas. Outras vezes, deixo que falem sem parar até terminar a sessão, e me perguntam o que penso, ao que respondo que precisaria fazer algumas perguntas na próxima sessão, porque o tempo acabou por hoje. Se se fecham em silêncio, me sirvo de um modo de proceder que Luigi Boscolo nos ensinou: conto histórias. Tento os colocar em um contexto narrativo que é como fazemos nossa terapia. É como se eu estivesse mostrando a eles como falar sobre si mesmos. Muitas vezes funciona!*

Teresa: *Acho que estas situações geram desconforto no terapeuta porque o confrontam com a sua fragilidade, com o fato de não ser onipotente. O casal não se enquadra no cenário da nossa terapia que envolve conversa e nos faz sentir inúteis e deslocados. Então verbalizo meu desconforto, perguntando se eles não esperavam ter que ouvir e conversar quando marcaram a sessão. Tento metacomunicar sobre o comportamento deles e contextualizar este comportamento. Acho curioso que tantos alunos tenham colocado essa questão nesses termos, tenham identificado o silêncio ou a logorreia do casal como problemático... Será que quando um fala e o outro cala, corremos o risco de se aliar àquele que se abre para a conversa? Deixando de fora o outro?*

7. O que fazer se um quiser terminar a terapia e o outro não?

Teresa: *Respeito quem decide abandonar a terapia: às vezes, é um gesto evolutivo importante. Depois de explicar esse meu preconceito positivo, não paro de discutir o peso relacional dessa escolha e as repercussões que ela terá no casal; nunca pressiono ou julgo, justamente porque não vivencio isso como um fracasso meu ou deles. Não concordo em continuar com uma das duas partes, passando para a terapia individual: "Minha cidade está cheia de bons terapeutas... Se você quiser pode encontrar um tera-*

peuta individual, mas não quero que um companheiro continue vindo a mim para falar sobre o outro, para perseguir seus próprios motivos". Em vez disso, já me aconteceu de iniciar uma terapia individual com uma pessoa que tinha visto como casal alguns anos antes; nesse caso específico, nunca mais os encontrarei como casal, mas o parceiro deve ser informado.

Ricardo: *Se um estiver firmemente determinado a terminar a terapia e o outro quiser continuar um processo individual comigo, posso aceitar este mandato, mas peço que ambos concordem. Faço isso se percebo que há motivos válidos para continuar, não aceito se for apenas o desejo de não fechar um caminho no qual se sente muito confortável.*

Epílogo

Chegamos ao fim desta aventura relacional, narrada em duas vozes, por dois grandes psicoterapeutas reconhecidos em suas nações e no mundo, pertencentes a uma das mais importantes escolas da abordagem sistêmica e alunos diretos de dois psicoterapeutas que marcaram época e cujos ideias ainda estão em vigor, refiro-me ao Centro Milanês de Terapia Familiar e aos seus fundadores, Luigi Boscolo e Gianfranco Cecchin. Acredito que o leitor poderá concordar comigo sobre o prazer que temos neste trabalho, duas visões, duas formas igualmente diferentes de abordar um tema emocionante e que, às vezes, se complica, como é a psicoterapia de casal.

A Dra. Teresa e o Dr. Ricardo narram, à sua maneira única, como aprenderam a tecer as histórias de vários casais que passaram pelo seu consultório; eles nos mostram uma ideia bastante clara do trabalho relacional sistêmico que aplicam em sua conduta psicoterapêutica. Em sua fala, é possível perceber claramente a ideia batesoniana de fazer uma diferença que faça a diferença para cada um dos casais; construir junto com os consulentes realidades diferentes da situação problemática que os aflige, coparticipando na cocriação de uma mudança que melhor se adapte às necessidades do casal.

Da mesma forma, nos mostram, através de exemplos, a importância de possuir competências terapêuticas básicas, como a escuta ativa, a curiosidade terapêutica, o reconhecimento das emoções dentro e fora do contexto terapêutico, bem como ter a capacidade de saber compreender que cada história é única e irrepetível, pois, embora as histórias sejam semelhantes, cada uma tem a sua particularidade; isso é algo importante que um psicoterapeuta relacional sistêmico deve saber e fazer ao optar por entrar na dança relacional de um casal.

Um aspecto notável a ter em conta é que, a partir do momento em que uma das duas pessoas marca uma consulta sobre uma questão de casal, o psicoterapeuta tem que focar no relacional sem perder o individual, pois não pode haver terapia de casal, mas é nomeado assim pelos próprios integrantes,

Infidelidade, conflito, sexualidade-intimidade, são temas narrados por ambos os autores e que, sem dúvida, tendem a ser temas difíceis, que Arcelloni e Rosas abordam com uma sensibilidade e naturalidade que nos faz percebê-los como demasiado fáceis de manusear. Claro que, como ambos referem, muito tem a ver com este reconhecimento dos preconceitos e emoções que emergem dentro do espaço terapêutico para que não sejam os impulsionadores da sessão e possam ser convertidos naquela curiosidade que os leva a desenvolver perguntas magistrais *ad hoc* a cada situação.

Impressionante é o impacto reflexivo que cada membro do casal experimenta ao ouvir as hipóteses e questionamentos que os autores fazem para que surjam discursos e comportamentos que evidenciem a congruência ou incongruência da vida relacional do casal, como escolheram construir isto. Muitas vezes, podemos perder o foco e nos deixar envolver no problema, nos desencaminhando, o que, como reiteram, é observar a dinâmica do relacionamento e mostrar o que cada pessoa faz ou deixa de fazer para construí-lo sem tomar partido no indivíduo e, muito menos, buscando entrar em dicotomias do bem-mau, mas, simplesmente, fazendo com que a relação seja vista por cada membro do casal.

Legitimar e validar as histórias contadas é um aspecto fundamental do psicoterapeuta sistêmico-relacional; como esclarecem no texto, não se trata de ficar do lado de um ou de outro, mas sim de dar espaço às histórias e, através delas, fazer surgir o que parece uma magia, que é saber formular aquela questão no espaço-tempo adequado que provoca uma ação reflexivamente relacional.

Considero que este é um trabalho de grande contribuição para todos os psicoterapeutas que optam por acompanhar casais e até para a sua própria história; um jeito diferente do comum e magistral de exemplificar o quanto a psicoterapia eficaz e eficiente tem muito a ver com a forma de fazer perguntas no momento certo.

Espero que os autores continuem a contribuir com a sua grande experiência teórica e prática sobre o tema e que, num futuro próximo, continuemos a desfrutar do seu ser e fazer dentro da psicoterapia relacional sistêmica.

Ricardo Ramírez Ramírez

Referências

Arcelloni, T. (2012). *Terapia sessuale sistemica. La sfida della sessualità.* Connessioni – Rivista di consulenza e ricerca sui sistemi umani, 27.

Arcelloni, T., & Ferrero, G. (2008). Il duogramma nella formazione sistemica. I terapeuti e le loro relazioni di coppia. *Terapia familiare – Rivista interdisciplinare di ricerca e intervento relazionale,* (87), 5-27.

Badinter, E., & Lari, S. (2011). Mamme cattivissime? La madre perfetta non existe. Il Corbaccio.

Barbagli, M., Dalla Zuanna, F., & Garelli, F., (2010) *La sessualità degli italiani.* Il Mulino.

Bauman, Z., & Arganese, G. (1999). Sugli usi postmoderni del sesso. In Bauman, Z. *La società individualizzata.* Come cambia la nostra esperienza. Il Mulino.

Bertrando, P., & Arcelloni, T. (2006). *Die vierhändige Hypothese.* Familiendynamik, 31(4), 338-362.

Bertrando, P., & Toffanetti, D. (2000), *Storia della terapia familiare.* Le persone, le idee. Raffaello Cortina.

Bianciardi, M. (1998). Complessitá del conceto di contesto. Connessioni,(3), 29-44.

Boscolo, L., & Bertrando, P. (1993). I tempi del tempo. Una nuova prospettiva per la consulenza e la terapia sistemica. Bollati Boringhieri.

Bozon, M. (1998).Amour, désir et durée. Cycle de la sexualité conjugale et rapports entre hommes et femmes. In Bajos, N., Bozon, M., Ferrand, A., Giami, A., Spira A. et al., *La sexualité aux temps du SIDA.* Presse Universitaire de France.

Byng-Hall, J. (1985). The family script: a usefull bridge between theory and practice. *Journal of Family* Therapy, 7, 301-305. https://onlinelibrary.wiley.com/doi/pdf/10.1046/j..1985.00688.x

Canales, J. L. (2016). Despídete sanamente de un amor. Cómo enfrentar una separación de pareja. Paidós.

Ceberio, M. R. (2017). Los juegos del mal amor. Ediciones B.

Cecchin, G., Lane, G., & Ray, W. A. (1993). *Irriverenza. Una strategia di sopravvivenza per i terapeuti.* Franco Angeli.

Clement, U. (2009). Wenn liebe fremdgeht. Von richtigen Umgang mit Affaeren. Von Schroeder.

Clement, U., & Arcelloni, T. (2010). *Terapia sessuale sistemica.* Cortina Raffaello

Crespi Asencio, E. (2017). Terapía sexual en pareja. Síntesis.

DeMaris, A. (1997). Elevated sexual activity in violent marriages: Hypersexuality or sexual extortion? *Journal of Sex Research, 34* (4), 367-373. https://www.tandfonline.com/doi/abs/10.1080/00224499709551904

De Shazer, S. (1991). *Putting Differences to Work.* Norton.

Foucault, M. (2014). *La cura di sé.* Tr. it. Feltrinelli.

Freud, S. (1905). *Tre saggi sulla teoria sessuale.* Bollati Boringhieri.

Fruggeri, L. (2016). Diferentes normalidades. Psicología social de las relaciones familiares. Carocci.

Garriga, J. (2013). El buen amor en la pareja. Cuando uno y uno sumas más de dos. Ediciones Destino,

Jones, E. (1996). Il sesso del terapeuta e il suo contributo alla costruzione del significato nella supervisione di una terapia. In Andolfi, M., Angelo, C., & de Nichilo, M. *Sentimenti e sistemi*, Raffaello Cortina Editore.

Kaplan, H. S. (1974). *Nuove terapie sessuali*. Bompiani.

Kipnis, l. (2004). Contro l'amore. Una polemica. Einaudi.

Krafft-Ebbing, R. F. (1886) *Psychopatia sexualis*. Carlo Manfredi.

Levine, S. B. (2003). The nature of sexual desire: A clinician's perspective. *Arch Sex Behav*, 32(3), 279-85. doi: 10.1023/a:1023421819465.

Lipovetsky, G. (2000). *La era del vacio*. Anagrama.

Lipovetsky, G. (2006). *Los tiempos hipermodernos*. Anagrama.

Loewenfeld, L. (1891). Vita sessuale e malattie nervose. UTET.

Mallor, P., & Villegas, M. (2017) Parejas a la carta. Las relaciones amorosas en las relaciones posmodernas. Herder.

Masters, W., & Johnson, V. E. *(1966). L'atto sessuale nell'uomo e nella donna: indagine sugli aspetti anatomici e fisiologici*. Feltrinelli.

Masters, W., & Johnson, V. E. (1970). *Patologia e terapia del rapporto coniugale: le insufficienze sessuali nell'uomo e nella donna*. Feltrinelli.

Navarro, Góngora, J. (2015). *Violencia en las relaciones íntimas*. Herder.

Retzer, A. (2002a). *Passagen. systemische erkundungen*. Klett-Cotta.

Retzer, A. (2002b). Das Paar. Eine systemische Beschreibung intimer Komplexität. Teil 1: Liebesbeziehungen. In *Familiendynamik*, 27, pp. 5-42.

Retzer, A. (2002c. Das Paar. Eine systemische Beschreibung intimer Komplexität. Teil 2: Partnerschaften. Familiendynamik, 27, 186-217.

Retzer, A., & Simon, F. B. (1998). *Therapeutische schnittmuster – Ein Projekt*. Sexualtherapie. *Familiendynamik*, 23, 421-436.

Riehl-Emde, A. (2003). *Liebe im fokus der paartherapie*. Klett-Cotta.

Sachelli, D., & Marinello, E. (2018. *Separazioni Conflitualli*. Edizioni Edra.

Schnarch, D. (1991). *Constructing the Sexual Crucible*. W.W. Norton, New York.

Schnarch, D. (1997). passione nel matrimonio. Sesso e intimità nelle relazioni d'amore. Cortina.

Schnarch, D. (2000). Desire problems: A systematic Perspective. In Leiblum, S., & Rosen, R. C. (2000). *Principles and Practice of Sex Therapy,* Guilford.

Ventura, D. (2018). Infidelidad en las relaciones de pareja: Algunas consideraciones para su abordaje en terapia. *Redes revista de psicoterapia relacional e intervenciones sociales*, n Sydow, K. (1993). *Lebenslust. Weibliche Sexualität von der frühen Kindheit bis ins hohe Alter*. Huber.